DER CODE

DER NEUE WEG ZUM POSITIVEN DENKEN

© KASTNER AG
Gesetzt aus der ITC Garamond
6. überarbeitete Auflage, November 2017

Verlag und Gesamtherstellung:
Kastner AG - das medienhaus, Wolnzach 2012
Schloßhof 2-6 · 85283 Wolnzach · www.kastner.de

Printed in Germany
ISBN 978-3-941951-67-9

Inhalt

VORWORT

Unsere Welt befindet sich im Wandel, und die Menschheit ist in Bewegung. Viele Menschen auf der ganzen Welt begeben sich wieder auf die Suche nach ihren Wurzeln, auf die Suche nach dem Sinn ihrer Existenz und nach einem wirklich *sicheren* Weg zu einem erfüllten und erfolgreichen Leben. Oft haben sie ihren Lebenssinn und zuletzt sich selbst verloren. Vielleicht haben sie das Gefühl, im Leben gescheitert zu sein, haben schweres Leid erlebt oder konnten Krisen nicht bewältigen. Oft sind sie schon kurz davor, die Sinnsuche ganz aufzugeben, nachdem klassische oder moderne religiöse Strömungen und Lebensphilosophien sie in die Sackgasse geführt haben. Das *Schicksal* scheint ihnen das irdische Glück hartnäckig vorenthalten zu wollen, obwohl sie es doch mit allerlei Wundermitteln, Patentrezepten und fragwürdigen Praktiken beim Universum oder anderen geheimnisvollen Instanzen zu erbeten oder zu bestellen versucht haben.

Andere stehen vor der großen Sinnsuche, gerade weil sie im Leben schon viel – oder aus ihrer Sicht – *alles* erreicht haben und beschäftigen sich mit der Frage: „War das jetzt alles? Was soll denn da noch kommen?" Wieder andere interessieren sich gar nicht für die großen Sinnfragen und suchen einfach nach Methoden, mit denen sie im Leben noch mehr erreichen, noch mehr für sich herausholen können.

Und schließlich gibt es noch eine Gruppe von Menschen, die glaubt, man könne den großen Sinnfragen nur mit Zynismus und Sarkasmus begegnen, weil ihr Weltbild, ihre eigene Erfahrung oder wissenschaftliche Erkenntnisse sie zu dem Ergebnis geführt haben, dass es außer der „Realität" eben nichts anderes geben könne.

Womöglich sind auch Sie einer dieser vielen Menschen und auf der *Suche*. Vielleicht sind Sie gerade an dem Punkt angelangt, an dem Sie total entnervt vom vielen Suchen sind und eigentlich schon keine Lust mehr haben. Vielleicht sagen Sie sich aber auch: „Jetzt erst recht!" Oder wissen Sie noch gar nicht so recht, ob, warum und wenn ja, was Sie eigentlich suchen sollen?

Wer auch immer Sie sein mögen – oder zu sein glauben: Wollen Sie endlich zufriedenstellende und zusammenhängende Antworten und Klarheit über die Möglichkeiten, die uns das Leben *wirklich* bietet? Mit diesem Buch, das eigens und zielsicher für Sie verfasst wurde, möchte ich Ihnen Antworten geben. Antworten, die Ihr Leben verändern und Ihnen eine Fülle an Harmonie, Gesundheit, Freude und Erfolg bescheren werden.

Mein Statement zum Positiven Denken

Das Schicksal eines Menschen liegt in seiner eigenen Hand.
(Francis Bacon)

In den vergangenen Jahren wurden über die Macht der Gedanken und des Positiven Denkens unzählige Bücher verfasst und eine unüberschaubare Anzahl an Coachingseminaren abgehalten. Nahezu täglich erlebe ich in Gesprächen mit meinen Klienten Folgendes: Sie haben – oft über Jahre hinweg – alles Mögliche unternommen, um an der „Fülle des Lebens" teilzuhaben. Sie haben mysteriöse Techniken und Praktiken studiert, nach verborgenen Geheimnissen gesucht, waren auf unzähligen Seminaren, haben sich den unterschiedlichsten Lebensphilosophien zugewandt, und die heimische Bibliothek quillt über vor Lebensratgebern aller möglichen Richtungen. Durch entsprechende Anleitungen erlebten diese Menschen zwar immer wieder kurzfristige Erfolge, doch wirklich – und damit meine ich *wirklich*! – nachhaltig hat sich ihr Leben nicht verändert. Nach einer ersten kurzen Motivationsphase mussten die meisten leider feststellen, dass ihr Leben trotz aller Anstrengungen immer noch nicht wirklich *erfüllt* ist, und die alten Denk-, Erlebens- und Handlungsmuster haben sich wieder in den Alltag eingeschlichen. Die Versuche, den „Code des Lebens" zu knacken, sind gescheitert.

Stellen wir doch einmal die naheliegende Frage: Warum ist das so? Auch wenn es ketzerisch klingen mag, die Erklärung dafür ist ebenso simpel wie überraschend: Es gibt eben keine Geheimtricks, die wir einfach mal schnell anwenden können wie eine Computersoftware. Es gibt auch keine mysteriösen *Techniken*, die Sie endlich das finden lassen könnten, was Sie so sehnlich suchen.

Vielleicht denken Sie jetzt: Ja, Herr Huber, okay, aber weshalb soll ich dann ein weiteres solches Buch lesen, das ausgerechnet auch noch mit dem ominösen Titel DER CODE daherkommt und das ich nach dem Lesen mal wieder zu meinen anderen Ratgebern ins Regal stellen kann?

Ich möchte Ihnen diese Frage liebend gerne beantworten: Es gibt diesen vermeintlichen und so oft zitierten „Code des Lebens" tatsächlich, nur ist er keine rituelle Praktik oder Technik. Nein, dieser Code, der im übertragenen Sinne gar kein Code ist, ist nichts weiter als ein *wahrhaftiges* Verstehen und Anwenden einiger Gesetzmäßigkeiten, nach denen Sie in Ihrem Leben bewusst zu handeln lernen müssen. Knacken können Sie diesen Code aber nur, wenn Sie ein gewisses Bewusstsein erlangen, mit dem Sie dann zum Schöpfer Ihres eigenen Lebens werden können. Und mit Bewusstsein meine ich hier im wortwörtlichen Sinne ein *bewusstes Dasein*! Ich möchte Ihnen durch eine Veränderung Ihres Blickwinkels dabei helfen, genau dieses *Bewusst-Sein* zu erlangen, ein Bewusstsein für die unglaublichen Kräfte, die in Ihnen stecken und nur darauf warten, von Ihnen entdeckt – und vor allem auch *genutzt* – zu werden.

Entdecken Sie den Zugang zu den unbeschreiblichen und grenzenlosen Kräften Ihres Unterbewusstseins. Ich sehe meine Aufgabe darin, Sie auf Ihrem Weg zu begleiten. Mein Anliegen ist es, Ihren *Blickwinkel* zu erweitern und Ihnen ein Bewusstsein für die grenzenlosen Fähigkeiten Ihres schöpferischen Geistes zu verschaffen. Es liegt ganz allein in Ihrer Hand, wie Ihre Zukunft aussehen wird.

Um das *wahre* Positive Denken in Ihrem Leben tatsächlich entfalten und von der ungeheuerlichen Kraft Ihres Unterbewusstseins gewinnbringend Gebrauch machen zu können, bedarf es der Erkenntnis grundlegender Prinzipien, die es zu verstehen und vor allem zu *verinnerlichen* gilt. Denn es macht auf diesem Gebiet absolut keinen Sinn – und es hat vor allem auch keine dauerhafte Wirkung! –, wenn man etwas anwenden möchte, das man eigentlich überhaupt nicht richtig verstanden hat. Zu oft erlebe ich, dass Menschen sagen: „Das mit den positiven Gedanken ist ja ganz toll, es wirkt wohl auch, aber nicht bei mir. Ich habe es wirklich versucht, viele Bücher gelesen und wer weiß wie viele Übungen gemacht."

Es ist egal, ob Sie bereits auf der Suche sind oder erst am Anfang stehen und zum ersten Mal einen Ratgeber in der Hand halten. Ich habe alles mir Mögliche unternommen, um Ihnen zufriedenstellende Antworten auf Ihre Fragen und vor allem ein wirksames Werkzeug an die Hand zu geben, mit dem Sie Ihre Ziele verwirklichen und sich Ihre irdischen

Wünsche erfüllen können. Mit dem Wissen, das ich Ihnen weitergeben möchte, konnte nicht nur ich bereits zahlreichen Menschen zu einem erfüllteren Leben verhelfen. Viele der in diesem Buch beschriebenen Thesen basieren auf den Lehren des Urvaters des Positiven Denkens, Dr. Joseph Murphy, und dessen direkten Schülers und meines eigenen Lehrers Erhard F. Freitag. Es ist ein über Jahrzehnte hinweg erprobtes und angewandtes Erfahrungswissen, das ich weiterentwickeln und modernisieren durfte. Seit Jahren vermittle ich es in der täglichen Praxis, um mehr Menschen zu Wohlstand, Glück und Freude zu verhelfen. Sie werden schon nach wenigen Seiten verstehen, dass Sie ein natürliches Recht darauf haben, ein glückliches und erfülltes Leben zu führen. Ich will Ihnen Mut machen, sich auf das einzulassen, was Sie *wirklich* erfüllen wird und einfach das zu tun, was Ihre ureigenste Bestimmung ist: sich selbst Ihr Glück zu schaffen!

Sie werden durch dieses neue Wissen nicht nur zum selbständigen Gestalter Ihres irdischen Lebens, sondern Sie werden sich auch endlich erklären können, aus welchem Grund manche Menschen immer reicher werden, während andere in scheinbar ausweglosen Lebenssituationen stecken bleiben – oder noch schlimmer, warum sich ihre Situation des Mangels beständig weiter verschlimmert. Sie werden verstehen, weshalb immer dieselben geschätzten 20 Prozent der Menschen 80 Prozent aller Unfälle und Tragödien erleiden und warum gewisse Personen aus allem, was sie in die Hand nehmen, einen Erfolg zu machen wissen, während die anderen auch mit den besten Ideen erfolglos bleiben. Wie kommt es, dass unsere Medizin besser ist als je zuvor, es aber niemals mehr Kranke gab als heute?

Auf alle diese und viele weitere Fragen werden Sie sich nach der Lektüre dieses Buches selbst eine Antwort geben können. Sie werden schon während des Lesens erkennen, welche Türen Sie sich bisher *selbst* verschlossen gehalten haben und wie Sie sich durch Ihre eigene Kraft *selbst* auf die Sonnenseite des Lebens führen können. Sobald Sie verstanden haben, dass Sie sich durch Ihr Denken, Ihr Handeln und Ihren Glauben *Ihr* Schicksal *in sich selbst* erschaffen und dieses dann noch zu steuern lernen können, werden unfassbare Ereignisse Ihr Leben zum Positiven verändern. Wenn Sie ernsthaft bereit sind, manche Ihnen innewohnenden Glaubenssätze zu ändern, wenn Sie für Neues offen sind und den festen Willen haben, Ihr Leben zum Positiven zu wandeln, wird das Resultat Erfolg, persönliches Wachstum, Liebe und Gesundheit sein. Zögern Sie auch nicht, mein Team und mich zu kontaktieren und uns von Ihren Erlebnissen zu berichten, denn ich freue mich schon von Herzen darauf, von den unglaublichen und wunderbaren Dingen zu erfahren, die Sie ab sofort in Ihr Leben ziehen werden.

Versuchen Sie, wenn Sie dieses Buch jetzt aufmerksam lesen werden, für sich persönlich folgende Frage zu beantworten: Wollen Sie wirklich nur ein Getriebener Ihres irdischen Schicksals sein, oder können Sie sich dazu entschließen zu glauben, dass es eine Schöpfung gibt, die Ihnen die Kräfte mitgegeben hat, die es Ihnen ermöglichen, sich Ihr höchstes irdisches Glück selbst zu schaffen? Ihr neues, harmonischeres und erfolgreicheres Leben soll genau *jetzt*, in diesem Augenblick, beginnen. Vertrauen Sie mir, und treffen Sie mit sich selbst ein Abkommen. Setzen Sie ohne Zweifel und Überlegen, einfach voller Vertrauen, das um, was ich Ihnen ans Herz lege und in die Hände gebe. Nichts auf der Welt ist mächtiger als die universelle geistige Kraft, die in uns allen beheimatet ist. Entdecken Sie sie!

Herzlichst,
Ihr Christian Huber

Warum dieses Buch Dein Leben verändern wird

Bevor wir direkt einsteigen, erlauben Sie mir bitte vorweg, dass ich Ihnen das *Du* anbiete. Meine Erfahrung aus der Praxis hat gezeigt: Je näher sich unser Verhältnis entwickeln kann, desto fruchtbarer werden die Ergebnisse für Sie sein. Ist das in Ordnung? Dann machen wir uns also jetzt gemeinsam, Du und ich, auf die Reise in Deine neue, glückliche Zukunft.

Zum Einstieg eine kleine Geschichte aus der Praxis

An einem meiner Coaching-Seminare nahm der 85-jährige Werner teil. Er hatte es geschafft, sich im Laufe seines Lebens finanziellen Wohlstand zu erarbeiten und führte nach außen hin ein gut bürgerliches Leben. Während des Seminars gab ich allen Teilnehmern die Aufgabe, eine kurze Bilanz ihres bisherigen Lebens aufzustellen. Sie sollten die aus ihrer Sicht zentralen Wegstationen ihrer Entwicklung sammeln, mit denen sie im Verlauf des Seminars weiterarbeiten konnten. Vor allem ging es mir aber um das, was letztendlich heraus kam: ihr Resümee in einem Satz. Hast Du schon einmal versucht, Dein Leben in einem Satz zusammenzufassen? Versuche es doch gleich einmal! Mach Dir selbst eine kleine Tabelle mit Aktiva und Passiva, und wenn Du fertig bist, fasse Dein Leben kurz in einem Satz zusammen:

Am Ende des Seminarabschnitts stellte ich meinen Teilnehmern die Frage: Könntet Ihr Euer Leben noch einmal leben, was würdet ihr ändern?

Werner musste etwas ausholen, sagte aber schließlich etwas, das mich noch länger beschäftigen sollte und mir letztendlich zum Anlass wurde, dieses Buch zu schreiben: „Christian, ich würde fast alles ändern, denn ich bin jetzt schon über 80 Jahre auf dieser Welt, kann aber rückblickend nicht behaupten, dass ich wirklich gelebt habe." In meinem Kopf kreisten nach diesem Eingeständnis nur zwei Fragen. Erstens: Wie muss es sich anfühlen, mit 85 ein solches Bekenntnis abgeben zu müssen, und vor allem: was kann man einem Menschen in dieser Situation antworten? Nun, wir wissen alle, dass die Zeit nicht zurückgedreht werden kann. Umso wichtiger ist es, aus den restlichen Lebensjahren noch das Bestmögliche zu machen.

Kommen wir auf Deinen eigenen Saldo zurück: Geht es Dir womöglich auch wie Werner? Kannst Du Dich in diese Situation hineinfühlen? Kannst Du Dir vorstellen, mit 70 oder 80 Jahren Dir gegenüber ehrlich bekennen zu müssen: ich habe eigentlich nicht gelebt, sondern das Leben einfach ungenutzt an mir vorbeiziehen lassen. Wie fühlt sich das an?

Wenn Du Dich an dieser Stelle angesprochen fühlst und jemand bist, der fest dazu entschlossen ist, sein Leben ein für alle Mal *nachhaltig* und *unwiderruflich* zum Positiven zu verändern, dann habe ich dieses Buch auch für Dich geschrieben.

Nimm Dir die Zeit, Dir darüber ernsthaft Gedanken zu machen, denn erst wenn Du Dich zu einem festen Entschluss durchringen konntest, wirst Du aus diesem Buch tatsächlichen Nutzen ziehen können! Bist Du schon bereit und *ernsthaft* entschlossen, dann komm jetzt mit mir auf die Reise und erkenne:

I

IN DEINEM BEWUSSTSEIN LIEGT DEIN SCHICKSAL

Das Gesetz des Glücks

Nach welchen Maßstäben wird Deiner Meinung nach das Glück des Lebens unter den Menschen verteilt? Was bestimmt Deiner Meinung nach über unser irdisches Glück? Ist es der Geburtsort, das Angehören einer bestimmten Glaubensgemeinschaft, oder finden wir das Glück womöglich, indem wir uns von den alten Religionen distanzieren und es in der modernen Esoterik suchen? Hat auch nur eine der unzähligen Überzeugungen es wirklich geschafft, die Menschen glücklicher und erfolgreicher zu machen?

Um dem wahren und erfüllenden Glück im Leben ein Stück näher zu kommen, müssen wir uns zunächst in allererster Linie mit uns selbst beschäftigen und uns Gedanken über einige ganz grundlegende Dinge machen. Wie Du sehen wirst, beschäftigt sich dieses Buch intensiv mit dem „Glauben": vom Glauben an den Sinn unseres Daseins über den felsenfesten Glauben an uns selbst bis hin zu dem unumstößlichen Glauben an die in uns wohnende Schöpferkraft, den wir entwickeln müssen, um wirklich Erfolg und Lebensglück zu erfahren. Wenn wir uns aber schon um den Glauben Gedanken machen, kommen wir auch nicht umhin, uns mit „übergeordneten" Glaubensfragen zu beschäftigen. Genau das fällt den meisten Menschen heutzutage aber sehr schwer, weil sie, von den klassischen Religionen enttäuscht und zu Rationalisten erzogen, die Vorstellung einer gewollten Schöpfung durch eine göttliche Instanz in den Bereich des Aberglaubens verbannt haben. Warum aber ist das so? Und warum suchen dann so viele Menschen Zuflucht in allen möglichen esoterischen Strömungen und alternativen Glaubensrichtungen?

All die *Theorien*, die da draußen wie Sand am Meer in Umlauf sind, werden Dich auf Dauer nicht glücklich machen. Wir Menschen beschäftigen uns mit unglaublich viel Unsinn, wenn man ihn uns nur glaubhaft verkauft. Wir suchen in zahlreichen Lebensphilosophien Antworten auf unsere Fragen, denn wir haben trotz aller Skepsis und allem Zynismus ein Programm in unserem Bewusstsein, das uns ständig sagt: „Es muss doch diesen Schalter in mir geben, den ich nur umlegen muss, damit ich irgendwie glücklich werden kann." Und so suchen und suchen wir und sind anfällig für die fragwürdigsten Dinge. Viele Menschen berichten beispielsweise davon, dass sie ihre Wünsche ans Universum gerichtet haben, um sich bestimmte Hoffnungen zu erfüllen – anfangs vielleicht auch mit gewissen Erfolgen. Mit der Zeit erleiden sie aber einen Rückschlag nach dem anderen und sind alles andere als glücklich. Leider habe ich bisher noch niemanden getroffen, der damit die wirkliche Erfüllung in seinem Leben gefunden hätte.

Lassen wir einmal die Frage offen, ob es dieses ominöse „Universum" wirklich gibt. Selbst wenn das der Fall sein sollte, kann es sicher nicht im Sinne der Schöpfung sein, dass wir versuchen, es wie einen Goldesel auszunehmen. Denken wir wirklich so gering von uns und der Schöpfung, dass wir uns dazu erniedrigen, beim Universum ein neues Auto zu bestellen? Wollen wir uns wirklich unser Lebensglück schaffen, werden wir an dieser Stelle unser Hauptproblem lösen müssen: unsere Denkweise. Wahrhaftiges Glück und die Fülle des Lebens fallen nicht einfach so vom Himmel, und wir können sie auch nicht durch irgendwelche Praktiken und Techniken erzwingen. Nein, sich wirklich sein *Lebensglück* zu schaffen bedeutet viel mehr, als sich nur ein paar Wünsche zu erfüllen. Nur derjenige wird es tatsächlich erreichen, sich sein Lebensglück zu schaffen, der es sich als Folge eines entwickelten Bewusstseins und einer vollkommen erlangten Selbsterkenntnis durch das Setzen der richtigen Ursachen *selbst* schafft. Genau zu diesem Zweck haben wir einige sehr mächtige Kräfte mit auf den Lebensweg bekommen, die es zu erwecken gilt, damit wir lernen können, von ihnen Gebrauch zu machen.

Es ist mir ein von Herzen kommendes Anliegen, dass Du Dir während des Lesens die elementaren Fragen *Deines* Lebens *selbst* beantwortest, und ich möchte nicht, dass Du meine Meinungen blind übernimmst. Ich möchte, dass Du Deine eigene Wahrheit findest, und Du kannst sie nur in Deinem innersten Selbst finden.

Welche Ansichten Du auch immer teilen magst: Um ein erfülltes Leben zu führen, mag der Glaube ein wesentlicher Faktor sein; er ist aber sicherlich nicht der einzige. In diesem Buch geht es in erster Linie darum, dass Du das Glück *in Dir* und *durch Dich selbst* findest, denn das ist der einzige Weg. Ich möchte mit Dir auf eine Expedition gehen, und zwar auf die Expeditionsreise ins „Ich". Hör auf damit, in irgendwelchen Lebensphilosophien, Wundermitteln und Religionsauslegungen Dein Glück zu suchen, denn Du wirst es nicht finden.

Glück bedeutet für jeden Menschen etwas anderes, und erst, wenn wir selbst befriedigende Antworten für uns selbst gefunden haben, werden wir Meister unseres Glücks; erst dann können wir selbst bewusst in das Geschehen eingreifen, erst dann können wir gezielt Ursachen setzen und das ernten, was wir gesät haben.

Jetzt stellt sich natürlich die Frage, nach welchen Kriterien das Glück *wirklich* zu uns kommt, und was wir selbst dafür tun können. Wenn wir die Welt in all ihrer Vielfalt und all ihren Unterschieden betrachten, finden wir überall Menschen, die im Schaffen ihres Glücks „erfolgreich", und andere, die „erfolglos" sind. Wir finden überall Menschen, die „chronisch gesund" sind und überall auch solche, die hartnäckig von Krankheiten verfolgt werden. Es gibt in allen Ländern und Kulturen Menschen, die „Glück" haben und andere, denen es vermeintlich verwehrt bleibt. Ist das alles nur Zufall, oder gibt es Gesetzmäßigkeiten, die das Glück beeinflussen können?

Es gibt zumindest eine ganz klare Regel, nach der das „Glück des Lebens" ausgeschüttet wird, und diese ist so einfach, dass wir es auf Anhieb gar nicht fassen können:

Jeder bekommt das, was er verdient hat!

So banal es im ersten Moment klingen mag, bedeutet diese Regel nichts anderes, als dass die erfolgreichen und glücklichen Menschen im Gegensatz zu den Erfolglosen eine andere, sozusagen „richtige" Geisteshaltung besitzen und in dieser Haltung Ursachen setzen, die der Erfolg und das Glück letztlich von uns verlangen. Der Mensch, der sein Leben zur Entfaltung bringt, hat außer einem Bewusstsein über seine schöpferischen Möglichkeiten auch die Tugenden *Einsatz*, *Konsequenz* und den *Glauben* an sich und sein erfolgreiches Leben auf den Fahnen stehen! Genau an dieser Stelle weicht die Geisteshaltung der „Erfolgreichen" völlig von der der „Erfolglosen" ab. Die Erfolgreichen betrachten hier das Leben aus einer komplett anderen Perspektive. Der Erfolglose sagt: „Ich hätte eigentlich etwas ganz anderes verdient als das, was ich jetzt habe." Er fängt an, die Ursachen für seine Misserfolge und sein unerfülltes Leben auf die Außenwelt zu projizieren, indem er sich einredet, dass diese und jene oder viele unglückliche Umstände an seiner Situation Schuld tragen. Es handelt sich immer und überall um das gleiche Spiel:

Der „Erfolglose" übernimmt nicht die Verantwortung für seine selbst geschaffene Realität, während der „Erfolgreiche" dort erst anfängt, wo der Erfolglose aufhört.

Das heißt also, dass der Erfolgreiche sich – ob nun bewusst oder unbewusst – im Klaren darüber ist, dass er bestimmte Ursachen setzen muss, um entsprechende positive Wirkungen zu erzielen. Der Erfolglose wiederum verfällt dem Glauben, der Spielball irgendwelcher böser Schicksalskräfte zu sein, die ihm alles Unrecht mutwillig zufügen. Er entwickelt die Einstellung, dass man zufrieden sein sollte, wenn man im Leben gerade so durchkommt, wenn alles gerade so einigermaßen funktioniert, und er akzeptiert, dass die 27 letzten Tage im Monat die schlimmsten sind. Er engagiert sich vielleicht zusätzlich in Organisationen, die gegen die „ungerechte Behandlung" Gleichgesinnter kämpfen, um wenigstens durch dieses soziale Engagement Anerkennung zu erfahren und gleichzeitig, um gegen die „bösen Menschen" anzugehen, die aus seiner Sicht für seine Misere verantwortlich sind. Der unerfüllte Mensch scheitert schon dort, wo der Erfolgreiche und Glückliche erst anfängt, und dreht sich inmitten seines Käfigs aus Armutsgedanken selbst im Kreis.

Es muss Dein vorrangigstes Ziel sein, Dir Deines eigenen geistigen Reichtums bewusst zu werden und nicht in einen solchen Teufelskreis zu geraten. Steckst Du bereits mittendrin, ist es allerhöchste Zeit, die Gitterstäbe vor Deinem Fenster durchzusägen und endlich auszubrechen, und auch in den ausweglosesten Situationen wird der wichtigster Helfer auf Deinem Weg immer Dein Glaube sein. Glaube nicht im Sinne einer konfessionsgebundenen Ausschließlichkeit, sondern vielmehr im Sinne der Gewissheit, dass Dein Leben nicht dem Zufall (und damit dem nicht beeinflussbaren Eintreten von Glück oder Unglück) gehört, sondern Du Teil einer schöpferischen Kraft bist. Einer Kraft, die Du nutzen oder brachliegen lassen kannst. Wie also steht es um Deinen Glauben?

Glaubst Du überhaupt (noch) an eine göttliche Schöpfung?

Der deutsche Mediziner Rudolf Virchow sagte einmal: „Ich habe so viele Leichen seziert und nie eine Seele gefunden." Hältst Du es mit dem Glauben wie er oder bist Du jemand, der sich mit Spiritualität, Erfolgsphilosophien und Lebenssinnfragen wirklich beschäftigt? Dann möchte ich Dich herzlich dazu einladen, Dir gemeinsam mit mir darüber Gedanken zu machen, ob es nicht doch eine schöpferische Macht geben könnte, aus der alles – und damit meine ich wirklich alles, auch uns und das Universum – hervorgegangen ist. Kannst Du auch, ohne diese Instanz einmal beim Namen zu nennen, erfassen, dass es eine Kraft gibt, die die richtigen Zutaten vor dem Urknall bewusst zusammengemischt hat?

Weshalb konfrontiere ich Dich an dieser Stelle mit diesem Thema – und vor allem: wie komme ich auf die Idee, in einem Ratgeber für Positives Denken über Gott zu schreiben? Vielleicht interessierst Du Dich ja überhaupt nicht für ihn, hältst ihn womöglich für eine menschliche Erfindung wie den Weihnachtsmann oder lehnst ihn sogar ab?

Ich möchte Dir diese Frage liebend gerne beantworten. Der Ursprung des Positiven Denkens und der unzähligen daraus abgeleiteten Philosophien beruht letztlich auf dem Glauben an einen Schöpfer und dem Wissen aus den spirituellen Schriften. Es ist mir zuwider, dass an jeder Ecke versucht wird, die Thematik des Positiven Denkens in unzähligen Verpackungen zu verkaufen und dabei das Fundament einfach vergessen wird. Ein Verleger erklärte mir kürzlich, dass Gott heutzutage nicht mehr „up to date" sei und man deshalb eine andere Bezeichnung, wie z.b. „die Energie aus dem Universum", verwenden müsse. Ich persönlich stehe dieser „Sichtveränderung" etwas skeptisch gegenüber. Auch darüber solltest Du Dir aber Deine ganz eigene Meinung bilden. Ich möchte Dir lediglich einen Denkanstoß geben, mit dem Du eine neutrale Sicht auf das Thema Schöpfung erlangen kannst. Wenn ich den Begriff „Gott" verwende, so beziehe ich diesen weder auf eine religiöse Auslegung noch auf eine kirchliche Organisation, sondern lediglich auf den Kern des Glaubens – den Glauben an sich.

Gehen wir nun also von einer bewussten Schöpfung aus: Sind wir auf dieser Welt, um ein vorbestimmtes Leben zu führen? Wird es schicksalhaft beeinflusst, und werden uns gar mutwillig irgendwelche Steine in den Weg gelegt?

Verabschiede Dich von der Vorstellung eines strafenden Gottes mit langem Rauschebart und Zeigestock, der Sünden verfolgend im Himmel die Messer wetzt und uns dereinst an den Pranger stellen wird, wenn wir uns nicht konform verhalten. Diesen erfundenen Richterstuhl, der über „Himmel und Hölle" entscheidet, gibt es nicht, und jene falsch interpretierte Vorstellung der Schöpfung hat der Menschheit neben Ängsten, Unverständnis, Krieg und der Abwendung vom wahren Glauben nicht viel Gutes gebracht. Ängste zu schüren und das Märchen vom strafenden Gott zu verbreiten hat in der Geschichte zu lange Menschen und Institutionen große Macht verliehen.

Wir haben gelernt, dass unser Schöpfer ein Aspekt der Liebe, gar die Liebe selbst, ist. „Sein Wille" ist also, dass wir glücklich und erfolgreich sind! Fangen wir endlich an, diesen Willen in die Tat umzusetzen! Du bist nicht auf diese Welt gekommen, um zu leiden, sondern um Freude, Erfolg und Liebe zu erfahren. Verstehe, dass Du ein einzigartiges Phänomen bist, durch das etwas Besonderes in die Welt gebracht werden soll. Deshalb verfügt jeder Mensch auf seiner individuellen Ebene über eine ungeheure Kraft, die es ihm ermöglicht, seine Wünsche und Ziele zu realisieren. Der Großteil der Menschheit hat aber nicht erkannt, dass er über diese besondere Stärke verfügt, und deshalb haben die meisten Menschen auch noch nicht damit begonnen, ihr Leben nach ihren Sehnsüchten und Träumen „selbst zu gestalten".

Sieh den Gestalter dieser gigantischen Menschheit – Gott, die Schöpfung, oder wie Du ihn auch nennen magst – als das, was er ist: die Quelle allen Ursprungs, die erfüllte Liebe und die vollkommene Harmonie. Viele Menschen fühlen sich aber verlassen; es widerspricht einfach ihrer erlernten Logik, dass es eine Instanz geben könnte, die rein und ausschließlich unser Bestes will. Das Problem ist darin zu suchen, dass wir Menschen im Laufe des Erwachsenwerdens die Verbindung zu diesem Urwissen gekappt haben, weil wir uns irgendwann verlassen glaubten. Wir waren es also, die den Ursprung verlassen haben. Die Kraft der Schöpfung hat uns nie verlassen, sie ist immer da. Wir müssen sie nur wieder als oberste Instanz anerkennen, ihrer Macht vertrauen – und für ihre Unterstützung hin zu einem in jeder Hinsicht erfüllten Leben dankbar sein Meine Erfahrung zeigt, dass Menschen, die noch wahrhaft glauben können, die glücklicheren Menschen sind.

Ich finde es darüber hinaus immer wieder erstaunlich, dass man mangels Beweismöglichkeit in weiten Teilen der Wissenschaft den Gedanken an eine solch bewusste Schöpfung ausschließt, obwohl man gleichzeitig für deren Nicht-Existenz auch keine aussagekräftigen Beweise anführen kann. Dabei empfinde ich in keiner Weise den wissenschaftlichen Anspruch als falsch, unter strengsten Richtlinien nach Beweisen zu suchen. Unwissenschaftlich ist vielmehr die Sichtweise, dass etwas nicht existieren darf, nur weil wir es noch nicht bewiesen haben. Wären alle Wissenschaftler dem borniertem Mainstream gefolgt, würden wir heute wahrscheinlich nicht wie selbstverständlich um den Globus fliegen. Und waren es nicht vielfach wissenschaftliche Außenseiter, die jahrelang gegen die Massenmeinung ankämpfen mussten, bevor sie schließlich der Wissenschaft zu großen Durchbrüchen verhalfen? Ist es nicht eine ebenso logische Erkenntnis, dass „da oben" eine Kraft existiert, die alles so geschaffen hat, dass sich die gesamte Schöpfung anhand eines bestimmten Plans entwickeln und entfalten konnte, selbst wenn wir dies noch nicht beweisen können? Oder anders formuliert: Gibt es einen universellen Masterplan?

Hast Du Dir schon einmal Gedanken darüber gemacht, dass wir keine derart optimalen Lebensbedingungen auf unserem Planeten hätten, wenn die von der Wissenschaft oft als zufällig angesehene Zusammensetzung des Universums und der Erde nur ein klein wenig anders wäre? Sicher sind wir uns darüber einig, dass schon die kleinste Änderung auch nur eines der physikalischen Gesetze ausreichen würde, unsere Existenz unmöglich zu machen. Isaac Newton sagte einst: „Der Atheismus ist so sinnlos. Wenn ich mir das Sonnensystem anschaue, sehe ich die Erde im richtigen Abstand zur Sonne, um die passende Menge an Wärme und Licht zu bekommen. Das ist nicht durch Zufall geschehen." Die Feinabstimmung des Universums ist ein Fakt, dem nicht widersprochen werden kann. Alles wurde ganz genau so konstruiert, dass wir überhaupt leben können. Wir könnten auch sagen, das Universum ist in Perfektion auf unsere Existenz abgestimmt.

Nehmen wir nur einmal das jedem Kind geläufige Gesetz der Schwerkraft. Es würde auf der Erde schon eine winzige Veränderung der Gesetzmäßigkeiten der Schwerkraft genügen, und schon wäre nichts mehr, wie es ist. Andere Naturgesetze sind ähnlich genau aufeinander und auf unsere Lebensbedürfnisse abgestimmt. Es bedarf nur eines winzigen Drehens an einer der vielen kleinen Schrauben, und wir könnten nicht mehr existieren.

All das kann kein Zufall sein, und es ist auch kein Zufall – und die Macht, die uns geschaffen hat, weiß um uns. Sie kennt unsere Sorgen, kennt unsere Nöte und noch viel mehr das Geheimnis unseres Glücks. Wir haben alles Nötige in uns, um unser persönliches Glück zu erschaffen. Wahrer Reichtum ist geistiger Reichtum. Lerne, von ihm Gebrauch zu machen! Und dann:

Sei der, der Du sein kannst

Nachdem die Götter die Welt erschaffen hatten, überlegten sie, wo sie den größten Schatz der Menschheit verwahren sollten. Ein etwas jüngerer Gott kam auf die Idee: „Wir legen den Schatz auf den tiefsten Meeresgrund, da kommen die Menschen nicht hin." Diese Lösung wurde aber wieder verworfen, denn sie erschien zu einfach. Dann kam die Idee auf, den Schatz auf dem höchsten Gipfel des größten Berges zu deponieren, aber auch dieser Vorschlag wurde verworfen. Ein von allen geschätzter, weiser Gott sagte schließlich: „Ich kenne einen Ort, an dem der Schatz sicher verwahrt sein wird. Dort werden ihn die Menschen erst dann suchen, wenn sie die Reife erlangt haben, in ihr Innerstes zu sehen: Wir verbergen den Schatz im Menschen selbst." So wurde es beschlossen und auch gemacht.

Diese Geschichte hat mir vor einiger Zeit eine Klientin geschickt. Sie versinnbildlicht uns: Der größte Schatz, nach dem wir alle suchen – oft ohne wirklich darum zu wissen – ist so unglaublich nahe: In jedem von uns selbst! Wenn Dir das bewusst geworden ist, beginnt die wohl schönste und bestbezahlte Arbeit der Welt: die *Arbeit an Dir selbst.*

Du wurdest mit allem ausgestattet, was Du brauchst, um ein erfülltes Leben zu führen, ja, man kann tatsächlich sagen: Du bist auf Deine Art und Weise ein schlafendes Genie, das es zu erwecken gilt. Jemand sagte einmal mit einem Augenzwinkern zu mir: *„In mir schläft ein Genie, aber das Biest wird nicht wach."* Und wenn es damals auch als Spaß gedacht war, so liegt doch in dieser Bemerkung eben jene Wahrheit, dass das größte Hab und Gut, das wir besitzen, nichts Materielles ist, sondern dass das Wertvollste, das wir besitzen, in uns steckt. Wenn Du beginnen wirst, ein Bewusstsein für die unglaublichen Kräfte zu entwickeln, die *in Dir selbst* wohnen und Du Dir unmissverständlich klar gemacht haben wirst, dass Du ein natürliches und gottgewolltes Recht auf Dein irdisches Glück hast, werden unglaubliche Dinge geschehen.
Finde in Ruhe erst einmal heraus, wer Du eigentlich bist und sein willst! Dann sei derjenige, der Du sein willst! Geh von diesem Du aus und hämmere Dir Folgendes in Dein Herz:

Es gibt da draußen nichts, das Dich daran hindern könnte,
der zu sein, der Du bist und sein willst!

Es gibt absolut nichts! Fühlst Du Dich benachteiligt oder behindert, projizierst Du nur Deine eigenen Widerstände auf das *Außen*, die Welt ist sozusagen Deine „Projektionsfläche". Du projizierst alles auf die Welt, was Dich angeblich behindert und sagst: Dies und das kann ich nicht, diese und jene Leute stehen mir im Weg, diese verflixte Situation, in der ich mich befinde, lässt mir keinen Ausweg usw. All das sind nur Oberflächen, auf denen sich unser eigenes Unvermögen, uns selbst zu überwinden, spiegelt – manchmal aber auch nur Neid, Bequemlichkeit und fehlender *Wille* zu wirklicher Veränderung. Gerne entwickeln wir gegen alle diese Dinge, die uns angeblich behindern, auch Aggressionen, besonders gegen Menschen. Warum gibt es denn Personen, die Dich einfach wütend machen oder die Du sogar hassen zu dürfen glaubst? Haben sie Dir wirklich etwas getan, oder projizierst Du nur Deinen Neid oder Dein eigenes Unvermögen auf sie? Können sie dich tatsächlich behindern, oder bist es vielmehr Du selbst, dem der Wille fehlt, mutige Entscheidungen zu treffen? Mach Dir über diese Fragen Gedanken, und wenn Du Dich in dem hier Beschriebenen wiederfinden solltest, nimm Dir festen Willens vor:

Sei nicht selbst Dein größtes Hindernis

Sind wir ehrlich zu uns selbst, streben wir alle nach einem erfüllten Leben voller Liebe und Wertschätzung. Leider bleiben diese Wünsche für die meisten Menschen nur Träume, und sie können am Ende ihres Lebens nicht behaupten: Ich habe das Leben im Überfluss der Fülle genossen und bin der Mensch geworden, der ich sein sollte und als der ich von der Schöpfung vorgesehen bin!

Alles, was Du *heute* bist, denkst und besitzt, ist das eine. Ein anderes ist aber, was Du morgen sein wirst, was Du *morgen* besitzen und verwirklichen kannst. Wie gefällt Dir die Vorstellung, der Mensch zu werden, der Du wirklich sein *kannst*? Die meisten Menschen – erinnern wir uns an dieser Stelle an Werner – leben ihr Leben tatsächlich einfach „ab", ohne sich je ihrer Möglichkeiten auch nur im Geringsten bewusst geworden zu sein. Was sie heute sind, ist hauptsächlich Ergebnis unzähliger Prägungen, die sie ihren eigentlichen *Wert* meist nicht mehr erkennen lassen.

Immer wieder erlebe ich die unterschiedlichsten Menschen, die ihre Probleme damit rechtfertigen, dass sie dies und jenes nicht könnten, sie seien eben nicht „der Typ dafür". Wie oft höre ich beispielsweise: „Ich bin einfach kein Erfolgsmensch", „Ich bin einfach nicht beziehungsfähig" oder „Ich kann nicht vor einer großen Gruppe sprechen". Mit solchen negativen Glaubensmustern über sich selbst könnten die meisten Menschen Bücher füllen.

Wichtiger als die ständige Beschäftigung mit diesen negativen Mustern, dieses ständige Kreisen um Probleme wie die Fliege um den Misthaufen, ist aber die Frage, ob sie denn tatsächlich stimmen! Entsprechen sie wirklich der Wahrheit, oder gaukeln uns diese negativen Glaubenssätze nur etwas vor und verdecken uns den objektiven Blick auf uns selbst? Es sind meist sehr alte „Programme", die wir seit unserer Kindheit mit uns herumschleppen und die in der Lage sind, große Macht auf uns auszuüben. Sie blockieren uns innerlich, schwächen unseren Selbstwert und halten uns in dem negativen „Glauben", dieses oder jenes nicht zu können, gefangen.

Wir Menschen tun etwas ganz Fatales, wenn wir sagen: „Ich bin halt so." Denn dadurch akzeptieren wir unterbewusst diesen Zustand des Mangels und des angeblichen Nicht-Könnens. Es kommt aber noch schlimmer! Nicht genug damit, dass wir uns selbst von diesem negativen Glauben überzeugt haben, nein! Wir hegen und pflegen ihn auch noch dadurch, dass wir uns alle so verdammt erwachsen fühlen, ja, dass wir uns selbst gegenüber die Meinung vertreten, wir seien schon *ausgereift* und hätten die Welt und ihre „Gesetze" verstanden – und laut dieser Gesetze seien manche Dinge eben einfach unabänderlich. Genau an dieser Stelle fahren wir in die Sackgasse und damit unausweichlich gegen die Wand! Es gibt nichts Schlimmeres, als die Meinung zu vertreten, *ausgereift* zu sein und ein Leben lang so weiter machen zu können oder müssen, wie bisher. Vor allem in älteren Generationen ist dieses Denken noch enorm ausgeprägt: „Ich bin, was ich bin, und alles wird gemacht, wie es sich gehört", und der alte Spruch „Schuster, bleib bei Deinen Leisten" hängt gleich über dem Fernseher, mit dem man sich davon ablenkt, dass man ja eh nichts ändern kann. Viele Menschen leben nur aus einem Grund in Frustration: Sie durchleben ihr gesamtes Leben in einem tranceähnlichen Zustand der unreflektierten Routine, in dem heute schon feststeht, was morgen, übermorgen und am Sonntag passieren wird. Ein Jahr nach dem anderen vergeht, und das Leben zieht an ihnen vorbei. Diese Menschen leben meistens nicht im Hier und Jetzt, sie tun einfach gewohnheitsmäßig Tag für Tag das, was sie schon immer getan haben.

Die Erfahrung aus meiner täglichen Praxis zeigt aber: Es gibt *keine* Menschen, die sich nicht so entfalten könnten, dass sie wirklich erfolgreich sind. Es gibt nur Ängste und Zweifel, die wir wie kleine Haustiere ständig mit unserem negativen Glauben füttern. Es gibt auch keine beziehungsunfähigen Menschen. Selbst wenn jemand glaubt, durch gescheiterte Beziehungen Beweise für seine Beziehungsunfähigkeit zu haben, so hat eben lediglich eine Reihe von Erlebnissen dazu geführt, dass er unbewusst an diese fixe Idee glaubt und ihm folgerichtig nach seinem Glauben geschieht. Dazu aber später mehr.

Du musst Dir, bevor Du mit der eigentlichen Erfolgsarbeit beginnst, unbedingt darüber bewusst werden, welche negativen Erfahrungen und Erlebnisse Deiner Vergangenheit Dich heute noch beeinflussen und daran hindern, ein Leben zu führen, wie Du es Dir ersehnst. Es gibt keine Ausreden – weder Deine Erziehung noch Deine Schulbildung können Dich daran hindern, Dich selbst zu verwirklichen. Entscheidend ist nicht, was Deine Erziehung und Deine Erlebnisse aus Dir gemacht haben; es kommt vielmehr darauf an, was Du aus dem machst, das Du vom Leben mit auf den Weg bekommen hast.

In jedem von uns steckt eine unendliche, für den Intellekt nicht greifbare, geistige Kapazität. Wer sich arm fühlt, hat nicht erkannt, dass er über eine herausragende Schöpferkraft verfügt, mit der er sein Leben nach seinen Wünschen gestalten kann. Ob sich die empfundene Armut im körperlichen Bereich durch Krankheit, im partnerschaftlichen Bereich durch scheiternde Beziehungen oder im materiellen Bereich in Form von Geldmangel ausdrückt, ist unerheblich. In jedem Bereich, in dem man „Mangel" leidet, ist man sich über seine Fähigkeiten nicht im Klaren.

Wer nicht damit beginnt, sich über diese Wahrheiten Gedanken zu machen, dessen Wege werden mehr Ecken und Kanten haben, als es notwendig wäre. Du wirst Dir nach dem Lesen dieses Buches erklären können, weshalb *Du* derjenige bist, der entscheidet, was in Deinem Leben geschieht. *Du selbst* bist der Schöpfer Deines Lebens, und genau deshalb *erhältst* Du nicht die Erfüllung Deiner Wünsche, sondern Du *verursachst* sie selbst!
Wie stehst Du dazu, wie denkst Du darüber? Kannst Du für Dich annehmen, dass es sinnvoll sein könnte, *aufzuwachen* und endlich selbst der *Schöpfer* Deines Lebens zu sein? Bist auch Du der Meinung, dass Du selbst das Zünglein an der Waage bist?

Du bist der Regisseur Deines Schicksals, und Du hast es in der Hand, ob Du von Liebe umgeben bist und der Fülle des Lebens Einkehr gewährst!

Stell Dir wirklich vor: Du kannst ab sofort Dein Leben so nachhaltig und effizient verändern, dass Du zu dem werden kannst, der Du wirklich sein möchtest! Stell Dir vor, dass Du das Zigfache Deines jetzigen Gehalts verdienst, dass Du ein neues Umfeld oder eine neue Partnerschaft erlebst! Male Dir aus, wie das Leben, das Du Dir wirklich wünschst und das Dich glücklich machen wird, aussehen könnte!
Wenn Du zu erkennen beginnst, dass unser Schicksal nicht in Blei gegossen ist und wir mit unserem Denken und Handeln unser Leben jederzeit verändern können, dann wird es auch so geschehen. Traust Du Dir denn zu, ein *neuer möglicher Mensch* zu werden, der alles erreicht, was er möchte? Du hast mit diesem Buch alles in der Hand, was Du brauchst, um am Ende Deines Lebens mit Begeisterung sagen zu können: „Ich habe alles gelebt und mir *selbst* mein Lebensglück geschaffen."
Ich will Dir das notwendige Wissen an die Hand geben, wie Du zu der Gruppe der Menschen gehören kannst, die ihr Leben voll ausschöpft, Ihre Wünsche und Ziele verwirklicht und das Beste aus dem Leben

herausholt. Sei dankbar für diese Chance, und fühle Dich bereits jetzt in der Situation, wie Dein Leben als der neue mögliche Mensch, der *durch sich selbst befreite Mensch,* aussehen wird. Der einzige, der Dir dabei im Weg stehen kann, bist Du selbst, auch wenn Dein Verstand jetzt protestieren mag. Kremple die Ärmel hoch und mach Dich sofort ans Werk, das Beste aus Deinem Leben zu machen.

Notwendige Erkenntnis

Wir alle sind mit unterschiedlichen Voraussetzungen auf diese Welt gekommen: Wir kommen aus unterschiedlichen Gesellschaftsschichten und Milieus, haben unterschiedliche Talente, sehen verschieden aus, sind krank oder gesund. Egal, was davon auf Dich zutrifft: Hast Du nicht auch manchmal das Gefühl, *mehr* zu sein als das, was Du bewusst wahrnimmst? Träumst Du nicht vielleicht sogar von Fähigkeiten, die verborgen in Dir schlummern, die Du aber nicht bewusst ausleben kannst, weil Dein Verstand sie als Spinnerei abtut? Diese Fähigkeiten kannst Du tatsächlich in Dir entdecken, ja, Deine Wünsche und Dein Lebensglück sind realisierbar! Ich will Dir helfen, die universale Weisheit, die in Deinem Innern verborgen ist, zu nutzen, damit Du Dir die Wege zu Deinem Lebensglück *selbst* aufzeigen kannst.

Eines ist klar: Nicht jeder kann den Nobelpreis in Physik erhalten, denn jeder Mensch ist als Individuum einzigartig und hat seine eigenen speziellen Fähigkeiten. Aber es gibt prinzipiell keinen Menschen, der nicht mehr zu erreichen vermag als ein anderer. Der Unterschied liegt darin, dass die glücklichen und erfolgreichen Menschen sich der herrschenden Gesetzmäßigkeiten bewusst sind und sie auch anzuwenden wissen. Ich werde Dir in diesem Buch alle nötigen Werkzeuge an die Hand geben, mit deren Hilfe Du Dein Leben vollkommen zum Positiven wenden kannst. Ich werde Dir erklären, wo der Ursprung aller Deiner Erlebnisse und der „Realität" liegt, wie du sie heute noch erlebst und wahrnimmst. Außerdem werde ich alles daran setzen, Dir zu zeigen, wie Du Ängste, Mangeldenken, Hassgefühle und negative Emotionen „verlernen" kannst, denn das ist unausweichlich auf dem Weg zu Deinem

Glück. Wir werden gemeinsam Deine Glaubenssätze ändern, damit Du nicht länger an Versagen, Krankheit und Misserfolg, sondern an Gesundheit und Erfolg in Deinem Leben glauben kannst.

Das Großartige ist, dass all die geistigen Gesetze, von denen in diesem Buch die Rede ist, keine Größenordnung und Zeitbegrenzung kennen. Unsere Vorstellung davon, wann und in welchem Zeitraum Bestimmtes erreicht werden kann, ist lediglich durch unsere individuellen Erfahrungen und Wahrnehmungen bestimmt. Einer unserer größten Fehler ist unsere dickköpfige Ungeduld, die sich anmaßt, dem Leben Fristen setzen zu wollen, was zwangsläufig in eine große Enttäuschung führt, weil wir vorzeitig kapitulieren, nur weil ein Wunsch nicht in unserer eigenen begrenzten Zeitrechnung „erfüllt" worden ist.

Du wurdest geboren, um Dich zu entfalten, zu wünschen, zu wachsen und zu leben, um Deinen eigenen Weg zu gehen – und zwar den Weg, den Du gehen willst. Du selbst bist Teil der Schöpfung, in Dir steckt das Himmelreich, denn Du bist selbst der Autor und Gestalter Deines Lebens. Die Hauptvorstellung hat längst begonnen, und es gibt kein Leben auf Probe! Wir haben keine Zeit, unser Leben zu vergeuden, indem wir auf bessere Zeiten warten. Beginne zu erkennen, dass Du einen ganz bestimmten Sinn erfüllst, und werde Dir darüber bewusst, dass Du etwas ganz Besonderes und Einzigartiges bist und einen ganz entscheidenden Teil zu dieser Welt beitragen kannst.

Wir leben „Gott sei Dank" in einer wunderbaren Zeit, einer Zeit, wie es sie noch nie zuvor gegeben hat. Niemals gab es größere Möglichkeiten und Chancen als heute, und Du wirst durch dieses Buch alle erforderlichen „Glücks-Bausteine" erhalten, mit denen Du Dein individuelles Lebensglück finden kannst. Wichtig ist aber, zu verstehen, dass alles, was ich hier für Dich geschrieben habe, in Deinem Leben nur Wirkung zeigen wird, wenn Du selbst ihm die notwendige Bedeutung gibst und meine Ratschläge konsequent verfolgst!

Bist Du bis hierher mit mir gegangen, bist Du jetzt dafür vorbereitet, mit mir zum Kern der Philosophie des Positiven Denkens vorzudringen, einem Schatz, der in Dir verborgen liegt. Du wirst erfahren, dass Du die nahezu uneingeschränkte Herrschaft über eine Kraft in Deinem Inneren besitzt, mit deren Hilfe Du Dir das „Himmelreich auf Erden" schaffen kannst. Dafür musst Du aber aufhören, die Fragen des Lebens rein mit Deinem Verstand erklären zu wollen. Es gilt, Dein Herz zu öffnen und den Weg der inneren Führung zu finden, denn dort sind alle Antworten auf unser Sein begründet. Alles, wirklich alles, steckt in uns selbst: angefangen von den Antworten auf die Frage nach unserem individuellen Glück, über die Wegbeschreibung zum Gipfel unseres Erfolgs bis hin zur Aktivierung unserer körpereigenen Heilkräfte.

In jedem Menschen steckt buchstäblich die „Kraft, Berge zu versetzen". Ich nenne diese Kraft in Anlehnung an Dr. Murphy *Das Wunderwerk Unterbewusstsein*.

II

DAS WUNDERWERK UNTERBEWUSSTSEIN

Das Unterbewusstsein hört zu, was wir denken und entnimmt daraus, dass das, was wir denken, identisch ist mit dem, was wir wollen.
(Erhard F. Freitag)

Die Kraftquelle in Dir

Das Unterbewusstsein ist der Dreh- und Angelpunkt unseres Glücks, es ist die ausführende Instanz, die unsere Gedanken – mögen sie auch noch so intim und tief in uns verborgen sein – auf geheimen, bislang wissenschaftlich noch ungeklärten Wegen in die Realität umsetzt. Auf diese Weise bestimmen eine Vielzahl unbewusster Überzeugungen und Glaubenssätze, die in Deinem Unterbewusstsein gespeichert sind, alle Deine Handlungen, Verhaltensweisen und in letzter Konsequenz die Realität, die Du als die Deine erlebst. Zu verstehen, wie unser Unterbewusstsein funktioniert und „tickt", ist eine der wertvollsten Erkenntnisse, die wir in unserem Leben überhaupt gewinnen können.

Beginnen wir aber zunächst damit, dieses unglaubliche „Wunderwerk" zu erforschen. Stell Dir Dein Unterbewusstsein wie eine Art Zentralrechner vor, der alle Deine Gedanken automatisch abspeichert und verarbeitet. Das bedeutet, dass alles, was Du jemals in Deinem Leben erlebt, gehört und gesprochen hast, darin hinterlegt ist. In dieser Funktion verhält sich das Unterbewusstsein wie ein Speichermedium, das Daten aufzeichnet und von dem diese wieder abgerufen und ins Bewusstsein zurückgerufen werden können. Es hat auf dieser Ebene und in seiner Funktion als Speicher kein eigenes Urteilsvermögen, oder höchstens das eines kleinen Kindes. Das ist wichtig zu verstehen, da unser Unterbewusstsein alles „deponiert", ohne ein eigenes Urteil zu fällen. Es unterscheidet nicht zwischen Gut und Böse und ob es qualitativ hochwertige Informationen oder destruktiven geistigen Müll aufnimmt – wie ein Computer, der die von uns eingegebenen Befehle einfach ausführt. Ob wir ein Virus herunterladen oder unsere Lieblingsmusik abspielen, ist egal – der PC führt einfach aus. Speichern wir auf unserem Computer versehentlich schädliche Dateien wie Viren oder Trojaner, ist es nur eine Frage der Zeit, bis ein Problem nach dem anderen auftreten und schließlich das ganze System instabil werden wird. Wenn das Virus nicht allzu komplex und gefährlich ist, kann man es leicht mit einem Virenprogramm entfernen. Es gibt aber auch Fälle, in denen die ganze Festplatte aufgrund zu vieler schädlicher Dateien neu formatiert und der Computer neu aufgesetzt werden muss.

Was ich mit der Metapher des Computers zu erklären versuche, trifft genau so auf das Unterbewusstsein zu: Es bringt nur das hervor, was wir – bildlich gesprochen – als Programmiercode eingeben, ihm diktieren oder einpflanzen. Es nimmt jegliche Gedanken und Gefühle auf und liefert Dir nach der Verarbeitung das Ergebnis in Form von realen Erlebnissen, Zuständen und Begebenheiten. Unsere Gedanken sind die Samen, die wir im Unterbewusstsein säen. Das bedeutet, das alles, was Dir in Deinem Leben widerfährt, der nach außen sichtbar gewordene Ausdruck der Glaubenssätze ist, die in Deinem Inneren gespeichert sind.

Alles das, was Du in Dein Unterbewusstsein eingibst und
von dem Dein Unterbewusstsein dann überzeugt ist,
wird sich in der Wirklichkeit manifestieren.
(Dr. Joseph Murphy)

Deshalb werden all Deine Versuche, ein glückliches Leben zu führen, positiv zu denken und Erfolg zu haben, scheitern, wenn Du die Kraft und Bedeutung Deines Unterbewusstseins nicht verstehst und daraus die notwendigen Konsequenzen ziehst.

Diese Erkenntnis ist eine der wichtigsten, die ich Dir überhaupt an die Hand geben kann. Sie ist die Antwort auf die Frage, warum die Dinge im Leben ihren jeweiligen Lauf nehmen und einfach so geschehen, wie sie geschehen – und nicht anders!
Unser Unterbewusstsein nimmt uns gnadenlos beim Wort und verwirklicht genau das, was wir in unserem „Innersten" glauben. Hast Du als Glaubenssatz gespeichert, nicht gut genug zu sein, wirst Du auch niemals zu dem Menschen werden, der Du eigentlich sein könntest. Glaubst Du daran, dass Dich wieder ein Schnupfen erwischen wird, dann wirst Du ihn bekommen. Glaubst Du daran, dass es für Dich schwierig sein wird, „erfolgreich" zu sein, dann wirst Du Dich maximal immer nur im Mittelmaß bewegen, und viele Steine werden Dir in den Weg gelegt werden. Dein Unterbewusstsein verwirklicht absolut alles, was Du ihm eingibst. Dieses Eingeben hat aber in den meisten Fällen überhaupt nichts mit dem zu tun, was Du willst oder Dir wünschst, sondern besteht aus einem wilden Cocktail an Hoffnungen, Ängsten und Glaubenssätzen, die sich widersprechen und gegenseitig blockieren.

Und dann ist da wieder das Problem mit dem rechten Glauben: Wünschst Du Dir beispielsweise wohlhabend zu sein, glaubst innerlich aber nicht hundertprozentig daran, wirst Du noch Ewigkeiten weiterwünschen können, denn einzig und allein unser Glaube ist das Zünglein an der Waage – deshalb heißt es auch: „Euch geschehe nach eurem *Glauben*" (Matthäus 9, 29) und nicht: „nach Euren *Wünschen*". Wünsche zu formulieren ist ein erster Schritt, aber was letzten Endes in Deinem Leben passiert, ist einzig und allein von Deiner *Glaubenskraft* abhängig.

Unsere Wünsche und bewussten Gedanken vergleiche ich sehr gerne mit Konstruktionsplänen, also mit Ideen und Vorstellungen, die man bewusst ordnen und auf ein Blatt Papier bringen kann. Durch das bloße Erstellen eines Konstruktionsplans entsteht aber noch kein Bauwerk, sondern erst durch dessen Umsetzung auf der Baustelle. Deine Wünsche zu kreieren und präzise zu ordnen ist also nur die notwendige Vorarbeit, Du musst anschließend schon die Ärmel hochkrempeln und Dich ans *Bauen* machen! Das tust Du, indem Du Deinem Unterbewusstsein Deine Pläne durch Deinen felsenfesten Glauben als „absolute Wahrheiten" einprägst und Dich im Anschluss an die reale Umsetzung durch zielgerichtete Aktivitäten im äußeren Leben machst.

Doch was tun wir Menschen meistens in unserem Alltagstrott? Wir wissen meist nicht einmal so „ganz genau", was wir überhaupt wollen. Wir leben einfach in den Tag hinein, kommen unseren Pflichten nach und wechseln dabei ständig unsere Gedanken. Heute wollen wir dies, morgen jenes und nächste Woche wieder etwas völlig anderes. Unser Unterbewusstsein versteht dieses konfuse Hin und Her aber nicht, es registriert nur, welche Deiner Gedanken mit Emotionen beladen in Deinem Bewusstsein wirken. Wenn es beispielsweise um Deine beruflichen Visionen geht, registriert es nur Deine Ideen und ob Du daran glaubst, dass Du sie erreichst, oder ob Du daran zweifelst. Die Mehrheit der Menschen zweifelt aber eher daran, und infolgedessen geschieht ihnen nach ihrem Glauben.

Für Dich bedeutet das:
Auch wenn Du es nur insgeheim für möglich hältst, dass Du etwas nicht erreichen kannst, Du also Zweifel an Deinen Visionen hast, fasst

das Unterbewusstsein in seiner Geradlinigkeit dies als Deinen Wunsch auf und arbeitet Deinem eigentlichen Erfolgswunsch entgegen! Völlig egal, was Deinem Unterbewusstsein eingegeben wird, ob Positives oder Negatives, es erfüllt lediglich seine Aufgabe, das Aufgenommene zu speichern und in die Realität umzusetzen. Wie ein Computer wird auch das Unterbewusstsein niemals die Informationen beurteilen, die es aufnimmt. Deshalb ist die *Wahl Deiner Gedanken* auch so extrem wichtig und kann nicht sorgfältig genug von Dir überwacht werden!

Lass mich an dieser Stelle zur Verdeutlichung noch ein weiteres Bild heranziehen: Gehen wir davon aus, dass Du bei einer Gewinnausschreibung einen Einrichtungspreis gewinnen möchtest. Dafür ist es Deine Aufgabe, eine tolle Penthouse-Wohnung neu einzurichten, die Dir eigens zu diesem Zweck zur Verfügung gestellt wird. In dieser Wohnung sieht es aber aus, als hätte die sprichwörtliche Bombe eingeschlagen. Die Polstergarnitur ist voller Flecken, die Küchenreste und Müllsäcke stapeln sich bis an die Decke und stinken zum Himmel, und der Fernseher ist mit einer dicken Staubschicht bedeckt.

Jetzt stell Dich einmal mitten hinein in diese Wohnung und wünsche Dir, dass Du es schaffst, aus dem vorgefundenen Chaos die schönste Wohnung zu zaubern, die Du Dir vorstellen kannst. Setze Dich am besten gleich hin – wo Du eben Platz findest –, und versuche, Dich in Deiner Traumwohnung in spe schon richtig pudelwohl zu fühlen. Male Dir alle Einrichtungsdetails so perfekt wie möglich aus, ja, plane am besten auch schon die Einweihungsparty. So, und das machst du jetzt einfach mal ein paar Tage am Stück. Beweg Dich nicht vom Fleck und warte ab, was passiert.

Was wird passieren? Na ja, logisch, wahrscheinlich wirst Du in zwei Wochen immer noch an derselben Stelle sitzen, ohne dass auch nur das Geringste passiert ist.

Ein hinkender Vergleich? Vielleicht, aber genau so machen wir es leider sehr oft im Leben, wenn wir etwas erreichen wollen. Wir setzen uns hin, träumen drauf los und vergessen darüber den bedeutendsten Faktor: das Tun! In der Realität würdest Du Dich natürlich nicht zwei Wochen in die Ecke setzen und darauf warten, dass sich die Traumwohnung von selbst einrichtet. Du würdest umgehend damit anfangen zu putzen, den ganzen

Müll in die Tonne zu packen und die vergammelten Möbelstücke gegen neue Hochwertmöbel austauschen. Mit viel Liebe und Leidenschaft wirst Du aus einer Bruchbude schon bald ein elegantes, gemütliches und vorzeigbares Zuhause geschaffen haben, wenn Du bis zum Schluss all Deine Kreativität und all Deinen Fleiß in diese *eine* Arbeit steckst. Du bist ein *Macher* geworden, und plötzlich sind Deine Chancen auf den Einrichtungsgewinn außerordentlich gestiegen. Selbst wenn Du ihn nicht gewinnen solltest, was soll's! Deine Wohnung ist perfekt, und Du kannst jederzeit an anderen Wettbewerben teilnehmen. Du wirst Dich darüber hinaus unglaublich erfolgreich und pudelwohl in Deiner Traumwohnung fühlen, und auch andere Menschen werden Dich gerne besuchen kommen. Du wirst immer mehr Ideen bekommen, wie Du Deine Wohnung noch prachtvoller und schöner gestalten kannst, bis Du irgendwann sagen können wirst: „Ich habe die schönste Wohnung, die ich mir jemals hätte vorstellen können."

Wie sieht es aber in Deiner *geistigen* Penthouse-Wohnung aus? Ist Dein Wohntraum perfekt? Hast Du den Restmüll vor die Tür gestellt, und fühlst Du Dich uneingeschränkt wohl und angekommen? Mit unserem Unterbewusstsein verhält es sich nämlich leider genauso wie mit der Penthouse-Wohnung, und die ist bei den meisten von uns alles andere als elegant und aufgeräumt. Die Flecken in der Polstergarnitur könnten zum Beispiel negative Erlebnisse aus der Jugend sein, die uns als Erwachsene immer noch lähmen. Die Müllberge könnten die vielen destruktiven Viren wie Selbstzweifel, Selbstverurteilung, Krankheit oder Erfolglosigkeit sein. Die Staubschicht auf dem Fernseher mag für unsere angestaubten Lebensgeister stehen, wenn wir nicht wissen oder vergessen haben, über welch grenzenlose und schöpferische Fähigkeiten wir verfügen.

Du liest dieses Buch, weil ich Dir dabei helfen möchte, dass Du Dir genau diese geistige Traumwohnung einrichten kannst. Wenn Du sie fertig hast und eingezogen bist, wirst Du womöglich ebenfalls sagen können, dass Du das schönste Leben hast, das Du Dir hättest vorstellen können.

Affirmationen und die Macht der Imagination wirkungsvoll einsetzen

Wir wissen bereits, dass unser Unterbewusstsein lediglich eine ausführende Instanz ist, der es egal ist, was sie ausführen soll. Wir wissen auch, dass ein Gedanke eine geistige und sehr reale Größe ist, die unser Unterbewusstsein in Zusammenarbeit mit unserer Glaubenskraft steuert. Dein Unterbewusstsein formt Deine geistigen Vorstellungen um und transferiert sie gewissermaßen aus der geistigen Ebene in die weltliche Realität, die wir mit unseren Sinnen wahrnehmen können. Alles, was wir uns vorstellen und als wahr empfinden, wird sich auf diese Art und Weise verwirklichen. Die Antwort darauf, weshalb negative Gedanken ständig Wirklichkeit werden und positive eher selten, ist folglich auch sehr simpel:

Wir können an das Negative eher glauben als an das Positive.

Für Dich gilt es jetzt, den Spieß umzudrehen und die Aufmerksamkeit auf das zu richten, was Du *willst* und nicht darauf, wovor Du Angst hast! Ich habe das Unterbewusstsein mit einer Festplatte verglichen, in die sich Viren und Trojaner einschleichen können. In solchen Fällen brauchen wir eine Antiviren-Software, die das Problem schnell und gründlich löst. Bei unserem Unterbewusstsein bewerkstelligen wir das durch die Anwendung gezielter *Affirmationen*, manchmal auch als Suggestionen bezeichnet.

Affirmationen sind starke positive Glaubensmuster, durch die wir unsere negativen Glaubenssätze ersetzen.

Anders ausgedrückt: Eine Affirmation ist ein positiv formulierter Glaubenssatz, mit dessen Hilfe wir unser Unterbewusstsein von unseren Vorstellungen und Wünschen überzeugen können. Prinzipiell hat sich jeder Mensch schon einmal Affirmationen eingesagt oder sie an einen anderen Menschen weitergegeben. Nehmen wir an, einer Deiner Freunde steht vor einer großen Herausforderung, und Du zweifelst daran, dass er allein damit fertig wird. Du stehst ihm bei und überzeugst ihn immer und immer wieder mit Sprüchen wie: Du schaffst das! Ich glaube an Dich! Das tust Du so lange, bis Dein Freund endlich überzeugt ist und selbst an seinen Erfolg glauben kann. Du hast mit Deinem Zuspruch dazu beigetragen, in Deinem Freund das fehlgeleitete Programm „Ich schaffe das nicht" durch den Glauben an seinen Erfolg zu ersetzen. Die wenigsten Menschen sind sich der Kraft der Affirmation bewusst, aber Du darfst Dich ab jetzt zu den glücklichen Personen zählen, die diese wirkungsvolle Möglichkeit der Programmierung unseres Unterbewusstseins an sich selbst erfahren dürfen. Affirmationen haben nicht das Geringste mit irgendeinem Hokuspokus zu tun, sie sind einfach nur ein effektives Werkzeug, mit dem wir unser Innenleben und unsere „Festplatte" neu sortieren und positiv stärken können. Mit ihrer Hilfe können wir das schaffen, was uns auf andere Art und Weise nahezu unerreichbar ist, worauf es aber im Leben letzten Endes ankommt: Wir können endlich wieder an uns selbst und an unseren Erfolg *glauben* lernen!

Affirmationen sind die fruchtbarsten „Nahrungsmittel" für unser Unterbewusstsein. Für Dein Lebensglück ist es deshalb von größter Bedeutung, dass Du lernst, Dein Unterbewusstsein mit Deinen individuellen, positiven Wünschen zu füttern – und zwar am besten in Form von positiven Glaubenssätzen und wirksamen Bildern. Dein Unterbewusstsein liebt Bilder, je realer und lebendiger, desto besser! Es gibt meiner Meinung nach keine effektivere Möglichkeit, unser Unterbewusstsein von einer Idee zu überzeugen, als durch Bilder, die wir uneingeschränkt als „wahr" empfinden und die wir im Geiste entstehen lassen und unserem Unterbewusstsein immer und immer wieder einprägen. Der „Treibstoff", mit dem das Unterbewusstsein dann unsere Wünsche und Ziele umsetzt, ist unsere *Glaubenskraft*. Sie ist für unseren Erfolg absolut unverzichtbar.

Haben wir es zu lange zugelassen, dass negative Erfahrungen wie Krankheit, Leid, Armut, ausbleibender Erfolg und anhaltende Unzufriedenheit unsere Gedankenwelt dominieren und unser Unterbewusstsein vergiften, muss es unser erster Schritt sein, es – bei Bedarf mit professioneller Hilfe – neu zu ordnen. Es geht bei allem, was wir vorhaben, immer darum, unser Unterbewusstsein *positiv* zu programmieren, weil es dafür verantwortlich ist, was uns in unserem Leben widerfährt. Auch

Albert Einstein wusste um die Macht des Bilderlebens, der Imagination, in unserem Geist. Von ihm stammt die Aussage: *Imagination ist alles. Sie ist die Vorschau auf die zukünftigen Attraktionen des Lebens.*

Wie schnell und in welchem Umfang wir also unsere Lebensziele erreichen und uns unser Glück schaffen, hängt nachhaltig von der Intensität unserer bildlichen Vorstellungskraft ab. Denn unser Unterbewusstsein versteht nur den bildhaften Anteil einer Affirmation und entnimmt aus ihm mehr Informationen als aus tausend Worten. Wenn Du etwas erreichen willst, kommt es vor allem darauf an, dass Du *klare* innere Zielbilder hast. Träume, Ideen und Ziele sind Gedanken und Bilder in Deinem Geist, die genauso *wirklich* sind wie Dein Körper! Wenn Du begriffen hast, dass diese Gedanken wirklich sind und Du es schaffst, sie als real zu empfinden, müssen sie sich nach den bekannten Gesetzmäßigkeiten verwirklichen. Nur wenn Du also Deinen *Geist* mit von Herzen kommenden positiven Affirmationen in Begleitung klarer und eindeutiger Zielbilder füllst, kann beides zusammen dem Unterbewusstsein für Dich Förderliches vermitteln. Alles, was Du vor Deinem „geistigen Auge" in Form emotionaler Bilder als *wahr* empfindest, wird ohne Wenn und Aber in Dein Leben treten. Es ist auch absolut irrelevant, was Du als wahr betrachtest, auch negative Dinge werden wie von Zauberhand in Dein Leben treten, wenn Du an sie glaubst. Denkst Du destruktiv, muss Dein Unterbewusstsein - weil es so einfach gestrickt ist und Dir nur als neutrale ausführende Instanz dient - davon ausgehen, dass Du destruktiv sein willst. Folgerichtig wird es dann dafür sorgen, dass Du durch Deine entstandene negative Schwingung eben genau dieses Destruktive in Dein Leben ziehst, denn für Dein Unterbewusstsein ist genau das dein Wunsch. Es würde wahrscheinlich denken - wenn es denken könnte: *Der Chef muss ja wissen, was er will!* Wenn Du Dir also nicht ständig selbst Unerwünschtes in Dein Leben ziehen willst, ist es dringend nötig, dass Du schleunigst Dein Denken änderst - und zwar grundlegend!

Unsere ungeheuerliche Freiheit besteht darin, dass wir uns selbst auf eine höhere Ebene begeben können, wann und wo immer wir wollen. Das Leben findet täglich statt, und die Imagination ist der Schlüssel zu den Schöpferkräften unseres Unterbewusstseins. Auch Charles M.

Schwab sagte:
Um ein Geschäft erfolgreich zu führen, braucht ein Mann Imagination. Er muss die Dinge wie in einer Vision sehen, wie einen Traum des Ganzen.

Wie steht es aber um Dich? Kannst Du an die ungeheure Macht Deiner Vorstellungskraft glauben oder betrachtest Du sie als wertlose Phantasiebilder? Welche visionären inneren Bilder siehst Du derzeit in Bezug auf Deine Gegenwart und Zukunft?

Glaub mir bitte: Alles, was Du Dir bildlich vorstellst und als wahr empfindest, *muss* sich früher oder später in Deinem Leben verwirklichen, selbst, wenn es manchmal auch etwas länger dauern mag und Du Deine Gedanken und Vorstellungen längst vergessen hast. Jede bildhafte Vorstellung, die uns erfüllt, hat das unersättliche Bestreben, in Erscheinung zu treten. Fast jeder Gedanke, der von einem inneren Bild begleitet wird, trägt zu den Geschehnissen in unserem Leben bei. *Wir sind, was wir denken,* und durch bewusste bildhafte Vorstellung können wir unser Leben formen, wie es unseren Sehnsüchten und Wünschen entspricht. Es wird allerdings nicht funktionieren, wenn Du Dir einfach mal ab und zu etwas Schönes vorstellst. Du musst Dir konsequent *jeden Tag* Deine inneren Bilder auf den Bildschirm rufen, bis sie Wirklichkeit geworden sind. Drehe „geistige Kurzfilme" darüber, wie Du Dir Dein Lebensglück vorstellst, und erlebe die Bilder Deiner Wünsche in Deinem Geist. Wenn Du das voller Vertrauen *Tag für Tag* machst, wird Dein Unterbewusstsein nach und nach damit beginnen, die affirmierten Bilder als Deine Wünsche anzunehmen und schließlich alles daran setzen, sie real in Erscheinung treten zu lassen. Deine Zielbilder werden so zu einer außerordentlich wirkungsvollen „Beschleunigungssoftware" zur Unterstützung Deiner täglichen Programmierung des Unterbewusstseins. Du kannst Deinem Unterbewusstsein im Alltag auch dadurch eine Hilfestellung geben, indem Du immer reale Fotos oder Bilder Deiner Visionen und Träume bei Dir hast. Nur was Du ständig siehst und verinnerlichst, wird wirklich „Raum" in Deinem Denken, Fühlen und Handeln einnehmen und sich schließlich in der Realität manifestieren.

Wir halten also noch einmal fest:
Positive Affirmationen und starke innere Zielbilder sind, unterfüttert mit unserer Glaubenskraft, der wichtigste Schlüssel zur Realisierung unserer Wünsche.

Werde Dir also zuallererst darüber bewusst, was Du von *Herzen* möchtest und wie Dein Lebensglück aussehen soll. Dann beginne damit, Dein Unterbewusstsein darüber zu informieren. Falls Du Kinder hast: Sie sind Deine besten Lehrmeister! Jedes Kind ist ein Meister der Imagination, weil es sich nahezu ununterbrochen im Geiste Dinge vorstellt. Diese Fähigkeit geht meist im Laufe des Erwachsenwerdens verloren, so dass wir sie neu lernen und in unser Leben integrieren müssen. Träumst Du von einer perfekten Partnerschaft oder beruflichem Erfolg, der mit viel Geld honoriert wird? Dann sei „naiv wie ein Kind" voller Vertrauen in Deine schöpferischen Fähigkeiten und verleihe diesem Gedanken Deine beste Kraft. Es ist völlig normal, dass es zu Anfang einige Tage dauert, bis Du das notwendige Bilderleben wieder entfaltet und verinnerlicht hast, so wie es als Kind einmal selbstverständlich für Dich war. Denk immer daran: *imaginieren, visualisieren, verbildlichen* ist die Sprache des Unterbewusstseins!

Ich möchte Dir dazu ein paar praktische Beispiele an die Hand geben. Die Bejahung:

Ich bin ein außerordentlicher Erfolg!

ist eine der kräftigsten Affirmationen, die Du mit reichhaltigem Bilderleben füllen kannst. Geh in die völlige Entspannung. Je tiefer Du entspannt bist, desto besser. Stell Dir so exakt wie möglich vor, wie Du Deinen Erfolg erlebst. Mal Dir Dein Traumhaus aus, genieße die wunderschöne Einrichtung und *erlebe* die Freude, die Du empfindest, weil Du ein so tolles Zuhause hast. Sieh Dich am Gipfel Deiner beruflichen Ziele angekommen, stell Dir vor, auf einer Bühne zu stehen und erlebe, wie Du für Deinen Erfolg geehrt und gefeiert wirst. Betrachte Dich: Wie siehst Du aus? Wie bist Du gekleidet? Stell Dir alles genau so vor, dass es in Dir ein Feuer der Begeisterung entzündet.

Oder sehnst Du Dich nach der vollkommen erfüllten Liebe und wünschst Dir über alles, endlich Deinen Traumpartner zu finden? Dann fühle Dich auch in diese Situation hinein, erlebe all die Glücksmomente, und fühle Dich geliebt, geschätzt und anerkannt. Sei sicher, Dein Traumprinz oder Deine Traumprinzessin wird früher oder später in Dein Leben treten. Mit der Gesundheit verhält es sich genauso: Sieh und fühle Dich gesund, und erlebe vor Deinem geistigen Auge, wie Du voller Vitalität all die Dinge tust, die Du schon so lange wieder tun wolltest. Mach Dir über deine größten Sehnsüchte Gedanken und verleihe Ihnen durch die bildliche Vorstellung Gestalt. Was auch immer Du Dir ausmalst, achte darauf, dass es Dich von Herzen erfüllt, und fühle Dich so, als wäre es schon vollbracht.

Du kannst Dir auf diese Weise alles in Dein Leben ziehen, wenn Du konsequent und voller Vertrauen in Deine eigenen Kräfte bist. Affirmationen funktionieren so zuverlässig wie der Einbruch der Dunkelheit. Allerdings gilt es, gewisse Spielregeln zu beachten, wenn Du diese wunderbare Möglichkeit für Dich in Anspruch nehmen möchtest. Die meisten Menschen stehen sich immer mit denselben Fehlern selbst im Weg, was zur Folge hat, dass unsere Wünsche am Kosmos abprallen wie Schneebälle an einer Wand.

1. Die größte *Bremse* zur korrekten Anwendung von Affirmationen ist fehlendes Vertrauen und mangelnder Glaube an unsere eigenen Kräfte. Gedanken, die sich in der Realität manifestieren sollen, brauchen aber absolute Zuversicht und einen felsenfesten Glauben. Auch wenn es am Anfang schwer sein wird, Du musst quasi einen Vertrauensvorschuss leisten. Geh deshalb entschlossen ans Werk, bleib konsequent und beiß die Zähne zusammen, auch wenn Dir nicht gleich alles gelingen sollte. Zu Beginn sind Rückschläge normal. Fang mit kleinen Dingen an, an die Du leichter glauben kannst, und je mehr Erfolge Du erzielt haben wirst, desto mutiger wirst Du werden. Vergiss nicht: Was ich Dir hier vermittle ist das Erfahrungswissen vieler Generationen, die außerordentliche Erfolge damit erzielten, und es ist auch meine persönliche Erfahrung in der täglichen Arbeit mit meinen Klienten.

2. Unsere Wünsche sind oft nicht durch genügend Emotionen *geladen*. Frag Dich also immer, wie dringlich Dein Wunsch wirklich ist! Willst Du etwas von Herzen haben, oder wäre es lediglich *nett*, das Gewünschte zu bekommen? Deine Wünsche müssen Dich innerlich kochen lassen, der Funke der Vorfreude muss in jeder Körperzelle zu spüren sein. Ist das nicht der Fall, handelt es sich vermutlich um keinen dringlichen Herzenswunsch.

3. Die meisten Menschen neigen zur Ungeduld, wenn sie etwas nicht sofort erreichen. Die Ungeduld ist aber ein zentraler Auslöser von Zweifeln, und Zweifel ist eine starke Emotion, die Dein Unterbewusstsein blockiert und daran hindert, Deine Wünsche zu realisieren. Vertraue felsenfest darauf, dass das, was Du möchtest, zum richtigen Zeitpunkt geschehen wird, selbst wenn es etwas länger dauern mag. Vielleicht möchtest Du gerade unbedingt viel Geld, eventuell ist es aber besser, den Reichtum erst in 12 Monaten zu bekommen, weil Du vor etwas geschützt werden sollst oder noch nicht reif dafür bist. Es ist entscheidend, dass Du in Dir keinen ungeduldigen Willen aufkommen lässt, der Resultate erzwingen will.

4. Deine Affirmationen benötigen immer ein *positives* und zielorientiertes Bild. Wünsche Dir also nicht, dass Du nicht mehr dick sein möchtest, sondern sehne Dich danach, schlank zu sein. Sag nicht: „Ich will nicht mehr pleite sein", sondern sage: „Ich bin voller Reichtum".

Gibt es denn etwas Wundervolleres als zu wissen, dass wir durch unsere geistigen Bilder unsere Zukunft selbst bestimmen können? Stell es Dir so vor, als wärst Du der Regisseur Deines eigenen Hollywoodstreifens, glaub an seine Existenz, und Du wirst Dein persönliches Filmfestival mit Oscar-Auszeichnung erleben.

Unser *Vater des Positiven Denkens*, Dr. Joseph Murphy, sagte einmal, dass wir die *Könige* über unsere Gedanken, Gefühle und Reaktionen sind. Das bedeutet, dass Du die volle Herrschaft über Deine eigene Domäne hast. Im Mittelalter war der König ein absoluter Monarch, der mächtigste Herrscher in seinem eigenen Reich. Alles was er befahl, wurde ohne Hinterfragen ausgeführt und geschah. Alles, was Du gezielt in Dein Unterbewusstsein aufnimmst, glaubst und Deinem Geist befiehlst, wird sich ebenfalls ereignen, denn Du bist der *König Deines Unterbewusstseins*. Du herrschst über die Kraft in Deinem Inneren und Du kannst ablehnen, dass negative Gedanken Deine Festplatte füllen. Deshalb ist derjenige, der es versteht, *richtig* zu affirmieren und zu meditieren, größer als der weiseste Philosoph; er hat die Kontrolle über seinen Geist und sein Bewusstsein. Entscheide Dich mit diesem Wissen am besten heute noch dafür, das in Anspruch zu nehmen, was Dir zusteht, nämlich ein Leben in Fülle und Harmonie.

Jetzt bist du dran:

- *Sofern noch nicht geschehen: Nimm Dir genügend Zeit, und werde Dir darüber bewusst, wer Du wirklich bist und was Du wirklich willst!*
- *Beginne sofort damit, durch positive Affirmationen und ausdrucksstarke innere Zielbilder Deinen Geist positiv auszurichten!*
- *Fülle Dein Unterbewusstsein nur mit den Wünschen, die Du von Herzen ersehnst!*
- *Verbanne jegliche Sorgen und Ängste!*
- *Vertraue und glaube!*
- *Sei nicht ungeduldig!*
- *Sei konsequent!*

Halte Dich daran, und Du wirst einen Lebenswandel zum Positiven erleben, den Du heute noch nicht für möglich hältst!

Begreife, dass du etwas Wertvolles bist

Durch negatives Feedback unserer Eltern oder unseres sozialen Umfeldes und durch den beständigen Leistungsdruck von der Schule bis zur Rente haben wir verlernt, uns als etwas *außerordentlich Wertvolles* zu fühlen. Glaub mir: Du bist kein Zufallsprodukt, das der Laune der Natur entsprungen ist und jetzt sinnlos durchs Leben irrt. Dein *Dasein* erfüllt einen ganz bestimmten Zweck. Sei glücklich und dankbar dafür! Du bist nicht zum ewigen Verlierer geboren, und kein böses Schicksal hat die Absicht, Dich dauerhaft mit Leid, Schmerz, Erfolglosigkeit und Krankheit zu verfolgen – oder gar zu bestrafen! Alles Schlechte haben die meisten Menschen selbst in ihr Leben gezogen, weil sie noch nicht begriffen haben, dass in Wahrheit nicht Unglück, sondern stetiges Glück der Sinn ihres Daseins ist. Wie steht es um Dich? Gibst Du Dich auch mit wenigem zufrieden, weil Du es zugelassen hast, dass man Dir einredete, es sei nicht genug für alle da? Wie dem auch sei, Du bist auf alle Fälle zu viel mehr in der Lage, als Du Dir heute noch vorstellen kannst!

Um einen Wendepunkt in Deinem Leben erreichen zu können, musst Du alles Destruktive, das Dir im Verlauf Deines Lebens eingetrichtert wurde, in Dir *löschen*. Für wie wertvoll Du Dich hältst und wie hoch Dein Selbstwertgefühl angesiedelt ist, darfst Du auf keinen Fall davon abhängig machen, was Du bisher eventuell nicht erreicht hast, wie Dich andere behandelt haben oder was Dein Umfeld in Dir sieht.

In unserer Kindheit wurden wir oft sehr streng bewertet, und das hat in uns allen tiefe Narben hinterlassen. Heute betrachtest Du Dich vielleicht kritisch im Spiegel, schaust nach jeder Falte und jedem kleinen Pickel. Plötzlich triffst Du einen Menschen, der Dir sagt, dass Du blendend aussiehst. Er sieht Dich objektiv, als Ganzes, und konzentriert sich nicht auf die winzigen Details, die Dir, weil Du es zugelassen hast, Dein ganzes Selbstwertgefühl geraubt und das Leben zur Hölle gemacht haben. Uns objektiv zu sehen, fällt uns oft sehr schwer. Deshalb: Sei Dir gegenüber nicht mehr so kritisch, es gibt dafür keinen Grund! Man sagt sinngemäß: Am siebten Tage ruhte der Schöpfer, schaute seine Schöpfung an, und sie gefiel ihm sehr gut. Und was ist diese Schöpfung? *Alles* ist die Schöpfung, auch Du! Und Gott schaute auch Dich an, als Du erschaffen warst, und sagte: „Wow, ist mir gut gelungen!"

Du hast jetzt nur eine einzige Aufgabe. Sag ihm: „Stimmt Boss, Du hast einen guten Geschmack." Gott gab Dir Deine persönliche Prägung, er gab Dir individuelle Eigenschaften, Deinen persönlichen *Schatz*. Deine Dir ureigenen Eigenschaften sind so unglaublich umfassend! Aber Du kannst damit entweder ein außerordentlich glückliches Leben führen oder Dir auch die eigene Hölle erschaffen. Entscheide Dich besser für ersteres, getreu dem Motto:

Eigenliebe ist der Beginn einer lebenslangen Romanze.
(Oscar Wilde)

Beginne also heute und in dieser Minute damit, Dich selbst zu lieben! Schau Dich im Spiegel an und erblasse vor Eifersucht auf diesen wunderschönen Menschen. Küsse dieses Spiegelbild! Mit einem Wort: Liebe Dich selbst, und Du wirst das Wunder erleben, wie liebenswürdig und voller Liebe Dir die Menschen ab sofort begegnen werden. Wer soll Dich denn uneingeschränkt lieben, wenn Du Dich nicht selbst liebst? Natürlich gibt es diverse Dinge, über die Du nicht glücklich bist – ob es die fehlende Bildung oder der schiefe Zahn ist, völlig egal. Du bist in der Entwicklung, und Du wirst Dich in Deinem Leben noch unzählige Male weiterentwickeln und verändern. Die fehlende Bildung kannst Du nachholen, und das Geld für den Zahnarzt wirst Du auftreiben, vor allem aber: Liebe Dich! Denn liebst Du Dich nicht, wird Dir viel Wunderbares vorenthalten werden, weil Du Dir, wie schon gesagt, durch Deine Gedanken Deine Realität selbst erschaffst. Was wir *wirklich* wollen, bekommen wir auch, wenn wir nur daran *glauben* können. Fühlst Du Dich als das hässliche Entlein, wirst Du genau das Schicksal des hässlichen Entleins teilen. Es gibt aber unzählige Beispiele dafür, wie aus „hässlichen Entlein" selbstbewusste und begehrenswerte Menschen wurden. Was Du als schön und hässlich empfindest, ist reine Selbstwahrnehmung und Programmierung von Kindesbeinen an. Ein einfaches Beispiel: In unserer westlichen Kultur gilt sonnengebräunte Haut als sexy und erotisch. In Japan und Thailand werden die Menschen als umso schöner empfunden, je weißer und blasser sie sind.

Glaube mir: Du bist perfekt so wie Du bist, alles andere ist nur Dein verzerrtes Bild der Realität, das Dich zum Narren hält. Sich selbst zu lieben hat mit *Selbsterkenntnis* zu tun. Auf dem Niveau, auf dem Dein Selbstwert angesiedelt ist, stehst Du auch bezüglich Deines Fortschritts in der eigenen Selbsterkenntnis. Egal in welcher Hinsicht Du Dich auch als „nicht gut genug" empfinden magst, es ist nur Deine verzerrte Wahrnehmung, die Du Dir durch andere Menschen hast auferlegen lassen. Du solltest schleunigst damit beginnen, Dich als wertvollen und unverzichtbaren Teil Deiner Umwelt zu fühlen. Wenn Du zur Ruhe kommst, werden Dir unzählige Eigenschaften einfallen, die Dich für Deine Umwelt attraktiv und unverzichtbar machen. Werde Dir darüber bewusst und liebe Dich endlich! Es ist ein sehr großer Schritt, den Du zu tun hast, aber er wird Dein Leben enorm bereichern. Dir wird die Welt zu Füßen liegen, wenn Du das verstanden hast. Du musst erkennen, dass Du als etwas Besonderes und Einzigartiges gedacht und geboren wurdest. Du darfst alles Selbstwertgefühl der Welt haben, denn Du bist etwas Besonderes, Du bist ein Teil dieses einzigartigen kosmischen Ganzen. Kein zweiter Mensch hat dieselben Fingerabdrücke wie Du, und kein zweiter Mensch auf Erden kann der Welt das geben, wozu nur Du in der Lage bist. Du hast individuelle Fähigkeiten und Talente, egal in welcher Form sie in Erscheinung treten. Nutze sie und lasse die Welt daran teilhaben.

Ich wiederhole mich auch gerne noch einmal, denn ich kann tatsächlich gar nicht oft genug betonen, wie wichtig es ist, dass Du begreifst, dass Du Dich selbst über alles lieben *darfst* und mit Dir im Reinen sein musst! Fang schon jetzt damit an, Dich so zu fühlen, als wäre alles perfekt. Es ist nämlich schon alles perfekt! Du siehst es nur nicht und hast Dir dadurch selbst unnötiges Leid auferlegt. Wenn Du der Meinung bist, nicht intelligent und schön genug zu sein, ist das nur die Reflektion Deiner einfältigen Gedanken. Rede und halte Dich nicht ständig klein, sondern sieh Großes in Dir. Leidest Du eventuell an Übergewicht und kannst Dich deshalb nicht selbst ohne Einschränkung lieben? Dann überwinde dieses selbst auferlegte Leid und beginne damit, Dich heute schon in Deinem Traumkörper zu fühlen. Wenn Du die Regeln beherzigst, die ich Dir an die Hand gegeben habe und nicht zweifelst, wird das schon bald Realität sein. Natürlich wirst Du dazu längerfristig abnehmen müssen. Das Wichtige ist aber, dass Du durch Deine positive Vorstellung von Dir selbst und durch den Glauben an Dich die notwendigen Kräfte in Dir entfesseln kannst, um Dein Ziel zu erreichen.

Affirmation:
So wunderschön ist dieses Leben, so wunderschön bin ich. Alle lieben mich und fühlen sich in meiner Nähe wohl. Ich bin dankbar, dass ich so geliebt werde.

III

NOTWENDIGE
BEDINGUNGEN

Nachdem Du im vorigen Kapitel die unverzichtbaren Grundlagen zur Schaffung Deines Lebensglücks kennengelernt hast, möchte ich Dir in diesem Kapitel einige zentrale Wirkmechanismen nahe bringen, die Du für Deinen Erfolg unbedingt berücksichtigen musst.

Ein kleines Lehrstück:
Der Traum vom Fußballprofi

Was wir denken und glauben, werden wir. Deshalb sollten wir unsere Gedanken und Träume sehr ernst nehmen. Ich möchte Dir an dieser Stelle die wunderbare Erfolgsgeschichte eines guten Freundes und Wegbegleiters erzählen. Es ist die Geschichte von Markus P., der sich durch das Positive Denken und seinen felsenfesten, unerschütterlichen Glauben den Traum vom Fußball-Bundesligaprofi verwirklichte.
Markus träumte schon als kleiner Junge davon, einmal in den spektakulären Stadien der großen Vereine als Profi auf dem Platz zu stehen. Diese Vorstellung faszinierte ihn so sehr, dass er sogar nachts davon träumte. Der kleine Markus war im Geiste schon ein ganz Großer. Die meisten sportbegeisterten Kinder träumen davon, einmal auf dem Spielfeld vor Tausenden von Zuschauern und einem Millionen-Fernsehpublikum zu spielen, doch der Traum zerplatzt meistens mit dem Beginn der Pubertät, wenn die besonders schlauen und aufgeklärten Erwachsenen die Kinder in die „Realität" einführen und die „Träumerei" damit beenden.

Bei Markus' Einschulung in die erste Klasse bekamen die Schüler die Aufgabe gestellt, ein Bild über ihre zukünftigen Berufswünsche zu malen. Wie nicht anders zu erwarten malte Markus begeistert das Bild eines Fußballers und präsentierte es kurz darauf stolz auf einer Familienfeier. Unsensibel wie Erwachsene eben so sind, bemerkte ein Familienmitglied: „Unglaublich, welchen Mist die Schüler heute machen müssen. Anstatt sich mit solch einem Quatsch zu beschäftigen, sollten sie lieber auf das Leben vorbereitet werden." Markus nahm sich das sehr zu Herzen und verschwand weinend in sein Zimmer. Seine Mutter folgte ihm, um ihn zu trösten, und sagte: „Markus, hör auf zu weinen, und hör vor allem auf, diesen Quatsch zu glauben, den die Erwachsenen reden.

Wenn Du es wirklich willst, schaffst Du es auch. Wir beide machen jetzt einen Deal: Wenn Du es *wirklich* ernst meinst, ein Fußballprofi zu werden und bereit bist, alles dafür zu tun, dann werde ich Dich dabei unterstützen, und wir erzählen es einfach niemanden. Es bleibt unser Geheimnis."

Die meisten Erwachsenen würden an dieser Stelle sagen: Wie kann man einem 6-jährigen Kind einen solchen Floh ins Ohr setzen? Tatsache ist: Von jenem Tag an arbeitete Markus zielstrebig an seiner zukünftigen Karriere, und er ließ sich seinen Traum nie wieder nehmen. Heute sagt er: „Ich hatte nach dem Gespräch mit meiner Mutter nie wieder Zweifel und tiefstes Vertrauen, dass, egal was kommen mochte, ich Fußballprofi werden würde. Von da an habe ich alles für mein Ziel getan. Wenn meine Freunde ins Schwimmbad gingen, stand ich auf dem Fußballplatz, schoss einen Ball nach dem anderen auf das Tor und stellte mir die Torwärter der Bundesliga vor, die ich gerade bezwang."

Markus machte also genau das Richtige. Er war sich seiner Stärken bewusst und setzte alles daran, sie einzusetzen. Er war ein erstaunlich schneller Spieler und wollte seine Stärken noch weiter ausbauen. Er lief kilometerweise steilste Berge hinauf, um seine Ausdauer und Sprintfähigkeit weiter zu stärken. Er wurde belächelt, und die Leute sagten über ihn: „Außer schnell laufen kann der nichts." Doch diese Kritiker motivierten ihn nur noch mehr, und er ließ sich niemals von seinem Weg abbringen. Er war von seinem Vorhaben so überzeugt, dass er durch die alleinige Vorstellung seines Traums ein Magnet für andere Menschen wurde. Markus wurde lange Zeit nur noch *Smiley* genannt, weil er immer lachte und die Menschen begeisterte. Die starke positive Schwingung und sein unermüdlicher Glaube zogen immer mehr positive Ereignisse in sein Leben, und er erreichte seine Ziele Stück für Stück.
Doch auf einmal wurde seine Zuversicht auf eine harte Probe gestellt. Als Markus bereits in der dritthöchsten Liga spielte, zog er sich nach einem schweren Foul mit nur 23 Jahren einen schweren Knorpelschaden zu. Die Ärzte prophezeiten ihm das Ende seiner Karriere, als er bereits auf dem besten Weg war, sein großes Ziel, die Bundesliga, zu erreichen. Der erste Schock hielt aber nur kurze Zeit an. Da es keine Zufälle gibt, zog er einen Mentaltrainer in sein Leben, der ihm die *Macht seiner Gedanken*

bewusst machte. Markus war es nun völlig egal, was die Ärzte sagten. Er sagte sich: „Ich spiele, und zwar demnächst sogar in der Bundesliga." Jeden Tag meditierte er und visualisierte, wie sein Knie verheilen und er wieder spielen würde. Parallel unterzog er sich – der schulmedizinischen Diagnose zum Trotz – einer alternativen Behandlung zur Regeneration seiner Verletzung. Wieder hielten ihn alle für verrückt, aber nach einigen Monaten stand er zur allgemeinen Verblüffung tatsächlich wieder auf dem Platz. Er arbeitete weiter an seinem Ziel und analysierte seine sechsmonatige Verletzungspause. Er verstand, dass er seinen Körper überbelastet hatte und beschloss, ab sofort weiterhin so zielstrebig zu sein wie zuvor, allerdings nach dem Motto: *Manchmal ist weniger mehr.* Die schwere Verletzung hatte wohl geschehen müssen, denn sonst hätte er niemals gelernt, vernünftiger und bewusster mit seiner Gesundheit umzugehen. Mit der richtigen Einstellung wechselte er den Verein und stieg mit dieser Mannschaft später von der 3. Liga direkt bis in die erste Bundesliga auf. Sein Traum war Wirklichkeit geworden. Deutschland kannte ihn nur noch als den „Blitz", weil er so ungeheuer schnell war. Ein sehr bekannter Trainer bezeichnete ihn später als „Turbo". Früher hatten ihn viele Menschen belächelt und sich über ihn lustig gemacht, mittlerweile waren genau diese Personen sehr, sehr still geworden.

Heute arbeitet Markus mit der gleichen positiven Energie an einer erfolgreichen Trainerkarriere, und ich wünsche ihm von Herzen alles Gute dafür.

So unwahrscheinlich ein Ziel im ersten Moment auch erscheinen mag: Wenn wir unserem Unterbewusstsein glaubhaft vermitteln können, was wir wollen, und dass wir es wirklich wollen, wird unser Wille Wirklichkeit werden. Wir müssen aber auch zum Macher werden, die nötige Konsequenz aufbringen und vor allem: Wir brauchen einen unerschütterlichen Glauben.

DEIN GRÖSSTER VERBÜNDETER: DER GLAUBE

Der Glaube ist eine feste Zuversicht auf das, was man hofft und ein Nichtzweifeln an dem, was man nicht sieht.
(Hebräer, 11)

Nach unserem Glauben wird uns geschehen

Der französische Künstler Francis Picabia sagte einmal: *„Der Kopf ist rund, damit das Denken die Richtung wechseln kann"*. Nie zuvor wurde die Menschheit mit mehr Weltanschauungen, Wertvorstellungen und Meinungen überschwemmt als heute. Von Kindheit an werden wir durch *Fremdsuggestionen* geformt, und diese prägen langsam, aber sicher unsere persönlichen Ansichten über die Welt, das Weltgeschehen und unseren Glauben. Einen Menschen, der an nichts glaubt, gibt es nicht. Wir alle, auch diejenigen unter uns, die nie mit Spiritualität in Berührung gekommen und womöglich als Atheisten aufgewachsen sind, haben uns unser ganz eigenes Weltbild zurechtgelegt, an das wir glauben. Hier gilt es zu verstehen, dass jedes Weltbild – ob religiös, strikt wissenschaftlich oder eben jegliche Form von Glauben ablehnend – in letzter Konsequenz ein „Glaube" ist. Auch der Glaube an nichts ist letztlich ein Glaube. Jeder hat sich bewusst oder unbewusst im Verlauf seines Lebens zu seinen ganz individuellen Glaubenssätzen hin entwickelt, und egal, was wir glauben oder nicht: Es ist für unser Leben ausschließlich von Bedeutung, wie stark unsere geistige Grundhaltung und unsere Überzeugungen, die unseren Glauben letztlich ausmachen, in uns verankert sind. Unsere individuelle Entwicklung beruht darauf, dass wir es immer wieder schaffen, über den Tellerrand hinaus zu blicken und unsere Gedanken, Glaubenssätze und Vorstellungen auf den Prüfstand zu stellen.

Denke einmal ganz schonungslos ehrlich darüber nach, welche Glaubenssätze – vor allem die, die vielleicht seit Deiner Kindheit unterbewusst in Dir am Werk sind und die Du längst nicht mehr als solche wahrnimmst – zu welchen Lebenssituationen und letztlich zu dem Lebenszustand geführt haben könnten, in dem Du Dich heute befindest.

Da ich davon ausgehe, dass Du jemand bist, der im Sinne Picabias für neue Ideen offen ist, sage ich Dir noch einmal: Du kannst zu dem werden, als der Du gedacht wurdest, aber alles, was Du bisher gelesen hast, wird Dir nicht weiterhelfen, wenn Du es nicht schaffst, in Dir einen felsenfesten Glauben an Dich selbst und Deine inneren Kräfte zu gründen. Mit diesem Glauben wollen wir uns in diesem Kapitel beschäftigen.

Alles, was Du zu tun hast, ist aufzuwachen und aus dem Schlaf der Unbewusstheit zum bewussten Denken und Glauben zu gelangen. Ich versichere Dir, dass Dein Glaube dann wirklich „Berge" versetzen wird. Du sollst keinen weiteren Tag mehr verstreichen lassen, ohne Dir Deiner Selbst bewusst zu sein. Beginne sofort, hier und jetzt, in diesem Augenblick, damit, Deine Schöpferkraft und Deine phantastischen Möglichkeiten zu erkennen und sie mit Leben zu füllen. Sobald Du erkannt hast, dass Du von der wunderbaren Macht in Dir, die wir als das Unterbewusstsein bezeichnet haben, Gebrauch machen kannst - und sie auch wirklich gebrauchen lernst! -, wirst Du erleben, wie sich viele Dinge in Deinem Leben schlagartig ändern. Aber willst Du, dass Deine Wünsche und Ziele tatsächlich Wirklichkeit werden, und willst Du Dir wirklich Dein Lebensglück schaffen, musst Du vor allem wieder glauben lernen! Dein Glaube an Dich, die Schöpfung und die wunderbaren Möglichkeiten, die nur darauf warten, von Dir entdeckt zu werden, ist einer Deiner wichtigsten Schlüssel zum Erfolg.

Beginne, an Dich selbst zu glauben

Der Glaube ist der entscheidende Faktor auf dem Weg zum Erreichen Deiner Ziele. Im klischeehaften Sinne „positiv zu denken" und sich Affirmationen immer und immer wieder einzusagen, ist keine allzu große Schwierigkeit. Die Herausforderung und letztlich der Grund, warum wir überhaupt mit Affirmationen arbeiten, liegt darin, wirklich wieder glauben zu lernen. Unser Unterbewusstsein verwirklicht nicht, was wir *denken* oder *wünschen*, sondern ausschließlich das, was wir *glauben*. Das ist die größte Hürde, die es zu überwinden gilt, um Erfolg und Harmonie in unser Leben einkehren zu lassen. Durch unsere moderne Erziehung haben wir es aber nahezu verlernt, an etwas *wirklich und wahrhaftig* glauben zu können. Und hier ist mit Glauben eine *absolute Sicherheit* gemeint, die restlos frei von Zweifeln ist. An wie viele Dinge kannst Du mit so selbstverständlicher Sicherheit glauben wie daran, dass morgen und für den Rest Deines Lebens jeden Tag die Sonne aufgehen wird? Kannst Du mit einer ebensolchen Sicherheit daran glauben, dass Du irgendwann eine Million Euro auf dem Konto haben wirst? Du wirst Deine Ziele nur dann vollkommen verwirklichen können, wenn Du genau diesen Glauben aufbringen kannst. Hört sich ganz schön heftig an, oder? Genau das ist aber der Grund, warum ich Dir bereits den Rat gegeben habe, erst einmal mit kleinen Wünschen anzufangen. Es ist für fast niemanden möglich, aus dem Stegreif diesen festen Glauben an wirklich große Dinge aufzubringen. Das Schöne ist aber: Es ist möglich! Du kannst voller Vertrauen diesen Glauben entwickeln, denn das Gesetz des Glaubens ist tatsächlich ebenso zuverlässig wie der tägliche Sonnen-auf- und -untergang. Glaube mir, ich spreche aus täglicher Erfahrung!

Ich bin mir sehr wohl darüber bewusst, dass der wahre Glaube an sich selbst das Schwerste ist, was man überhaupt von einem Menschen er-warten kann. Es ist oft sehr viel leichter für uns, irgendeinem Guru zu glauben und ihm hinterherzulaufen. Oft ist es auch leichter, einer Philosophie oder einer Religion zu glauben, wenn man sie uns plausibel verkauft. Du bist vielleicht auf der Suche, und viele Dinge erscheinen Dir „möglich" oder „glaubwürdig", die Du nach Deinen Vorstellungen miteinander vermischst, nachdem Du sie Dir von allen möglichen Seiten nach Gutdünken zusammengesucht und nach Deinen Vorstellungen zurechtgebogen hast.

Nur an denjenigen, dem Du am allernächsten stehst,
Dir selbst, glaubst Du nicht!

Oder sagen wir lieber, „nicht wirklich und wahrhaftig". Und damit bist Du nicht allein, denn im Prinzip trifft das auf fast jeden Menschen zu. Ist das nicht total verrückt: Wir glauben an alles Mögliche, das wir im Leben gelernt haben, aber an das, was uns am allernächsten ist, glauben wir nicht: an uns selbst!

Da stellt sich doch die Frage, wie so etwas sein kann und weshalb wir so wenig Selbstvertrauen haben, dass wir erst zuallerletzt an uns selbst glauben können. Die Antwort ist meistens in unserer Kindheit zu finden. Deine Überzeugungen und Dein Tun wurden so oft in Frage gestellt, dass Du wirklich das Gefühl hast, Du hältst lieber den Mund und redest über bestimmte Dinge einfach nicht, weil von anderen ja doch immer nur Kritik geübt wird. Aus diesem Teufelskreis musst Du aber ausbrechen, ja, ich gehe sogar so weit zu behaupten, dass, wenn Du dieses über Jahre oder gar Jahrzehnte selbst geschriebene Programm in Dir nicht löschst und damit beginnst, an Dich und Deine ureigene Kraft zu glauben, Du niemals wirklich und wahrhaftig an Dich glauben können wirst. Hör also auf damit, Dich irgendwelchen fremden Meinungen, Gruppierungen und Gurus anzuschließen, und gewinne wieder volles Vertrauen zu Dir und in Dich selbst! In Dir selbst liegen die Antworten auf all Deine Fragen und die Anleitung, wie Du Dir selbst Dein Lebensglück schaffen kannst.

Fang also noch heute damit an, in Dir den Glauben an Dich selbst zu gründen, ihn wie einen unerschütterlichen Felsen aufzurichten. Dafür musst Du zuallererst für Dich und vor Dir selbst glaubwürdig sein. Jegliche Form von Manipulation, Schwindel oder Versuche, Deine *innerste Wahrheit* zu verdrehen, musst Du bewusst und unwiderruflich ausmerzen. Anders ausgedrückt: Du musst zuerst hundertprozentig *zu Dir selbst* kommen. Wenn das wirklich in Dir geschehen ist, bedarf es nur noch klarer Entscheidungen. Hau meinetwegen auf den Tisch und schreie: „Ich höre auf damit, vor mich hin zu dösen, ich höre auf, mich selbst zu bemitleiden, und ich höre auf, mich selbst zu belügen!" Wenn all das wirklich aus der Position Deiner innersten Kraft heraus befohlen wird, dann wird es auch so sein, ganz einfach! Wenn Du aber unsicher und aus der Position der Schwäche heraus sagst: „Ich *möchte* oder *würde gerne* aufhören, vor mich hin zu dösen", entwickelt Dein Wille keine Spannkraft, und es wird sich niemals etwas verändern können. Das Programm *Dösen*, also Ausflüchte statt Auswege suchen, war in der Vergangenheit so bequem für Dich und hat Dich so gut von Dir selbst abgelenkt, dass es mit einigen entschlusslosen, zaghaften Worten nicht wie nebenbei außer Kraft zu setzen ist. Es muss schon Power dahinter sein, wenn wir eine so mächtige negative Datei in uns überschreiben wollen!

Beginne am besten sofort damit, Dein Unterbewusstsein jeden Tag aufs Neue mit folgender Affirmation zu füttern:

Ich glaube an mich und ich vertraue mir.

Fühle Dich so intensiv wie möglich in diese Affirmation hinein. Schließe die Augen, entspanne Dich, und schleudere diesen Glaubenssatz mutig allen Mustern entgegen, die dafür verantwortlich sind, dass Du nicht zu hundert Prozent an Dich selbst glauben kannst. Ja, schreie sie einfach in Dir nieder! Schon nach wenigen Tagen wirst Du spüren, wie sich ein felsenfester Glaube in Deinem Inneren aufbäumt, und er wird von Mal zu Mal immer größer und standhafter werden.

Wie entwickeln wir einen felsenfesten Glauben?

Um dem anstehenden großen Veränderungsprozess in Deinem Leben überhaupt eine Chance zu geben ist es unabdingbar, einen felsenfesten Glauben zu entwickeln. Dazu müssen wir aber zuerst verstehen, was der *wahre Glaube* ist und was lediglich Lippenbekenntnisse sind.

Alle wirklich großen und wichtigen Persönlichkeiten, Erfinder, Wissenschaftler und Künstler sind von einem nie endenden wollenden, vertrauensvollen Glauben an eine unsichtbare Kraft bestärkt, die in ihnen wirkt und ihr Tun beflügelt. Der Erfinder der Glühlampe, Thomas Alva Edison, sagte einmal: *„Wenn wir all das tun würden, was wir tun könnten, dann würden wir uns sehr über uns selbst wundern."* Selbst nach unzähligen Rückschlägen und öffentlichem Spott bei seinen unzähligen Versuchen, künstliches Licht zu erzeugen, verlor Edison nie seinen Glauben an die Umsetzbarkeit seiner Idee. Er sagte sich nach jedem gescheiterten Versuch: „Gut, jetzt kenne ich eine weitere Möglichkeit, wie es nicht funktioniert".

Im Grunde hatte er mit der Visualisierung seiner Idee das Gelingen seines großen Traums, der leuchtenden Glühlampe, schon vollbracht. Dass Edisons felsenfester Glaube keine Illusion war, demonstrierte er eindrucksvoll, als er schließlich einen ganzen New Yorker Stadtteil zum Leuchten brachte.

Der Computer, an dem Du jeden Tag wie selbstverständlich in der Arbeit sitzt, das Auto, mit dem Du vielleicht zur Arbeit fährst oder das Flugzeug, mit dem Du mal eben für einen Städtetrip nach Paris fliegst, sie alle waren einstmals nur Ideen, geboren aus der Vorstellungskraft des Menschen. Hier haben Erfinder ihre Vision hartnäckig aus einem tief verwurzelten Glauben gespeist, sie visualisiert und schließlich durch stete Tat in die Realität umgesetzt. Andernfalls wären diese Erfindungen heute keine Wirklichkeit, und wir würden immer noch mit der Pferdekutsche zum Wochenmarkt fahren. Hätten all die großen Erfinder nicht felsenfest und ohne Unterlass an ihre *Ideen* geglaubt, gäbe es sie heute nicht.

Wie steht es mit Dir? Kannst Du an das Bild, die „Vision" einer Sache glauben, die noch nicht existiert? *Glaubst* Du wahrhaftig, dass ein Berg sich versetzt, wenn Du ihm sagst, dass er sich versetzen soll? *Glaubst* Du wirklich, dass wir alles bekommen werden, was wir affirmieren und worüber wir meditieren? Genau hier ist das Nadelöhr, hier ist der Grund, warum Deine Affirmationen und Gebete in der Vergangenheit nicht Realität werden *konnten*. Stellen wir einmal Deinen Glauben - und zwar Deinen unerschütterlichen Glauben - auf den Prüfstand: Kannst Du tief in Dir erfassen, dass es tatsächlich möglich ist, dass Du Dein luxuriöses Traumhaus besitzt, dass Du vielleicht schon in zwei Jahren Millionär sein wirst oder dass Du - wie durch einen *Wunder* - von einer Krankheit geheilt werden wirst?

Die Wahrheit ist: Ja, der rechte Glaube versetzt in der *Tat* Berge. Und hier kommt es tatsächlich auf die *Tat* an! Es reicht nicht, unter der Woche schnell mal zwischendurch in der Mittagspause, abends vor dem Einschlafen oder vielleicht wieder am Sonntag nach dem Frühstück *ein bisschen* zu glauben. Dein Glaube muss standhaft sein, er muss Dich in jeder Lebenssituation und jeden Tag aufs Neue durch und durch erfüllen -, und genau die Konsequenz, die hier verlangt wird, fällt uns so enorm schwer. Es gibt viele Menschen, die für alles Mögliche beten; am Beginn jeden Gebets sollte aber das Bitten um einen unerschütterlichen Glauben stehen! Egal, ob Du eine Krankheit zu besiegen hast oder Dir materielle Fülle wünschst - wenn Du nicht von ganzem Herzen an die Erreichbarkeit Deiner Wünsche glaubst, kannst Du jegliches Wünschen von Anfang an gleich bleiben lassen. Tiefer und unerschütterlicher Glaube ist Tat und kann seine volle Kraft erst *in und durch die Tat* entfalten, also dann, wenn man konsequent und ohne Unterlass an ihm festhält – egal, was kommt. Das heißt auch, der Glaube muss den eigenen Willen durchdringen und uns so beflügeln, dass wir selbst uns in die Lage versetzen, notwendige Schritte zu unternehmen, um unsere Situation zu ändern.

Wir müssen dankbar sein und können die Tatsache, dass unsere Wünsche und Träume Realität werden, wenn wir nur an sie glauben können, nicht hoch genug bewerten. Alles, was sich in Deinem Leben abspielt, ist nur eine Manifestation dessen, was Du zuvor geglaubt hast – oft sogar, ohne Dir dessen *bewusst* zu sein.

Egal, welcher Berg sich im Moment vor Dir auftürmt und für wie schlimm Du Dein Unglück auch halten magst, durch Deinen felsenfesten Glauben wirst Du den Gipfel erklimmen und ihn schließlich überwinden können. Es gibt überhaupt keine andere Möglichkeit, wenn Du Dein Unterbewusstsein eindeutig darüber informierst, dass es dementsprechend handeln soll. Wenn Dir das gelungen ist, wird es *alles* umsetzen, was Du Dir wünschst, wenn Du nur *wirklich* daran glauben kannst und in diesem Glauben handelst.

Vertraue auch nicht nur Deinen fünf Sinnen. Viele Menschen können nicht glauben, was sie nicht sehen, hören, berühren, riechen oder schmecken können. Schaffe Dir ein Vertrauen in Deine ureigene Schöpferkraft! Du kannst sie zwar nicht mit Deinen fünf Sinnen greifen, aber Du kannst sie erleben! Wir würden niemals auf die Idee kommen, an der Existenz der Liebe, an unseren Gedanken oder an unserem Bewusstsein zu zweifeln, und doch können wir sie weder sehen, riechen noch hören. Wir wissen einfach, dass es sie gibt. Überdenke Deine Glaubenssätze, und tilge ab sofort jeglichen Gedanken an Versagen und Misserfolg, der sich in Dir regen will. Beginne damit, wahrhaft zu *glauben*, und vertraue darauf, dass Dein Leben mit Liebe, Anerkennung und Erfolg erfüllt sein wird.

DEIN GRÖSSTER GEGNER:
DER ZWEIFEL

Schon Buddha sagte: „Das, was Du heute denkst,
wirst Du morgen sein".

Vom Zweifel und vom negativen Glauben

Wir sind am entscheidenden Punkt angelangt, an dem die meisten selbsternannten Positivdenker scheitern. Wir haben die Freiheit bekommen zu denken, *was* wir wollen. Es heißt: „Der Mensch ist, was er denkt". Einige Menschen sind sich dessen bewusst und lenken ihre Gedanken ganz zielgerichtet auf das, was sie erreichen wollen, weil sie wissen, dass es sich dadurch früher oder später „realisieren" muss. Andere – und das ist leider immer noch die Mehrzahl – erleben, dass sie in dieser Hinsicht weniger oder gar nicht erfolgreich sind. Diese Menschen schieben dann gerne die Schuld von sich weg und suchen sie in der Lehre: „Ach, das Zeug funktioniert ja doch alles nicht" oder „Das ist doch alles Quatsch". Zum Schluss überantworten sie sich dann wieder ihren alten Glaubenssätzen und ihrem chronischen Pessimismus.

Wir Menschen erwerben im Laufe unseres Lebens durch unsere Erziehung und all unsere Erfahrungen viele Vorstellungen und Ideologien, mit denen wir ein Vorstellungsgebäude errichten, in dem wir uns dann wie in einem Gefängnis selbst einsperren. Richtig schlimm wird es, wenn wir den Schlüssel verlieren und auf Gedeih und Verderb festsitzen. Ob dieser Prozess bewusst oder unbewusst stattfindet, ist vollkommen nebensächlich. Die Mauern dieses Gefängnisses bestehen aus vielen beschränkten Sichtweisen, Zweifeln und seelischen Verletzungen, die in letzter Konsequenz etwas sehr Fatales tun: Sie lähmen unsere Fähigkeit, wirklich zu *glauben*! Die schwerste Hürde beim erfolgreichen Gebrauch unseres Unterbewusstseins ist aber, wie wir festgestellt haben, genau der felsenfeste Glaube an unsere Ziele und an die Möglichkeit, dass wir sie verwirklichen können. Unser Unterbewusstsein registriert wohl unsere Wünsche und möchte auch damit beginnen, sie zu verwirklichen – das ist ja schließlich seine Aufgabe. Bevor es aber wirklich mit der Umsetzung beginnen kann, hält das Unterbewusstsein, bildlich gesprochen, noch eine letzte Rücksprache in der Form: „Glaubt der Typ, der mir hier seine Wünsche kund tut, denn *wirklich* daran, dass *ich* sie verwirklichen kann? Glaubt er steif und fest, dass er das Potential besitzt, das zu schaffen, was er erreichen möchte, oder zweifelt er an mir und an sich selbst und glaubt insgeheim, dass er es wohl doch nicht schaffen wird?" In aller

Regel sind die Menschen aufgrund ihrer starren Vorstellungsgebäude von Natur aus Zweifler, oder zumindest sind sie sehr vorsichtig und zögerlich und befürchten, dass alles vielleicht doch nicht so leicht sein könnte, wie sie es sich in der ersten Begeisterung vorgestellt haben. Unser Unterbewusstsein benötigt aber ganz klare Anweisungen in Form einer starken Energie, die nur aus einem felsenfesten Glauben gespeist werden kann. Es gibt sich nicht mit ein paar halbherzigen Versuchen nach dem Motto „Ich probier's halt einfach mal" zufrieden. Im Gegenteil: Ich habe am Anfang des Buches das Unterbewusstsein mit einer Festplatte verglichen, die einfach nur aufnimmt und dann umsetzt, ohne selbst zu werten und Gut von Schlecht zu unterscheiden. Das Unterbewusstsein registriert mechanisch die Überzeugungen, die am stärksten durch einen hartnäckigen Glauben gefüttert werden und macht sich an die Umsetzung. Das ist genau die Falle, in die der Zauderer und Zweifler tappt. Nicht genug damit, dass er seine Ziele nicht durch einen ganz felsenfesten, konsequenten positiven Glauben unterstützt! Durch sein emotionales Hin und Her blockiert er eindeutige Anweisungen an das Unterbewusstsein, und sein unterbewusster Zweifel nährt einen hartnäckigen negativen Glauben an Scheitern und Versagen, der meist viel stärker ist als der halbherzige Glaube an die *eventuelle Möglichkeit* eines Erfolgs! Das Unterbewusstsein stellt nur fest, dass – bewusst oder unbewusst – am stärksten an ein Scheitern geglaubt wird und setzt diesen „Wunsch" pflichtgemäß in die Realität um. Aus diesem Grund ist es so katastrophal, dass die meisten von uns durch ihre Erziehung eher zu Zweiflern als zu Gläubigen gemacht wurden.

Wenn Du eher zu der Gruppe der Zweifler gehörst, mach Dir keine Sorgen. *Wirklich* glauben zu können ist erlernbar! Wenn es mir gelungen ist, Dir durch dieses Buch allein schon die alles entscheidende Bedeutung des Glaubens und die Erkenntnis zu vermitteln, welch unglaubliche Kraft ihn ihm wohnt, haben wir zusammen nicht nur den ersten, sondern bereits einen der bedeutendsten Schritte getan. Wenn schon ein Teil Deines Lebens verstrichen ist und Du viele Deiner Wünsche noch nicht verwirklichen konntest, solltest Du zunächst einmal Bilanz ziehen. Du solltest prüfen, ob Du einen unumstößlichen Glauben an Deine Fähigkeiten und Potentiale hast, oder ob Du zu viel zweifelst. Das ist eine Bilanz, die jeder für sich aufstellen sollte, denn dabei kann Dir kein anderer Mensch helfen. Eine Bilanz über Dich und Deine Vergangenheit zu ziehen, erfordert auch ein sehr hohes Maß an Ehrlichkeit Dir selbst gegenüber. An Dein Potential zu glauben bedeutet ja nichts anderes, als an *Dich selbst* zu glauben. Die Frage ist: Hast Du die Zweifel, die seit Deiner Kindheit durch falsche Erziehung und Ausbildung in Dir gesät wurden, zu Deinen *eigenen* gemacht, und willst Du sie weiter fleißig gießen, hegen und pflegen, weil sie Dir vielleicht sogar als Tugend erscheinen? Oder bist Du bereit, wirklich Bilanz zu ziehen und zu erkennen, dass Du bisher auf eine Art und Weise fremd gesteuert und beeinflusst wurdest, die destruktiv auf Deine Seele wirkt? Hast Du immer an Dir gezweifelt, weil andere – Eltern, Familie, Lehrer, Vorgesetzte oder wer auch immer – an Dir gezweifelt haben? Wenn ja, ist es allerhöchste Zeit, das sofort zu ändern. Glaube niemals wieder an die Zweifel, die andere auf Dich projizieren, mögen aus deren Sicht ihre Zweifel auch noch so berechtigt sein. Lass ihnen meinetwegen *ihren* Glauben, aber sorge dafür, dass Ihre Zweifel nicht zu *Deinen* werden, und wenn sie es schon sind, mach eine *Sperrmüllentleerung*! Erwecke Dein *Selbst*-Bewusstsein und konzentriere Dich auf Deine Stärken. Konzentriere Dich auf Deinen geistigen Reichtum, denn er ist das Geheimnis Deines irdischen Erfolgs. Erfolg ist nichts anderes, als etwas, das *er-folgt*. Du musst die Ursachen dafür setzen, dass etwas erfolgen kann und Dir Dein ganz individuelles Gefühl und Deine eigene Vorstellung von Wohlstand und Reichtum schaffen. Erfolg ist kein Statussymbol, er ist vielmehr ein wunderschönes und beglückendes Gefühl, das sich auf alle Ebenen Deines Seins auswirkt. Du solltest Dir zu allererst darüber bewusst werden, was Du eigentlich genau vom Leben möchtest, und was für Dich Glück, Wohlstand und Lebensfülle bedeuten! Erstrebst Du einfach einen bestimmten Geldbetrag, ein Eigenheim oder einen beruflichen Status? Frage Dich ernsthaft – und frage tief in Dich hinein –, ob Du Dir *wirklich* in vollem Umfang darüber im Klaren bist, was Du genau möchtest? Du wirst feststellen, dass Wünsche wie konkrete Geldbeträge, ein Haus oder ein Auto zu Deinem wirklichen Lebensglück nicht ausreichen – auch wenn sie sicher wichtige Bausteine sind. Der Wunsch nach viel Geld allein ist kein wirklich greifbares Ziel – die Frage ist doch vielmehr, was Du damit anfangen würdest, um wirklich glücklich zu sein! Werde Dir schonungslos ehrlich Deiner intimsten Wünsche bewusst, denn nur sie sind für Dein Unterbewusstsein wirklich greifbar!

Willst Du wirklichen Wohlstand erfahren, wirst Du Dein Herz öffnen müssen, um in Dir ein Bewusstsein dafür schaffen zu können, dass Du ein Magnet für Geld und Reichtum sein kannst. Verbanne alle negativen Glaubenssätze, die Du über Geld gelernt hast, denn Geld zu haben ist nichts Schlechtes, sondern ein völlig natürlicher Zustand der Fülle.

Trenne Dich von Mangeldenken und Versagensängsten

Ich werde immer wieder von verschiedenen Menschen darauf ange- sprochen, dass es ihnen trotz aller Bemühungen nicht gelingt, neue Glaubenssätze und das Positive Denken nachhaltig in ihrem Leben zu „installieren". Daraus resultiert natürlich ausbleibender Erfolg, und große Veränderungen zur Sonnenseite des Lebens sind auch nicht zu erwarten. Es hat sogar den Anschein, dass sich die Situation beim einen oder anderen nach intensiven Bemühungen sogar noch verschlimmert, anstatt die Kehrtwende zu Harmonie, Erfolg und Freude einzuleiten. Natürlich ist es in solch einer Situation nicht damit getan, jemandem einfach Mut zuzusprechen, sondern es ist von entscheidender Bedeutung, die Lehre um die Macht der Gedanken tatsächlich zu verstehen und klare Antworten auf ernst gemeinte Fragen zu finden.
An dieser Stelle kann ich nur wiederholen:

Trenne Dich von Mangeldenken!

Leider kursiert der Irrglaube, dass bereits der Versuch, positiv zu denken, alles verändern könne. Allein durch einen Versuch im Sinne eines „Jetzt denke ich halt mal positiv" hat sich aber noch niemals der so viel zitierte Berg versetzt. Im Gegenteil: Die Welt ist voll von Menschen, die es guten Willens „halt einmal versucht" haben und deshalb von vorne herein scheitern mussten! Aus ihnen werden dann meist Zyniker und die größten Gegner dieser Philosophie. Aber würden wir eine vielversprechende ärztliche Heilmethode ablehnen, die einigen Menschen nur deshalb nicht geholfen hat, weil sie die Medikamente nicht richtig eingenommen haben und von ein paar Ärzten falsch beraten wurden?

Tu es oder tu es nicht, aber höre auf, es zu versuchen.

(Zen-Weisheit)

Es ist in Bezug auf Dein Wohlergehen weniger relevant, was Du denkst oder für richtig hältst, sondern vielmehr, was Du *glaubst*. Ich spreche hier aber von einem tief aus dem Herzen entspringenden Glauben, der nicht von noch so geheimen Zweifeln belastet ist. Dein Glaube und Deine Zweifel entscheiden darüber, ob Du Erfolg haben oder bei all Deinen Vorhaben scheitern wirst.

Wir müssen lernen zu akzeptieren, dass es unser Glaube und die damit verbundenen Gedanken sind, die uns unsere Welt erschaffen. In sämtlichen Weisheitsbüchern der Welt ist zu lesen: „Nach Deinem Glauben wird Dir geschehen." Durch Mangeldenken, Angst und Jammern beschmutzen und verpesten wir unser Unterbewusstsein und ziehen dadurch genau das an, was wir vehement verhindern wollen. Ein Arbeitsloser, der ununterbrochen über die schlechte Wirtschaftslage klagt und seine Existenzängste, die seine Gemütslage nachhaltig beeinträchtigen, nicht in den Griff bekommt, wird noch mehr Mangel anziehen. Der Grund dafür ist, dass er sein Unterbewusstsein konstant mit emotionsgeladenen Gedanken an Mangel füttert. Wir haben bereits gelernt, dass es genau solche Gedanken sind, die im Unterbewusstsein eine energetische Wirkung erzeugen. Durch das ständige Denken an die Arbeitslosigkeit wird diesem Gedanken Kraft verliehen, und unser Unterbewusstsein setzt das Gedachte in die Realität um. Es muss jeden Gedanken verwirklichen, der auf diese Weise mit Emotionen beladen ist und mit dem es konstant bombardiert wird, und es unterscheidet dabei nicht zwischen positiven und negativen Denkstrukturen. Deshalb ist es unvermeidlich, nein, sogar absolut unausweichlich, dass Du die Arbeit an Dir selbst aufnimmst und negative Glaubenssätze nachhaltig aus Deinem Leben verbannst!

Der eine oder andere mag jetzt einwenden, dass es unmöglich sei, nicht in eine negative Grundstimmung zu verfallen, wenn sich zuhause unbezahlte Rechnungen stapeln, Kredite nicht mehr bedient werden können und der Urlaub gestrichen werden muss. Natürlich ist das alles andere als einfach, ja, es ist sogar richtig hart und erfordert einen sehr starken Willen, aber man kann es mit der nötigen Konsequenz erlernen! Willst Du das Tal des Mangels aber wirklich (und nicht nur übergangsweise) verlassen, wird Dir schlichtweg nichts anderes übrig bleiben! Durch das pausenlose Klagen über Deine Probleme baust Du nur immer weiter fleißig an Deinen eigenen Kerkermauern und fütterst Deine schlimme Situation wie ein Mastschwein. Noch keiner konnte mir die Frage beantworten, was ihm Jammern, Mangeldenken und Zukunftsängste für Vorteile bringen könnten. Jegliche Art von Destruktivität und jeder negative Gedanke öffnet eine weitere schädliche „Datei" in unserem Unterbewusstsein und schleust einen weiteren Virus ein.

Kommen wir aber auf die Eingangsfrage zurück, weshalb das Positive Denken von vielen nicht erfolgreich in ihrem Leben umgesetzt werden konnte. Von üblichen Fehlern wie halbherziger Anwendung und mangelndem Glauben einmal abgesehen, muss man sich die Frage stellen, wie denn die intimste Gedankenwelt der meisten Betroffenen aussieht. Ich garantiere Dir, dass Du hundert Jahre affirmieren und positiv denken kannst, ohne auch nur den geringsten Erfolg zu haben, wenn Du es nicht schaffst, Dich vom destruktiven Denken zu lösen.
Deshalb: Lade Dich mit lebensbejahender Energie auf! Wenn Du einen Jobwechsel planst, damit Du besser verdienst, „sieh" Dich in Deiner angestrebten Tätigkeit! „Fühle" das befreiende Gefühl, das Dich in dem Moment erfüllen wird, wenn Du den Arbeitsvertrag unterschrieben hast, in jeder Faser Deines Körpers! Versetze Dich in die jeweilige Situation, drehe Dir Deinen geistigen Erfolgsfilm, fühle Dich als gut verdienender Mensch, der an seiner Arbeit Freude hat, und vor allem: sei dankbar dafür, dass es so sein wird!

Affirmation:
Ich bin an dem Ort meiner Bestimmung angekommen. Ich habe die ideale Arbeit gefunden. Ich bin ein Magnet für Firmen mit gutem Betriebsklima, und mein Einkommen entspricht meinen Vorstellungen.

Merze ab sofort jeglichen Gedanken an Negatives in Dir aus, egal welcher Art er sein mag, und ersetze ihn durch positive Zielbilder. Hör Dir Deine

Lieblingssongs an und singe mit, triff Dich mit positiven Menschen, geh auf Feste, schau Dir lustige Filme an, und vor allem: erzeuge durch gezielte Affirmationen Freude und Harmonie in Dir. Du musst bereits *in Dir* haben, was Du verwirklichen willst. Es ist manchmal einfach nötig, den Blick zu den Sternen zu heben, um die Orientierung nicht zu verlieren. Du selbst bist ein bedeutender Teil des gewaltigen kosmischen Ganzen. Wenn Du Dich aber klein, arm und unbedeutend fühlst, verleugnest Du die Größe der Schöpfung.

Dr. Joseph Murphy sagte: „Was Sie glauben, werden Sie. Sie manifestieren in Ihrer Welt und verwirklichen in Ihrem Leben das, was Sie tatsächlich über sich selbst glauben und für wahr halten". Denkst Du also an Deinen Mangel, egal ob es Geld-, Gesundheits- oder Partnerschaftssorgen sind, manifestiert er sich in Deinem Leben. Ein „Bei mir klappt das nicht" darf es für Dich nicht mehr geben! Du darfst an der Erreichbarkeit Deiner Wünsche nicht zweifeln! Dein bewusstes Denken und Dein subjektives Empfinden müssen beide „Ja!" zu Deinen Wünschen sagen! Füttere sie mit Glaubenssätzen wie: „Das schaffe ich mit Garantie!", und „Ich vertraue darauf, und bin dankbar dafür!"

Also:
- *Vergegenwärtige Dir noch einmal: Affirmationen mit dem Ziel, sich positiv zu programmieren, haben nur dann eine Erfolgsaussicht, wenn sie von ausdrucksstarken, lebensbejahenden und positiven Gefühlen und Zielbildern begleitet werden.*
- *Verinnerliche Dir die Überschrift dieses Kapitels und trenne Dich wahrhaftig von Zweifel, Mangeldenken und der Angst zu versagen. Schreibe Dir stattdessen dick auf die Stirn, und am besten zusätzlich auf den Badezimmerspiegel oder einen anderen Gegenstand, den Du täglich benutzt: Ich bin bis über den Tellerrand erfüllt von Mut, Zuversicht und dem absolut felsenfesten Glauben an mein Glück und meinen Erfolg!*

Viele mögen nun einwenden, dass negative Muster nicht einfach „wegzudenken" und „wegzuglauben" sind. Wie schon gesagt: Es geht nicht um ein „Wegdenken", sondern Du sollst negative Emotionen nachhaltig und konsequent durch positive ersetzen! Fang bescheiden an und verlange nicht gleich am Anfang zu viel von Dir! Damit kannst Du nur scheitern! Vertraue Dir selbst und gib Dir Zeit! Du kannst nicht alle Probleme, die sich über Jahre hinweg aufgestaut haben, innerhalb kürzester Zeit einfach wegaffirmieren. Es geht immerhin um eine vollkommene Veränderung Deines Lebens und Deines ganzen Wesens hin zum Positiven! Lass Dich deshalb auch von kurzfristigen Rückschlägen nicht entmutigen! Es geht hier um eine große Veränderung in Deinem Leben, aber das mit Langzeitperspektive!

VON DER ANGST

Sag nie mehr: Ich kann das nicht!
Werde ein mutiger Mensch

So motiviert wir unseren Glauben stärken und so konsequent wir unsere Zweifel auszumerzen versuchen, es sitzt eine hemmende Kraft in uns, die unser mächtigster Gegenspieler ist. Aus ihr erwachsen in letzter Konsequenz all unsere Zweifel, unsere Sorgen und der negative Glaube, der uns lähmt: Wir nennen sie „Angst".

Angst verwirrt und blockiert uns, sie sät Zweifel und lässt Unkraut in unserem seelischen Garten sprießen. Ängste gehören zu den schlimmsten aller Übel, denn sie wirken wie ein hartnäckiges Geschwür, das Dich an Deiner vollkommenen Entfaltung hindert. Wovor auch immer Du Angst verspürst – sei es die Angst davor, eine Krankheit nicht besiegen zu können, die Angst, Deine beruflichen Visionen nicht verwirklichen zu können oder die Angst, nicht die wahrhaftig von Liebe erfüllte Partnerschaft zu finden: Um welche Angst es sich auch handeln mag, sie beruht, wie so vieles im Leben, einzig und allein auf Deinem „falschen" Glauben. Wer die universellen Wahrheiten wie Liebe, Fülle, Harmonie und Friede *tatsächlich* erfasst hat, der kann seinen Ängsten überhaupt keine Nahrung mehr geben. Denn Ängste sind nur so lange aktiv, wie Du sie immer wieder mit negativen Gedanken fütterst.

Aus den vorhergehenden Kapiteln über den Glauben und den Zweifel solltest Du verinnerlicht haben: Wollen wir unser Leben wirklich frei und selbstbestimmt in die Hand nehmen, benötigen wir einen dauerhaften *unerschütterlichen* Glauben! Diesen aufzubringen fällt aber den meisten Menschen unsagbar schwer. Stattdessen breiten sich in ihnen diverse Ängste krankhaft aus und sie geraten in einen wahren Angst-Strudel, der ihre Situation nur noch weiter verschlimmert. Was in meinen Augen aber das Schlimmste ist: Sie geben ihren falschen „negativen" Glauben Generation für Generation an wehrlose Geschöpfe weiter – ihre Kinder! Es gibt unzählige Maskierungen, in denen die Angst auftritt, und einige von ihnen können unserem privaten Glück und unseren beruflichen Vorhaben mächtige Steine in den Weg legen. Eine spezielle Form der Angst ist das ewige „Ich bin nicht gut genug" und „Ich kann das nicht".

Auch hier wurde ein Programm in uns installiert, das es schnellstens zu löschen gilt. Ab damit in den Papierkorb!

Ja, tu das wirklich!

Schreibe jeden dieser beiden Sätze auf ein separates Blatt Papier, schau es Dir genau an, und dann wirf es in hohem Bogen in den Müll oder verbrenne es!

Die Hauptursache dafür, dass wir meinen, etwas nicht zu können, liegt in erster Linie darin begründet, dass wir voller Ängste sind. Stell Dir einmal eine herausfordernde Tätigkeit vor, die im ersten Augenblick Deine Beine zittern lässt. Nehmen wir als Beispiel die chronische Angst vieler Menschen, vor einer großen Gruppe sprechen zu müssen. Sehr viele Menschen behaupten, das „einfach nicht zu können". Hinter derartigen Reaktionen und negativen Glaubenssätzen steckt vor allem eins: *Versagensangst*. Womit wir schon wieder beim Thema wären. Die Angst davor, sich vor der Masse zu blamieren, kein Wort heraus zu bekommen, das Falsche zu sagen oder die Zuhörer zu langweilen, ist für Betroffene eine schreckliche, aber auch sehr diffuse Angst. Oft können sie sich selbst nicht erklären, woher ihre Angst eigentlich kommt. Trotzdem füttern sie sie unaufhörlich weiter mit ihrem ständigen „Ich kann das nicht". Wie fatal das auf ihr Unterbewusstsein wirkt und welchen Kreislauf sie dadurch aufrechterhalten, habe ich zur Genüge erklärt. Wenn Du Dich also in dieser großen Menschengruppe wiederfinden solltest oder vergleichbare Probleme hast, weißt Du bereits, was zu tun ist. Falls nicht, lies noch einmal aufmerksam die Kapitel über das Unterbewusstsein und den Glauben!

Die Basis für eine Vielzahl unserer Ängste liegt in der Vergangenheit der Menschheitsentwicklung. Mehr als wir uns dessen bewusst sind, werden wir Menschen nach wie vor von unseren „Urängsten" gesteuert, von Ängsten also, die zu bestimmten Zeiten unserer langen Entwicklungsgeschichte begründet, ja, sogar notwendig waren. Zu diesen Ängsten zählt allen voran die Todesangst. Sie ist besonders tief in uns verwurzelt und zeigt sich ständig im täglichen Umgang mit unseren Mitmenschen, vor allem dann, wenn wir in ihr „Revier" eindringen. Wenn

Du beruflich etwa im Vertrieb arbeitest und auf Neukundengewinnung angewiesen bist, verspürst Du oft eine Angst vor dem Telefon. Das klingt doch eigentlich lächerlich, oder? Angst vor dem Telefon? Aber jeder Vertriebler kennt diese Angst. Warum ist das so? Wovor haben wir denn da konkret Angst? Wir dringen durch unseren Anruf in die Privatsphäre fremder Menschen ein. Wären wir in einem Western und machten es wie der „Klinkenputzer" der siebziger und achtziger Jahre, müssten wir damit rechnen, entweder von einem Hund angegriffen oder gleich das Gewehr an die Stirn gehalten zu bekommen. In der Urzeit hätten wir nicht gewusst, ob aus der nächsten Höhle ein Bär, ein Rudel Wölfe oder ein gegnerischer Stamm schießen und unserer Existenz einfach mal schnell ein Ende bereiten würde. Außerdem steckt in uns auch die Urangst, zu verhungern – und keine Abschlüsse bedeuten kein Geld und in letzter Konsequenz: kein Essen. Ähnlich ist es beim Flirten. Weshalb hat man solch große Angst davor, den Menschen an der anderen Seite der Theke anzusprechen? Ja, auch hier haben wir Angst, nämlich Angst vor Ablehnung; und früher, in unserer Kindheit, bedeutete Ablehnung für viele von uns etwas sehr Schlimmes. Und so nehmen wir, statt ein Risiko einzugehen, durch unser Nichtstun lieber in Kauf, ständig auf der Stelle zu treten und vergeben auf diese Weise viele Chancen, im Leben weiter zu kommen und uns unsere Träume zu erfüllen.

Viele dieser Urängste und Urinstinkte entsprechen nicht mehr – oder zumindest nur noch stark entschärft – unserer modernen Lebenswirklichkeit. Und doch beherrschen sie uns unterbewusst, führen beispielsweise zu übersteigertem Sicherheitsdenken und zu Profilierungs- und Erfolgszwang. Auch das Programm, das uns vermittelt, wir müssten uns durchs Leben „kämpfen" und unsere Existenz diene vor allem dem Zweck der Arterhaltung und der Versorgung von Familie und Nachwuchs, beherrscht unterbewusst einen Großteil unserer Entscheidungen – sei es bei der Partnerwahl, bei der Wahl des richtigen Jobs oder beim Erreichen bestimmter Machtpositionen. Teure Autos zu fahren, durch berufliche Positionen und Geld zu beeindrucken, all das dient in letzter Konsequenz neben der Befriedigung unseres Egos Zwecken des Überlebens- und Konkurrenzkampfes und der Arterhaltung. Wer Du auch sein magst, nimm diese Tatsache ernst und ziehe Deine eigenen Schlussfolgerungen daraus! Lass vor allem auf keinen Fall länger zu, dass Deine eigenen Urängste Dich weiter durchs Leben treiben wie der Bauer das Pferd vor dem Pflug!

Weg mit der Angst!

Wie auch immer sich Ängste in unserem Denken, Fühlen und Handeln äußern mögen, wenn wir unser Sein und unser Leben entfalten wollen und nach *wirklicher* Erfüllung streben, müssen wir uns unserer noch so versteckten Ängste bewusst werden und uns mit ihnen konfrontieren! Nur so werden wir nämlich erkennen, dass sie uns im Grunde nur belügen und an unserer freien Selbstentfaltung hindern. Erst wenn wir es geschafft haben, unsere Ängste zu entmachten, werden wir auch den felsenfesten Glauben aufbringen können, der zum Erreichen unserer Ziele notwendig ist!

Willst Du Dich also ernsthaft daran machen, große Veränderungen in Deinem Leben zu bewirken, wirst Du konsequent an Dir arbeiten müssen. Wenn Du über einen langen Zeitraum immer wieder mit Ängsten konfrontiert wurdest, kannst Du nach allem, was Du bisher über das Unterbewusstsein und seine Funktionsweise gelernt hast, sicherlich erahnen, wie viele negative Dateien Du auf Deiner „Festplatte Unterbewusstsein" gespeichert hast. Diese Ängste gilt es jetzt - wie Viren - unschädlich zu machen.

Der erste Schritt, um Deine Ängste aufzulösen, wird zunächst sein, dass Du lernst, Dich wirklich einmal frei von allen üblen Gedanken zu machen. Aber nicht das krampfhafte „Wollen um jeden Preis" wird Dich hier befreien, sondern das tiefe Vertrauen in die Schöpfung und in die unendliche Kraft Deines Unterbewusstseins. Du hast eine wundervolle Kraftquelle in Dir: Deine Glaubenskraft, die Dich dabei unterstützt, in Deinem Inneren neue Glaubenssätze zu schaffen und auf Deiner „Festplatte Unterbewusstsein" zu speichern. Wenn Du nicht zu viele negative Muster in Dir hast, kannst Du mit folgender Methode sehr gute Ergebnisse erzielen.

Übung

Nimm Dir mindestens zwei- bis dreimal am Tag die Zeit, Dich bequem hinzulegen und in einen völlig entspannten Zustand zu gelangen. Techniken dazu findest Du im Kapitel *Wege zur Entspannung und Körperübungen*. Lass nun langsam alle Gedanken los und erwecke innere Bilder, in denen Du Dich als starke Persönlichkeit erlebst. Visualisiere, wie Du frei von Ängsten Deine Aufgaben angehst und von anderen Menschen für Deine Selbstsicherheit bewundert wirst. Fülle Deinen Geist mit Gedanken und Bildern von Stärke und Selbstbewusstsein. Erlebe Dich in Deinen geistigen Bildern genau so, wie Du sein möchtest, und zwar jeden Tag immer und immer wieder! Wenn Du konsequent bist, wird Dein Unterbewusstsein diese tägliche positive Beeinflussung als „Auftrag" verstehen und Deine innere Gefühlswelt genau an diese Bilder anpassen. Du hast nichts weiter zu tun, als Dein Unterbewusstsein von der Idee Deiner geistigen Bilder zu überzeugen. Stell Dir vor, Dein Unterbewusstsein wäre ein kleines Kind und Du müsstest ihm in Form eines Bilderbuchs zeigen, was es tun soll. Verhalte Dich genauso, und wie das Kind wird auch Dein Unterbewusstsein sehr bald verstehen, was Du von ihm möchtest. Wenn Du es wirklich – ohne wenn und aber – willst, wird Dein Unterbewusstsein diese Bilder Wirklichkeit werden lassen. Diese kinderleichte Methode funktioniert immer, sofern Du nicht zu starken Ballast in Dir trägst. Sollte das der Fall sein und Du schaffst es nicht allein, Deine negativen Muster aufzulösen, geistig in Dir aufzuräumen und Deine „Altlasten" zu entsorgen, kannst Du Dir auch von einem erfahrenen Coach dabei helfen lassen. Ganz nebenbei bemerkt ist das heutzutage vor allem im Kreise Prominenter und anderer Erfolgsmenschen völlig gang und gäbe.

Den Mut zu verlieren ist die größte Sünde

Es gibt mehr Leute, die kapitulieren, als solche, die scheitern.
(Henry Ford)

Anstatt uns über die Erbsünde und über ähnliche krankmachende Vorstellungen Gedanken zu machen, sollten wir uns lieber mit der einzig *wirklichen* Sünde auseinandersetzen: Aufgeben und den Mut verlieren! Es spielt überhaupt keine Rolle, um welchen Lebensbereich es sich handelt, wir dürfen niemals damit aufhören, selbstbewusst unseren Weg zu gehen. Hast Du in der Vergangenheit Rückschläge erlitten und hast du jetzt das Gefühl, in bestimmten Situationen keine Kraft mehr zu haben? Bist Du es leid, bestimmte Dinge immer wieder zu tun, weil sie so oft schon nicht funktioniert haben, oder hast Du Dich damit abgefunden, in Mittelmäßigkeit zu leben, weil Du Wohlstand für Dich inzwischen als unerreichbar betrachtest?

Völlig egal, um was es geht - und wenn es das Kapitulieren vor einer schweren Krankheit sein mag -, Du darfst Dich niemals, aber wirklich *niemals* geschlagen geben! Du musst Dir immer das Streben in Dir erhalten, Deinen Gedanken Gestalt verleihen zu wollen. Nur weil andere Dir *voraus* sind und Du womöglich am Boden liegst, heißt das noch lange nicht, dass Du Dein Glück nicht doch noch finden kannst. Vergleiche Dich *niemals* mit anderen, denn Deine Einzigartigkeit ist es, die Dich zum Dasein berechtigt. Wer das Gefühl, den Mut zu verlieren, in sich trägt, hat lediglich zu viele schädliche Programme in seinem Unterbewusstsein installiert. Durch den Zweifel, der durch vergangene Erlebnisse hartnäckig in Dir festsitzt, kann sich kein wirklicher Glaube mehr entwickeln. Dieses Programm, Dein ganzer *negativer* Glaubensballast, kann aber gelöscht werden, wenn Du konsequent die in diesem Buch beschriebenen Gesetzmäßigkeiten lebst und anwendest.

In diesem Zusammenhang ist es mir ein von Herzen kommendes Anliegen, das Angst schürende Thema der *Sünde* aufzugreifen, wie es in vielen Religionsauslegungen propagiert wird. Viele Theologen verbreiten das geistige Virus, dass „die Sünde" eine von uns Menschen begangene Schuld sei, für die wir von Gott gerichtet würden. Nehmen wir doch einmal das Buch aller Bücher zur Hand. Im griechischen Text des neuen Testaments wird für den Begriff der Sünde sehr oft das Wort „hamartia" (αμαρτια) verwendet. Dieser Begriff bedeutet ursprünglich so viel wie „das Ziel verfehlen". Wenn wir die Sünde aus diesem Blickwinkel betrachten, also als eine *Zielverfehlung auf unserem Weg*, dann könnten Millionen unnützer Komplexe und Schuldgefühle abgebaut werden, die so viele Menschen auf der ganzen Welt vollkommen unnütz quälen. Wegverfehlungen korrigieren und aus freien Stücken für die Folgen unserer Taten gerade stehen können wir nur dann, wenn wir unsere Ängste überwunden haben. Nur auf diese Weise können wir zu uns selbst und zurück zum wahren Glauben finden. Die klassische theologische Auslegung des Begriffs der Sünde hat nur eine Folge: sie schürt Ängste und macht krank!

Geschichte einer Sünderin

Eine Frau Anfang dreißig erzählte mir im Coachinggespräch eine entsetzliche, aus meiner Sicht filmreife, Geschichte. Sie hatte eine fünfzehnjährige Tochter und plagte sich seit deren Geburt mit ständig wechselnden Krankheitssymptomen herum. Nur wenige Minuten nach dem Beginn unseres Gespräches brach sie in Tränen aus und erzählte mir, sie habe das unerträgliche Gefühl, eine „Sünderin" zu sein. Sie fragte mich, ob ich sie von diesen Gedanken befreien könne. Die junge Frau stammte aus einer ländlichen, streng katholischen Familie, die an mittelalterlichen Ansichten und Sitten nicht zu übertreffen war. Als sie mit ihrer Tochter schwanger ging, war sie gerade 17 Jahre alt und zur großen „Schande" der Eltern und der Kirche auch noch unverheiratet. War sie ohnehin schon von tiefsten Schuldgefühlen geplagt, sagte auch noch ihre Mutter zu ihr: „Gott bestraft alle Sünden, und wahrscheinlich wirst Du in Deinem Leben kein zweites Kind gebären können, und wenn Du Pech hast, wirst Du auch noch von Krankheiten heimgesucht." Schließlich brachte die Mutter ihre Tochter zum Dorfpfarrer, dem sie die große „Sünde" beichten sollte. Dieser erzählte dem damals noch jungen Mädchen, dass „Gott solche Sünden verurteilen würde". Sie beichtete brav und versprach, ab sofort nie wieder zu sündigen. Durch die frühe Geburt ihrer Tochter hatte sie keine Berufsausbildung absolvieren können und stand nun vom Erzeuger des Kindes verlassen auf der Straße.

Nach unzähligen gescheiterten Versuchen, eine Arbeitsstelle zu finden, entschied sie sich aus ihrer Verzweiflung heraus, als Prostituierte zu arbeiten. Wie das Leben manchmal so spielt, stand in ihrem Etablissement auf einmal ein alter Bekannter der Familie vor ihr, ein „feiner" und „gut bürgerlicher" Herr und braver Kirchengänger. Er hatte natürlich „nie" die Absicht gehabt, mit einer Prostituierten zu schlafen. Vielmehr wolle er sich mit seinen Freunden nur einmal „dieses Elend" ansehen. Um die Geschichte abzukürzen: Selbstverständlich erfuhren die Eltern der jungen Frau kurze Zeit später von ihrem „Job" und die Katastrophe war perfekt. Am nächsten Tag hängte sie ihre Tätigkeit an den Nagel und schlug sich fortan mit allen möglichen Aushilfsjobs durchs Leben. Vor ein paar Jahren lernte sie dann ihren Traummann und heutigen Ehemann kennen, und die Welt schien es wieder gut mit ihr zu meinen. Doch eines blieb: Die krank machende Aussage ihrer Mutter, dass sie von Krankheit verfolgt werden und als Sünderin womöglich kein Kind mehr gebären könne, war, ohne dass sie sich dessen wirklich bewusst war, als übelbringende Datei in ihrem Unterbewusstsein gespeichert geblieben. Über zehn Operationen und unzählige Versuche einer künstlichen Befruchtung scheiterten, chronische Magen-Darm-Beschwerden und eine anhaltende Migräne begleiteten sie über Jahre hinweg. Kein Arzt wusste ihr zu helfen, und längst hatte sie begonnen, selbst an das Märchen zu glauben, dass ihr Elend eine von Gott auferlegte Strafe sei. Es gelang mir während eines Coachings zusammen mit der jungen Frau, die üblen Selbstsuggestionen aufzulösen, die in ihrem Unterbewusstsein so großen Schaden angerichtet hatten. Ich erklärte ihr, dass die Sünde in der Form, wie sie an sie glaubte, nicht existiere. Sie argumentierte dagegen: „Ja, aber in der Bibel steht doch, dass Huren Sündige sind." Ich entgegnete, dass sie es einmal aus dem Blickwinkel betrachten solle, dass die Sünde eine „Zielverfehlung" sei. In ihrem Fall bedeute das, dass sie sich nicht ihrer schöpferischen Fähigkeiten bewusst gewesen sei, ihre eigentliche „Berufung" damit nicht erkennen konnte und nur aufgrund ihres „Nicht-Bewusstseins" ihren Körper verkauft habe. Die Sünde, also die Zielverfehlung, liege bei ihr nicht in der Tatsache, dass sie als Prostituierte gearbeitet hatte, sondern in ihrem fehlenden Bewusstsein dafür, wie sie durch ihre geistigen Fähigkeiten ihr Leben voll und ganz hätte entfalten können. Es dauerte etwas, aber schließlich konnte die junge Frau mit unserer Hilfe diese für sie vollkommen neue Sichtweise

annehmen und sämtliche Gefühle von Schuld und Sünde loslassen.
Ein halbes Jahr später kontaktierte sie mich und überbrachte mir die
freudige Nachricht, dass sie ihr zweites Kind erwarte und sich ihre
Krankheitsbilder völlig aufgelöst hätten. Mittlerweile arbeitet sie in
einer Modefirma in führender Position.

Von Astrologie und Hellsehen

Zu Beginn habe ich über die vielen Ratgeber und Lebensphilosophien
gesprochen, die wie Sand am Meer im Umlauf sind, und es liegt
mir wirklich fern, Menschen von ihrem Glauben abbringen zu wollen.
Aber Dich, der Du Dich für den Weg des wahren positiven Denkens
entschieden hast, möchte ich für Themen sensibilisieren, die Dich auf
Deinem Weg behindern können, einfach weil sie Ängste verursachen
und Dein Unterbewusstsein manipulieren können. Ich wiederhole
an dieser Stelle noch einmal: Du bist kein Opfer irgendeines bösen
Schicksals, sondern ein Opfer Deiner verkehrten Denkstrukturen. Das
bedeutet auch, dass Du keinem Schicksal ausgeliefert bist, sondern es
Dir vielmehr selbst erschaffst. Aufgrund dieses Zusammenhangs messe
ich auch einer Astrologie keinerlei Bedeutung bei, die uns irgendwelche
Schicksale vorhersagt, denen wir schutzlos ausgeliefert sind oder die uns
vorgaukelt, es würden wunderbare Dinge in unserem Leben geschehen,
ohne dass wir auch nur einen Finger dafür krumm machen müssten.

Ich appelliere an Dich, Dir über dieses Thema sehr intensiv Gedanken
zu machen, denn auch hier wird der Großteil der Bevölkerung vom
„Massenbewusstsein" gesteuert. Beispielsweise ist das Lesen von Tages-
horoskopen für Millionen von Menschen Normalität, und genau deshalb
hat sich eine geistige Datei gebildet, die uns glauben lässt, dass wir
von diesen Vorhersagen beeinflusst werden. Tatsächlich sind es aber
nicht die Prophezeiungen oder bestimmte Sternenkonstellationen, die
für bestimmte Geschehnisse verantwortlich sind, sondern wir selbst,
indem wir ihnen Bedeutung beimessen und ihnen Glauben schenken,
was ihnen Macht über unser Unterbewusstsein verleiht. Sobald Du
verstanden hast, dass Du der absolute und alleinige Entscheider über

Dein Lebensglück bist, wirst Du solchen Vorhersagen keine Bedeutung mehr beimessen. Ich stelle immer wieder mit Erschrecken fest, wie viele Menschen daran glauben, dass ihr Leben durch ihr Sternzeichen oder irgendwelche Vorhersehungen belastet sei, und ich erlebte unzählige Male, dass mich Coachingteilnehmer nach einem Termin beim Astrologen oder Hellseher völlig verstört aufsuchten.

In diesem Zusammenhang erinnere ich mich gerne an Katja, eine österreichische Geschäftsfrau. Katja gab Unmengen an Geld für astrologische Beratungen aus und landete letztendlich in der Abhängigkeit. Sie stellte mir die Frage: „Herr Huber, warum habe ich so ein belastetes Leben und kann nicht wie andere Menschen auch die persönliche Erfüllung finden?" Sie erzählte mir, dass sie seit Jahren mit einem „Astrologen und Seher" in Kontakt sei, der sie auf Basis seiner Sehungen „beraten" hatte. Und so gut wie alle Vorhersagen seien auch immer eingetroffen, wie zum Beispiel diejenige, dass es ihr nicht bestimmt sei, ein Kind zu bekommen. Sie war zweimal schwanger gewesen und hatte beide Male ihr Kind verloren. Der Seher prophezeite ihr weiter, dass sie nur Erfolg haben könne, wenn sie im „richtigen Rhythmus der Sterne" handle, und von störenden Energien sei sie auch noch besessen. Ich erklärte ihr, dass dies in meinen Augen absoluter Unsinn sei und wie stark in ihrem Fall die Kraft der Eigensuggestion wirke. Natürlich können Vorhersagen von so genannten Sehern in Erfüllung gehen, aber nur wegen des Glaubens an sie, denn „was ich gefürchtet habe, ist über mich gekommen" (Hiob 3:25).

Nehmen wir also solche Behauptungen in unser Bewusstsein auf und unterstützen sie mit Emotionen, wirken sie als gewaltige Autosuggestionen, die tatsächlich in Erfüllung gehen können. Doch die Ereignisse geschehen nicht aufgrund eines Schicksals, das uns Böses will, sondern deshalb, weil der „Gläubige" sich durch solche Autosuggestionen sein bedauernswertes Schicksal selbst schafft. Auch Katja nahm diese Erkenntnis in ihr Bewusstsein auf, indem sie jeden Tag die beiden folgenden Affirmationen anwandte:

• *Ich übernehme die volle Verantwortung für mein Leben und bin selbst der Entscheider meines Glücks.*

• *Ich entscheide mich für das absolute Glück in meinem Leben und lasse alle inneren Widerstände in Liebe los.*

Mittlerweile hat Katja eine gesunde Tochter, und ihre Geschäftstätigkeit konnte sie inzwischen auch ohne das ständige Berücksichtigen von Sternenkonstellationen erfolgreich ausbauen.

Fazit:
Du hast Dein Leben ganz allein durch Deinen Glauben in der Hand, und nur Du bist der alleinige Entscheider über Dein Schicksal.

Alles, was nicht unserem Besten dient, alles, was uns an unserer Entfaltung hindert und alles, was uns keinen Erfolg haben lässt, ist letzten Endes die einzige Sünde, die wir begehen. Diese Sünde ist aber nur ein Verirren auf dem Weg zu unserem Lebensglück, und diesen „Umweg" können wir nur durch unser Bewusstsein und unsere Selbsterkenntnis korrigieren.

WICHTIGE GEISTIGE ZUSAMMENHÄNGE

Wenn ich bisher geschrieben habe, dass es keine Sünde im theologischen Sinne, also keine böswillige göttliche Bestrafung unserer Verfehlungen, gibt, so stellt sich allerdings doch die Frage, ob wir auf unserem Weg zum Glück sorglos *alles* tun und lassen dürfen, was unseren Wünschen und Zielen dienlich ist. Auch fragt sich, warum wir trotz allem bestimmte Dinge zu erdulden haben und uns Dinge widerfahren, die wir aus unserer Sicht nicht verdient haben.

Ursache und Wirkung

Alles, was wir aufgrund unserer Taten, Gedanken und Aussagen erleben, hat nichts mit Sünde oder willkürlicher Bestrafung zu tun, sondern unterliegt dem *Kausalprinzip*, also dem Gesetz von Ursache und Wirkung. Jegliches Geschehen auf dieser Welt beruht auf diesem einfachen und ewig gültigen Gesetz. Gemäß diesem Prinzip gibt es absolut kein Ereignis, das als Bestrafung, Belohnung oder aufgrund eines „Zufalls" geschieht. Vielmehr ist es immer die Auswirkung einer wie auch immer von uns durch Gedanken oder Taten gesetzten Ursache. Einfach alles beruht auf diesem Prinzip, und es ist extrem wichtig, dass Du das verstehst! Durch alles, was Du tust, ja, durch alles, was du glaubst und auch nur denkst, setzt Du Ursachen, die zu einem späteren Zeitpunkt als Wirkung zu Dir zurückkehren.

Jeder einzelne Deiner Gedanken setzt Ursachen,
für die Du gerade stehen musst!

Denken oder Handeln wir destruktiv, so wird das eine unausweichliche *Folge-Wirkungs-Kette* in Gang setzen. Das heißt, dass genau das von uns verursachte Destruktive als unabwendbare Wirkung zu uns zurückkommen wird, selbst wenn es manchmal ein halbes Leben dauern mag, bis uns die Folgen einholen. Alle guten Gedanken und Handlungen werden auf dieselbe Weise positive Konsequenzen nach sich ziehen. Es gibt also für alles einen Grund, nichts geschieht durch Zufall, eine Aktion löst automatisch eine Gegenreaktion aus. Deshalb solltest Du auch aufhören, von *Glück* oder *Zufall* zu sprechen, denn diese Begriffe sind nur Bezeichnungen für einen nicht erkannten Zusammenhang der Dinge: Nichts geschieht uns *zufällig!*

Dein ganzes Leben ist die pure Auswirkung der Gedanken, Aussagen und Taten, die Du in der Vergangenheit – sei es auch noch so unbewusst! – als Ursachen gesetzt hast. Oder warum sonst sagte Buddha: *„Alles, was wir sind, ist ein Resultat dessen, was wir gedacht haben."* Alles, was Du von Kindesbeinen an erlebt hast, kommt heute durch Dich als Person zum Ausdruck. Jede Eigenschaft, jede Eigenart und einfach alles, was Du heute bist, ist die Folge Deiner vergangenen Gedanken, Empfindungen und Glaubenssätze. Bereue deshalb auch Deine Vergangenheit nicht, denn ohne sie hättest Du nicht all diese Lernprozesse durchlaufen, die Dir einen unschätzbaren Gewinn an Weisheit gebracht haben. Alles, was Du heute hast, ob viel oder wenig, ob du glücklich oder unglücklich bist, es ist nur das Realität geworden, was Du zuvor geglaubt hast, weil Du selbst die Ursachen dafür gesetzt hast. Das muss nicht bedeuten, dass Du es so wolltest, aber Du hast es geglaubt. Keiner will krank, ungeliebt oder erfolglos werden; stelle ich mir aber vor, krank, ungeliebt oder erfolglos zu sein, oder habe ich Angst davor, lade ich den bloßen Gedanken mit Emotionen auf, und er wird Wirklichkeit.

Das Schöne und vor allem Faire an diesem Kausalprinzip ist, dass wir unsere Gedanken jederzeit ändern und unsere Zukunft dann nach unseren Wünschen gestalten können. Achte ab sofort genau auf Deine Gedanken, Überzeugungen und Meinungen und wähle sie mit Bedacht, denn sie sind Werkzeug und Verursacher Deines zukünftigen Lebens! Mit dieser Erkenntnis hast Du einen unbezahlbaren Schatz an die Hand bekommen – werde Dir über seinen unglaublichen Wert bewusst! Nur eine einzige Person ist für Deine Harmonie und Lebensfreude verantwortlich: Du selbst!

Bedenke ab sofort, dass durch all Deine Gedanken, Gefühle und Handlungen Wirkungen entstehen. Wenn Du in irgendeiner Form Hass empfindest, wird genau dieser Hass in der gleichen Intensität als Wirkung auf Dich zurückfallen. Sendest Du der Welt und Deinen Mitmenschen Liebe aus, wird diese auch in derselben Form wieder zu Dir zurückkehren. Wie uns die Geschichte von der Sünderin gezeigt hat, wirst Du bei dem Gedanken, irgendwelche Sünden begangen zu haben, selbst Leid in Dein Leben ziehen, weil Du durch den Glauben daran die Ursachen dafür setzt. Achte künftig darauf, und verbanne Hass, Angst, Wutgefühle und Selbstverurteilung, denn die Gedanken an sie sind Energien, die irgendwann als Wirkung zu Dir zurückkommen werden. Achte auch vor allem auf Deine Ängste! Fürchtest Du Dich beispielsweise ständig um Deine Kinder oder Deinen Partner, wirst Du genau das für sie anziehen, was Du befürchtest.

Häufig kontaktieren mich Menschen, die in einer handfesten Lebenskrise stecken und kein „Licht am Ende des Tunnels" sehen. Diese Art von Krisen sind meist ebenfalls Wirkungen, die durch eine Ursache-Wirkungs-Spirale entstanden sind, die die Betroffenen selbst in Gang gesetzt haben. Wenn Du beispielsweise die Angst verspürst, betrogen zu werden, dann setzt Du mit diesen negativen Emotionen die Ursache dafür, dass Du früher oder später tatsächlich Leid in dieser Form ertragen werden musst. Oder begleitet Dich ausbleibender Erfolg bei Deinen Vorhaben? Dann hast Du selbst irgendwie die Ursache dafür geschaffen und musst nun die Folgen tragen und lernen, wie du aus Deinem selbst geschaffenen Jammertal wieder einen Ausweg findest. Nichts geschieht „einfach so", und nichts geschieht, ohne dass Du selbst dafür nicht die Ursachen gesetzt hättest. Wenn Du Dir einmal darüber bewusst geworden bist, wirst Du Dir auch über unzählige Ereignisse aus Deiner Vergangenheit bewusst werden, die Du selbst durch Ängste oder Mangeldenken verursacht hast. Du wirst ein völlig neues Verständnis für den Verlauf Deines Lebens bekommen, denn Du wirst begreifen, dass Du Dir all Dein Erleben – egal ob positiver oder negativer Art – selbst zuzuschreiben hast.
Es gibt daher in der Schöpfung weder Zufall, Belohnung noch Strafe, es gibt nur Ursache und Wirkung. Das ist eine ganz klare Gesetzmäßigkeit.

Wer nicht hören will, muss fühlen

Das einzige wirkliche Abenteuer auf dieser Welt bist Du selbst! Alles Leid ist ein selbstgeschaffener Zustand, den wir irgendwann angefangen haben zu akzeptieren. Ich möchte Dir die Gründe für negative Erlebnisse im Leben aufzeigen und Dich ermutigen, sie von Deiner „Festplatte" zu löschen. Bist Du ein Mensch, der immer schon vorher erwartet, dass etwas schief geht? Bist Du in ständiger Sorge, dass dies und jenes nicht eintreffen oder womöglich irgendetwas Schlimmes passieren könnte? Völlig egal, welche Form von Negativität Du fühlst oder ausstrahlst: Wer mit dem Teufel einen Pakt schließt, sollte auch das Kleingedruckte lesen. Damit meine ich, dass Du Dir darüber im Klaren sein musst, dass aufgrund des Gesetzes von Ursache und Wirkung jegliche Form von Destruktivität, die Du in Dir hast, wie ein Bumerang von Dir ausgeht und zuverlässig zu Dir zurückkommt – und hier zählen auch schon allein Deine Gedanken und alles, was Du sagst, als Ursachen!

Wenn wir an dieser Stelle das viel zitierte *Gesetz der Anziehung* ins Spiel bringen – das letzten Endes nichts weiter als eine spezielle Interpretation des Gesetzes von Ursache und Wirkung ist –, wissen wir, dass jede Gemütshaltung, ob positiv oder negativ, Schwingungen auslöst. Diese Schwingungen, die wir ins Spielfeld des Lebens aussenden, kommen exakt durch die Anziehung gleicher Schwingungen zu uns zurück. Gleich und Gleich gesellt sich gern, sagt man. Also wirst Du durch negatives Denken, Fühlen, Reden und Handeln nichts anderes erleben können als den negativen Bumerang-Effekt, durch positives Denken wirst Du entsprechend Gutes in Dein Leben ziehen. Sämtliche Fehlschläge in unserem Leben können wir auf unsere Gedanken und unser Tun zurückführen. Alles Negative sowie alles Positive haben wir folgerichtig auch selbst angezogen, so hart es auch klingen mag. Wir müssen uns die uralten Weisheiten zunutze machen: Wer mit dem Bösen spielt, muss mit dem Bösen rechnen. Wer das Schwert ergreift, wird durch das Schwert umkommen. Diese Weisheiten sollen uns das Gesetz von Ursache und Wirkung nur in bildhafter Form klarmachen. Wer also das Schwert ergreift, indem er Hass, Missgunst, Neid, Eifersucht und Leid aussendet, der wird schließlich auch selbst durch dieses „Schwert" umkommen. Dieses geistige Gesetz ist so zuverlässig wie der Sonnenaufgang. Wer sich hilflos dem Leben und seinen Unwägbarkeiten ausgeliefert fühlt, sollte sich dringend darüber Gedanken machen, was er in der Vergangenheit alles ausgesandt hat. Dabei spielt es auch keine Rolle, ob andere zuerst damit angefangen haben, uns Schlechtes zukommen zu lassen. Wenn wir nach dem Motto „Auge um Auge, Zahn um Zahn" leben und es wider besseren Wissens nicht besser machen als die anderen, werden wir in einen Strudel aus Missgunst und Hass fallen, weil es dem Gesetz von Ursache und Wirkung völlig egal ist, welche Gründe hinter unserem Handeln stehen. Und hier sind, wie schon gesagt, bereits Hassgefühle als „Taten" zu werten! Nur, wenn wir uns auf uns selbst zurückbesinnen und darauf achten, statt Hass Liebe auszusenden, können wir dem Wirbelsturm „die Luft abdrehen" und aus diesem verhängnisvollen Kreislauf ausbrechen.

Es ist wirklich so einfach, erfordert aber Selbstdisziplin und standhaften Glauben. Durch unsere Anfälligkeit für Manipulationen stehen wir uns oft selbst im Weg. Wir schalten den Fernseher ein und lassen es zu, dass unsere Seele von Meldungen über Missbrauchsfälle, Betrug, Überfälle, Katastrophen, Verkehrsunfälle, steigende Arbeitslosenzahlen, schlechte Marktsituationen und sonstige Krisen überflutet wird, haben aber keine Ahnung, was dieser Giftcocktail aus negativer Energie in uns auslöst und in Gang bringt. Vor allem bestätigen uns diese Meldungen aber in unserer eigenen Negativität, und wir machen weiter, weil wir uns aus ihnen Selbstbestätigung ziehen. Werde Dir dieses perfiden Kreislaufs bewusst, der sich in unsere Welt eingenistet hat wie ein Krebsgeschwür, das langsam unsere ganze positive Energie auffrisst und der gesamten Menschheit Schaden bringt. Dann mach es besser, und entscheide Dich für die Sonnenseite des Lebens!
Auch die meisten beruflichen Fehlschläge funktionieren nach dem einfachen Prinzip: Wer nicht (auf sich selbst!) hören will, muss fühlen. Manch einer mag jetzt empört aufspringen und sagen: „Was haben die ganzen geistigen Gesetze mit meiner Situation zu tun? Wenn der wüsste, was mir alles für Steine in den Weg gelegt werden!" Trotz allem ist es aber so! Denken und glauben wir *nicht* konsequent daran, dass wir erfolgreich werden können, setzen wir damit die Sprösslinge für Fehlschläge, die uns als Hindernisse im Weg stehen werden. Gibst Du Dich mit Wenigem zufrieden, oder hast Du die Absicht, etwas Außergewöhnliches zu schaffen? Du wirst so lange Mangel leiden, bis Du die Richtung Deines Denkens und Tuns änderst.

Ich habe vor kurzem eine Fernsehsendung des Typs „Lebensberatung" verfolgt. Eine Frau schrieb dem Sender, sie stünde mit ihrem Mann vor dem finanziellen Ruin, weil sie die Raten für einen Kredit nicht mehr bedienen könnten, den sie im Rahmen einer Selbstständigkeit in Anspruch genommen hatten. Mich schockte vor allem ihr eigenes fehlgeleitetes Bewusstsein. Sie war sehr gläubig und sagte: „Mein Glaube fällt mir zunehmend schwer. Ich will doch gar keinen Reichtum, ich will nur meine Raten bezahlen können. Hilf mir!" Dieser Frau konnte nichts anderes widerfahren als eine Pleite ihrer Selbstständigkeit. Wir müssen diesen geistigen Müll nach dem Motto „Ich brauche doch nur das Nötigste" aus unserem Denken streichen. Diese Frau glaubte daran, gerade nur so viel verdienen zu dürfen, dass sie gerade mal ihre Kosten decken konnte, und ihr geschah genau nach ihrem Glauben. Ich erzähle Dir diese Geschichte, weil es vielen Menschen so ergeht wie dieser Frau. Sie ist ein Beispiel für Mangeldenken, das niemals zu Glück, Harmonie und Wohlstand führen kann.

Der renommierte Lebenslehrer Kurt Tepperwein spricht in seinen Büchern immer wieder vom „Spiel des Lebens". Stellen wir uns vor, wir sind Spieler eines Spiels, das ich „Unser Leben" nennen möchte. Die Spielregeln sind von der Schöpfung klar definiert, wir können alle Züge selbst lenken und müssen lediglich unsere persönliche Strategie entwickeln, damit uns das Spiel Spaß macht und wir am Ende in Freude und Wohlstand über Los gehen. Wer sich beim Gesellschaftsspiel Monopoly aus Angst vor Verlusten nicht traut, Investitionen zu machen, wird bald Schiffbruch erleiden und ausscheiden. So ähnlich verhält es sich in unserem Leben, denn wer keinen Einsatz mit positivem Denken und Handeln wagt, wird auch im „Spiel des Lebens" keine Gewinne erwarten dürfen.

Das Verursacherprinzip

Sei Dir immer dessen bewusst: Was von Dir ausgeht, kehrt zu Dir zurück. Pfadfinder sind bestrebt, jeden Tag eine gute Tat zu tun. Wenn Du Deinen Geist regelmäßig darauf ausrichtest, anderen eine Freude zu bereiten, sie ein bisschen glücklich zu machen, dann muss diese Freude zu Dir zurückkommen. Sie kann sogar in geballter Ladung zu Dir zurückkommen. Ebenso verhält es sich mit der Zufriedenheit: Stelle so häufig wie möglich andere zufrieden. Zu vielen Außendienstmitarbeitern sage ich immer wieder: Verzichte beim Verkauf häufiger auf Deinen Vorteil, und handle im Sinne des Kunden, denn Du wirst immer noch genug haben, und Du musst nicht immer der sein, der am meisten davon hat. Ein Kunde spürt durch die von Dir ausgehende Schwingung, zu wessen Vorteil Du handelst. Arbeitest Du in seinem Interesse, wird Dir Deine Arbeit in Form von Empfehlungen, Neugeschäften und einem Gefühl der Zufriedenheit tausendfach zurückbezahlt werden. Du wirst nie vollkommen verhindern können, dass andere Dir Schlechtes wollen, Dich übervorteilen und dass auch einmal etwas schief läuft, aber je konsequenter Du in Deiner positiven Ausrichtung bist, desto mehr wirst Du feststellen, wie Dir Positives gehäuft begegnet. Stelle also einen anderen zufrieden, und auch Du wirst Zufriedenheit erleben. Anderen Freude zu bereiten und selbst zu erleben gehört zu den wichtigsten Bedürfnissen des Menschen. Verteile reichlich davon, und sie wird in unvorstellbarer Menge zu Dir zurückkehren. Leider leben wir in einer Zeit des Egozentrismus, in der das Eigeninteresse immer über dem der Gemeinschaft steht. Besinne Dich wieder auf Deine Wurzeln und lerne, im Team zu agieren und anderen von Herzen Freude zu bereiten.

Glück, Gesundheit und Zufriedenheit sind also das Ergebnis von Gedanken, Gefühlen und Glaubenssätzen, die wir selbst ausgesandt haben und die zu uns zurückkehren. Mach andere Menschen glücklich, aber bemühe Dich dabei immer, in Deiner *Mitte* zu bleiben. Du bist immer der Hauptnutznießer dessen, was Du gibst, also öffne Dein Herz und empfange freudig, weil Du zuvor ein Gebender warst. Wenn Du zu jemandem böse bist, wird das zu Dir zurückkehren, und wenn Du zu jemandem herzlich und freundlich bist, bekommst Du auch das zurück - selbst wenn es manchmal auf ganz unerwarteten Wegen und durch andere Menschen geschieht, als Du erwartet hattest. Hier stehen wir wieder an einer wichtigen Wegmarke Deiner Selbsterkenntnis. Mit diesem Wissen können wir alte Leitsätze wie „Tu dem anderen nur, was Du willst, dass er Dir tu" aus einem ganz neuen Verständnis heraus betrachten. Wir wissen auch: Der Mensch *wird* nicht für seine Sünden bestraft, sondern *er selbst* bestraft sich durch seine Sünden, indem er durch sie negative Folgen anzieht. Im Umkehrschluss bedeutet das, dass Du Dich durch Deine guten Taten selbst belohnen und Dir Dein Glück schaffen kannst, da sie für Dich gute Folgen nach sich ziehen werden. Dieses Gesetz wirkt ganz emotionslos und nicht in Absicht von Rache. Entscheide einfach selbst, was Du säen willst, und nach Deiner Entscheidung und Deinen Taten wirst Du ernten.

Das Verständnis der Polarität

Der *Mensch denkt immer: entweder – oder!* Ersetzen sollten wir diese Denkweise aber durch *sowohl als auch!* Hell oder dunkel, warm oder kalt, gut oder schlecht, Schöpfung oder Zufall, all das sind Betrachtungen eines Sachverhalts aus einem bestimmten Blickwinkel und unter Beeinflussung durch eine bestimmte Meinung oder Glaubensrichtung. Wahr ist aber: Wenn wir etwas als schlecht empfinden, bedeutet das nicht gleichzeitig, dass es auch *wirklich* schlecht ist. Etwas Schlechtes ist oftmals eine Notwendigkeit, die uns gegeben wird, damit wir zur Vernunft kommen und auf den richtigen Weg zurückkehren. Im Dunkeln haben wir Angst und sehnen uns nach Licht, gleichzeitig ist die Dunkelheit aber notwendig, weil wir durch sie zur Ruhe kommen und schlafen können. Kälte ist auch nicht grundsätzlich schlecht. Kalt ist nur ein subjektives Temperaturempfinden, und dass etwas unterhalb des Gefrierpunkts auch tatsächlich gefriert, kann im einen Fall gut, im anderen natürlich auch schlecht sein. Alles ist relativ, wir bezeichnen nur die Dinge als gut oder schlecht, weil es uns das Leben vereinfacht und wir meinen, eine andere Sicht der Dinge würde uns schaden oder uns das Leben unnötig kompliziert machen. Deshalb selektieren wir die Dinge, selbst wenn es uns um wichtige Erkenntnisse und so manchen Lebensgewinn bringt. Gut ist eben nicht gleich gut und schlecht ist nicht gleich schlecht, sondern alles ist gleichzeitig *sowohl als auch*. Bilde Dir deshalb auch nicht zu früh ein Urteil über die Fragen des Lebens, denn diese gehorchen erst recht keinem solchen Schablonendenken.

An dieser Stelle möchte ich Dir eine Frage stellen: Was auch immer in Deinem Leben passieren mag, woran machst Du fest, ob es gut oder schlecht für Dich ist? Wahrscheinlich wirst Du antworten, dass Du Dich bei etwas „Gutem" wohl und zufrieden fühlst oder dass es Dir vielleicht in irgendeiner Form Vorteile bringt, während Du bei etwas „Schlechtem" Verluste machst, Schmerzen erleidest oder Dich einfach schlecht fühlst. Denke einmal einen Moment in Ruhe über diese Frage nach, bevor Du weiter liest!

Habe ich Recht gehabt? Wenn ja, muss ich Dir leider sagen, dass Du es gewohnt bist, eine sehr eingeengte Art des Denkens zu benutzen, und das ist Deiner nicht würdig und weit unter Deinem Niveau und Deinen eigentlichen Fähigkeiten! Aber so sind wir ja schließlich auch erzogen worden. Der weltliche Mensch empfindet Glück, wenn er bekommt, was er will, doch ist das wirklich richtig? Sehr weise sagte der Dalai Lama einmal: *„Nicht zu bekommen, was man will, ist manchmal ein großer Glücksfall."*

Wie oft hast Du schon Situationen erlebt, in denen Du unendlich frustriert darüber warst, etwas ganz Bestimmtes nicht „bekommen" oder ein bestimmtes Ziel nicht erreicht zu haben? Im Nachhinein warst Du dann aber doch glücklich darüber, weil Du erkanntest, dass die Erfüllung Deiner Wünsche Dir geschadet hätte. Ein russisches Sprichwort besagt: *Wenn Gott Dir eine Tür zuschlägt, öffnet er Dir ein Fenster.* Auch wenn es auf den ersten Blick nicht danach aussehen mag, verbirgt sich hinter subjektiv gefühltem Leid oft eine riesige Chance! Das Leben legt uns oftmals durch schmerzvolle Erfahrungen, Pleiten, Pech, Krankheiten und Erfolglosigkeit auf den ersten Blick Steine in den Weg. Doch wir müssen die Chancen hinter jeder negativen Situation erkennen. Hast Du nicht auch schon Situationen erlebt, in denen Dir etwas wirklich Schlimmes passiert ist, beispielsweise die Trennung von einem geliebten Menschen, und im Nachhinein stellte sich diese Trennung als das Beste heraus, was Euch beiden passieren konnte? In der Verzweiflung des Verlassenwerdens brach eine Welt zusammen, doch danach hast Du wunderbare neue Bekanntschaften gemacht und hättest ohne die Trennung wahrscheinlich den einen oder anderen lieben Menschen, den Du heute um Dich hast, nie kennengelernt. Ein anderes Beispiel: Du wirst von Deiner Firma entlassen – ein Horrorszenario. Aber so schwierig die Situation im ersten Moment auch sein mag, so ist eine Entlassung sehr oft der Beginn einer Fortentwicklung, und meistens wartet schon ein viel besseres Angebot auf Dich, wenn Du es nur begreifst und Deine neue, bessere Arbeitsstelle im Geiste willkommen heißt. Immer, wenn uns eine Tür verschlossen wird, müssen wir nur nach dem Fenster Ausschau halten, das an einer anderen Stelle extra für uns geöffnet wurde. Egal, wie schlimm etwas im ersten Moment auch erscheinen mag, es trägt auch immer schon das Positive in sich – vorausgesetzt, Du kannst wirklich felsenfest daran glauben.

Auf einem meiner Seminare lernte ich einen jungen Unternehmer kennen. Seine Firma zählte in seinem Bereich zu einer der besten am Markt. Dennoch war er total frustriert, weil ihm zwei Großaufträge nicht erteilt worden waren, auf die er über ein Jahr hingearbeitet hatte. Er erzählte mir, dass er bereits unzählige Bücher über die Macht der Gedanken gelesen habe und so „positiv drauf" sei und so viel affirmiert habe, um die Aufträge zu bekommen. Er verstand die Welt nicht mehr, und seine Enttäuschung war immens, weil ihm genau diese beiden Aufträge die Rente gesichert hätten. Ich erklärte ihm zwei Dinge: Zuerst machte ich ihm klar, dass es ein zentraler Fehler gewesen sei, eine Affirmation zu verwenden, durch die er genau! jene beiden Aufträge für die Firma an Land ziehen wollte. Ich erklärte ihm, dass er dem Schicksal nicht den „Weg zum Ziel" vorschreiben dürfe, sondern sich ausschließlich das Ziel vor Augen halten müsse – in seinem Fall also eine hervorragende Firmenbilanz, materielle Fülle und Wohlstand. Außerdem erklärte ich ihm, was ich Dir gerade erklärt habe: dass alles vermeintlich Negative auch immer etwas Positives hat, auch wenn wir es oft nicht auf Anhieb erkennen.

Einige Monate später schrieb er mir eine Email mit folgendem Inhalt: „Du wirst nicht glauben, was geschehen ist! Die Firma, die den Zuschlag für den ersten Auftrag erhalten hat, der mir vorenthalten worden war, hat mittlerweile Insolvenz angemeldet, weil sich die Herren des Projekts verkalkuliert und durch die Bankenkrise keine weiteren Kredite bekommen haben. Somit konnte der Auftraggeber meine Konkurrenzfirma nicht mehr bezahlen. Diese hatte aber offene Mitarbeiterkosten, die sie schließlich nicht mehr begleichen konnte. Ich habe inzwischen einen neuen Großauftrag erhalten, der noch größere Ausmaße annimmt als das zweite Projekt, das ich auch nicht bekommen habe. Dieses neue Projekt hätte ich aber nicht annehmen können, wenn ich zuvor den Zuschlag für die anderen erhalten hätte, weil sie meine Kapazitäten gesprengt hätten. Der Verlust des ersten Auftrags rettete wohl meine Existenz, und dass ich den anderen Auftrag nicht bekam, hielt mir die Tür für das neue Projekt offen."

Ich liebe diese Geschichte, weil sie uns einmal mehr dazu auffordert, dem Geschehen in unserem Leben zu vertrauen und uns darauf zu verlassen, dass uns unsere innere Stimme und Führung immer richtig leiten wird. Begreife alles, was Du nicht bekommst, als etwas, das Dir und Deiner Entwicklung nicht gut tun würde, und gleichzeitig als Unterpfand dafür, dass etwas noch Besseres auf Dich wartet. Um im Negativen Positives sehen zu lernen, bedarf es eines unerschütterlichen Vertrauens darin, dass unser Schöpfer für Dich einen genialen Plan entworfen und ein wundervolles Leben vorgesehen hat.

Wenn Du ein erfülltes Leben anstrebst, ist das Verstehen der Polarität ein wichtiger Baustein zu Deinem Lebensglück. Du musst aber immer an das Gesetz von Ursache und Wirkung denken. Ich meine damit, dass die Polarität nicht als Ausrede für Faulheit benutzt werden darf, denn nicht jedes *Nicht-Erhalten* hat den Sinn, uns zu schützen und zu noch größerem Glück zu führen. Wenn Du beispielsweise in beruflicher Hinsicht große Ziele anstrebst, dafür aber nicht die richtigen Ursachen setzt, ist ausbleibender Erfolg eine Folge Deines zu geringen Einsatzes. Nehmen wir an, Du vertreibst Immobilien und Grundstücke. Du kannst die besten Objekte und die tollsten Grundstücke als Auftrag angeboten bekommen – wenn Du aber nicht die nötigen Ursachen, wie professionelles Auftreten, Anzeigen schalten und Kontakte knüpfen, setzt, dann wirst Du auf Deinen goldwerten Immobilien sitzen bleiben.

Wie außen, so innen! (Teil 1)

Der Volksmund sagt: Auf die *inneren* Werte kommt es an. Das wird immer so dahin gesagt, aber Du weißt mittlerweile nicht nur *dass*, sondern vor allem auch *warum* er Recht hat! Mit all unseren bisherigen

Erkenntnissen bezüglich des Unterbewusstseins und seiner großen Bedeutung für die Gestaltung unserer äußeren „Realität" und mit all unserem Wissen über die geistigen Gesetze liegt der Schluss nahe, dass wir auf unserem Weg zu Glück und Erfolg die besondere Polarität zwischen unserem Innenleben und unserer Außenwelt unbedingt berücksichtigen müssen. Wir wissen, dass sich unsere intimsten Gedanken und Wünsche in dieser Realität manifestieren können, und ebenso sind wir uns darüber bewusst, wie unser äußeres Erleben auf unser Innenleben zurückwirkt, im Guten wie im Schlechten. Während wir uns mit der Wirkung unseres Innenlebens auf die Außenwelt ausführlich beschäftigt haben, möchte ich in diesem Kapitel noch etwas näher auf die umgekehrte Richtung eingehen.

Wir alle wissen, wie schlimme Kindheitserlebnisse unser Selbstbewusstsein und unser ganzes Innenleben so nachhaltig schädigen können, dass wir ein Leben lang darunter leiden – nicht nur psychisch, sondern in vielen Fällen auch körperlich. In der Tat beeinflussen uns aber nicht nur Kindheitserlebnisse, sondern wir sind in dieser „äußeren Realität" täglich einer unnennbaren Vielzahl von Reizen ausgesetzt, einem ständigen Auf und Ab von Erlebnissen und Sinneseindrücken, die auf unser Bewusstsein und unser Unterbewusstsein gleichermaßen einwirken. Einen Teil davon nehmen wir bewusst wahr, einen sehr großen Teil „filtern" wir aber unbewusst, weil uns die vielen Eindrücke sonst erschlagen würden. Beispielsweise würden wir uns nie bewusst an alle Menschen in einem öffentlichen Verkehrsmittel oder auf einer Einkaufsstraße erinnern können, diese Vielzahl von Menschen, an denen wir achtlos vorübergehen. Ich betone hier absichtlich das Wort „bewusst", denn unser Unterbewusstsein nimmt sehr viel mehr wahr als unser Tagesbewusstsein. Es ist einer Vielzahl verschiedenster Einflüsse aus unserer Umwelt ausgesetzt: Jeder menschliche Kontakt, jeder mediale Einfluss, alles, wirklich alles, was unsere Sinne irgendwie erreicht, hinterlässt Spuren in unserem Unterbewusstsein. Denk einmal an all die Schlagzeilen und Texte, mit denen Du allein beim Überfliegen einer Zeitung oder beim Surfen im Internet in Berührung kommst, ohne dass Du sie wirklich bewusst wahrnimmst. Lesen wirst Du vielleicht nur ein oder zwei Artikel, aber beim Blättern wirst Du unterbewusst viele kleine Details wahrnehmen, an die Du Dich später nicht mehr bewusst erinnern kannst, die aber in Deinem Unterbewusstsein weiterwirken und Dich zu Entscheidungen treiben, die Du ohne diese Fremdeinflüsse vielleicht anders getroffen hättest. Eine Tatsache, die sich übrigens die Werbeindustrie nachhaltig zunutze macht. Mit wie vielen Werbebotschaften wirst Du täglich „im Vorbeigehen" bombardiert? Plakate, Radiowerbung, Fernsehwerbung, Werbung in Zeitschriften und Magazinen, Werbung im Internet, um nur einige zu nennen. Es ist natürlich nicht möglich, sich diesen vielen Einflüssen zu entziehen, denn das würde ja bedeuten, dass wir uns zuhause im stillen Kämmerlein einschließen müssten. Was uns aber möglich ist, ist das Bemühen um eine bewusstere Lebensweise, um einen ausgeglichenen „Wahrnehmungshaushalt". Es ist für die Seelenhygiene unabdingbar, dass wir unseren Alltag *bewusst* wahrnehmen und selbst entscheiden, was wir an uns heranlassen und womit wir unser Inneres konfrontieren wollen. Nur durch eine ausgewogene Balance zwischen Innen- und Außenleben können wir unsere Festplatte Unterbewusstsein von schädlichen Einflüssen frei halten, und das ist für unser Lebensglück und unseren Erfolg von entscheidender Bedeutung! Um die eingangs gebrauchte Volksweisheit aufzugreifen, müssten wir sie folgendermaßen korrigieren: „Auf die inneren *und* äußeren Werte kommt es an".

Was fangen wir aber mit dieser Erkenntnis an? Für die Entfaltung unserer Persönlichkeit müssen wir uns nachhaltig vergegenwärtigen, wie *eng* unsere Innen- und Außenwelt tatsächlich miteinander in Verbindung stehen. Der Teil der äußeren Welt, der uns am allernächsten ist, ist unser eigener Körper. Er ist unser Vermittler zwischen Innen- und Außenwelt, und demnach ist es von größter Bedeutung, dass wir ihm jenseits des medialen Schönheitswahns im *positiven* Sinne besondere Aufmerksamkeit schenken. Es geht aber noch weiter: Alles, was uns umgibt – angefangen mit unserer Wohnung über unsere engsten Freunde und Verwandten bis hin zu unserem Arbeitsumfeld –, ist manifestierter Ausdruck unseres Innenlebens und wirkt in einem Wechselspiel gleichzeitig wieder auf dieses zurück. Mit einem Teilaspekt dieser Zusammenhänge beschäftigt sich etwa das Feng Shui.

Für Dich bedeutet das:
Sei Dir immer des Wechselspiels bewusst, das ununterbrochen zwischen Innen- und Außenleben wirksam ist. Dein Ziel muss sein, beide Ströme so zu harmonisieren, dass keiner der beiden den anderen mehr nachhaltig negativ beeinflussen kann.

Achte in Zukunft peinlichst genau darauf, welche „Gäste" Du in Dein Haus einlädst. Nimm Deinen Alltag bewusst war und stell Dir die Frage, welche äußeren Einflüsse Dich fördern oder schädigen und wo Du in Zukunft bewusst eingreifen musst, um geistig und seelisch die Balance zu halten. Fang bei Dir selbst an und weite den Kreis dann weiter aus!

- *Fühlst Du Dich wirklich wohl in Deiner Haut?*
- *Musst Du vielleicht Dein äußeres Erscheinungsbild so verändern, dass Du Dir gefällst und dass Du Komplexe abbauen kannst?*
- *Musst Du Deine Wohnung umgestalten, damit Du Dich dort zuhause und geborgen fühlst?*
- *Musst Du persönliche Beziehungen klären, die Dir Bauchschmerzen bereiten?*
- *Musst Du beruflich etwas verändern?*
- *Musst Du Dich von schlechten Gewohnheiten trennen?*
- *Welche anderen Lebensbereiche üben nachhaltigen Einfluss auf Dein Innenleben aus, und musst Du dort Baustellen beseitigen?*

ÜBER DIE LIEBE

Anfangs glaubte ich, bekehren zu müssen.
Inzwischen habe ich gelernt, dass es meine Aufgabe ist, zu lieben.
Und die Liebe bekehrt, wen sie will.
(Mutter Theresa)

Die universelle Kraft

Über Folgendes werden wir uns sicherlich einig sein: Die Liebe ist das wichtigste Bauelement des Lebens. In der Liebe ist die Vollkommenheit zu finden, in ihr ist der Sinn des Lebens zu suchen, und sie ist der Dreh- und Angelpunkt zu einem erfüllten Leben voller Harmonie, Fülle, Leidenschaft und Glückseligkeit. Diese universelle kosmische Kraft kannst Du nicht wollen, sondern die Liebe ist eine Sache der *Empfindung*, ein Gefühl der Schwerelosigkeit und eine nicht in Worten zu beschreibende Herrlichkeit. Die Liebe ist der einzigartige Nährstoff, der uns zur Entfaltung beflügelt und „Unmögliches" möglich macht, denn der Liebe ist ohne Mühe alles möglich, ihr kann nichts auf Dauer widerstehen.

Wahrhaftig zu lieben bedeutet, unser Gegenüber so wahr- und anzunehmen, wie er oder sie von der Schöpfung gedacht wurde. Jedes Leid und jede Ungunst auf der Welt ist auf das Unverständnis der wahrhaftigen Liebe zurückzuführen, Krieg, Armut und Elend sind einzig und allein Zustände, in denen die Liebe gewaltsam verdrängt wurde. Es ist ein kosmisches Gesetz, dass auf Liebe nichts anderes folgen kann als Liebe. Wer wirklich liebt, der verspürt den Wunsch zu geben anstatt zu nehmen. Denk daran:

> *Die beste Beziehung ist die, in der die Liebe für den anderen*
> *größer ist, als das Verlangen nach dem anderen.*
> *(Dalai Lama)*

Je mehr Liebe und Herzlichkeit Du in Deinem Herzen trägst, desto umfangreicher wird Dein Anteil an Gottes Schätzen sein, denn: *Die Liebe ist die Erfüllung des Gesetzes* (Römer 13,10).
Neben dem Auslösen beglückender und erfüllender Gefühle unterliegt die Liebe tatsächlich auch einer Gesetzmäßigkeit. Denn wer nicht in der allumfassenden Liebe ist, wird niemals das Gefühl der absoluten Glückseligkeit erleben können. Dr. Joseph Murphy sprach immer wieder von einem *Liebesbewusstsein*, ohne das unsere Leistungen und zwischenmenschlichen Beziehungen immer beschränkt bleiben werden.

Wie innen, so außen

Während eines Firmencoachings in Österreich lernte ich einen wohlhabenden Geschäftsmann kennen. Er sagte zu mir: „Christian, ich verstehe nicht, weshalb Du so viel über die Liebe sprichst! Ich will ausschließlich wissen, wie ich meine Geschäfte ausbauen kann, und damit meinen Erfolg." Ich versuchte daraufhin, ihm zu erklären, dass berufliches Wachstum und materieller Wohlstand kein Erfolg, sondern lediglich ein wichtiger Bestandteil davon sind. Da er zu diesem Zeitpunkt noch nicht in der Lage war, die Bedeutung eines Liebesbewusstseins zu erkennen, gab ich ihm zu Ende unseres Gespräches noch folgendes Zitat von Sigmund Freud mit auf den Weg: *„Eine Persönlichkeit, der es an Liebe fehlt, leidet und verkümmert."*

Einige Wochen später kontaktierte er mich an seinem Geburtstag und bat mich um einen persönlichen Termin. Den Tränen nahe kam er kurze Zeit später zu mir und erzählte mir von seinem seelischen Leid. Geschäftlich gelte er zwar allen als Vorbild, privat schlittere er aber seit Jahren von einer Beziehung in die nächste, würde ständig betrogen, und oft sitze er allein zu Hause und sehne sich nach Aufmerksamkeit, wahrer Zuneigung und Liebe. Mit zaghafter Stimme gestand er mir, dass er langsam verstehe, dass man leidet und verkümmert, wenn man keine Liebe im Herzen hat. Anstatt wahre Liebe zu erleben, hatte sich mit der Zeit in ihm ein tiefes schwarzes Loch gebildet, das ihn von Tag zu Tag weiter innerlich zerfraß. Dazu traten körperliche Beschwerden und Erschöpfungssymptome auf, die ihn immer mehr zur Verzweiflung brachten. Da in solchen Fällen alles Diskutieren zwecklos ist, verschaffte ich ihm und seinem aufgewühlten Verstand durch eine spezielle Form der Tiefenentspannung eine Ruhepause. Völlig in seinem Inneren angekommen, frei von Glaubenssätzen, Problemen und verkrampften Denkstrukturen, öffneten wir in seinem Unterbewusstsein das „Programm Liebe". Zu viele Erfahrungen und Erlebnisse hatten ihn blockiert, um das Liebevolle in ihm in sein Bewusstsein rufen zu können. In der Trance erlebte er einen Tagesablauf voller Herzlichkeit und eines liebevollen Miteinanders mit allen Menschen, mit denen er zu tun hat. Folgende Affirmation verankerten wir fest in seinem Unterbewusstsein:

Ich bin von Liebe erfüllt. Ich liebe und ich werde geliebt.

Nachdem wir auf diese Weise sowohl sein Bewusstsein als auch sein Unterbewusstsein bis an den Rand mit Liebe gefüllt hatten, veränderte sich sein Leben schlagartig. Wenige Wochen später berichtete er mir, dass seine Beschwerden vollkommen verschwunden seien. Außerdem erfülle sein neues Lebensgefühl nicht nur sein Herz, sondern auch sein Verhältnis zu den Menschen im beruflichen und privaten Umfeld. Sie nähmen ihn völlig neu wahr und schätzten ihn sehr, weil er sich extrem positiv verändert habe. Er hatte in der kurzen Zeit sogar mehrere Frauen kennengelernt, mit denen er tiefgründige Gespräche führen konnte, Gespräche, die sich nicht wie zuvor in Oberflächlichkeiten erschöpften. Wieder einmal bestätigt diese Geschichte die bedeutungsvolle Einsicht: *Wie innen, so außen.*

Wir können tatsächlich davon sprechen, dass die Liebe ein Schöpfungsplan ist. Ohne diesen Plan im Herzen ist keine wahre Erfüllung möglich, und das Leben lässt uns so lange Leid erfahren, bis wir den Plan Gottes in uns aufgenommen haben, und zwar den eines Lebens im Bewusstsein der Liebe. Es gibt zahlreiche Beispiele dafür, wie Menschen, die in einem solchen Liebesbewusstsein leben, jeden Tag aufs Neue das phantastische Gefühl der Fülle zuteil wird.

Mein treuer Freund und Wegbegleiter Daniel S. ist Inhaber eines deutschlandweit renommierten Möbelhauses in der Nähe von Würzburg. Ich möchte an dieser Stelle über ihn schreiben, weil ich kaum einen zweiten Menschen kenne, der „liebevoller" seinen Erfolg praktiziert. Noch nie habe ich von ihm ein negatives Statement über einen anderen Menschen gehört, und noch nie habe ich erlebt, dass er nicht liebevoll gehandelt hätte. Einmal sagte er zu mir: „Christian, weißt Du, was mich an meiner Arbeit am meisten erfreut? Die strahlenden Gesichter meiner Kunden, wenn sie ihre Wunscheinrichtung in ihrem Wohnzimmer oder ihrer Küche erleben dürfen und die Freude, die wir den Menschen mit unseren vielen Showevent-Veranstaltungen bringen." Trotz aller Wirtschaftskrisen konnte das familiengeführte Unternehmen beständig hohe Umsatzzahlen verzeichnen, während andere um ihre Existenz fürchten mussten. Weil das Leben aber ständig nach Wachstum ruft, wollte er sein Geschäft optimieren und noch weiter ausbauen. Wir formulierten zusammen passende Affirmationen für seinen Wunsch nach neuen Ideen, mit denen er konsequent jeden Tag arbeitete. Er stellte sich immer vor, wie er den Menschen den Einkauf noch weiter erleichtern und seine Dienstleistung verbessern könnte. Seine Gedanken drehen sich stets um das Wohl des Kunden, denn er hat verinnerlicht, dass das, was wir aus Liebe tun, zu uns zurückkehrt. Nur kurze Zeit später kamen ihm zwei „verrückte Einfälle". Der eine war ein „Onlineshop für Gartenmöbel" und der andere eine „Grillakademie", in der Profis den Kunden die Tricks und Kniffe für perfekte Grillergebnisse beibringen sollten. Außer ihm glaubte niemand an den Erfolg dieser beiden Ideen, denn wer würde schon online seine Gartenmöbel bestellen, und wie sollte man die Menschen dazu bewegen, Geld für „Grillkurse" auszugeben? In tiefem Vertrauen machte er sich mit hohem Aufwand daran, beide Visionen voller Optimismus umzusetzen. Der Erfolg ließ kaum ein paar Monate auf sich warten: Heute zählt sein Onlineshop zu den führenden seiner Art, und mit über 30 Veranstaltungen pro Jahr sind seine Grill- und Kochevents unter der Leitung von Sterne-Köchen jedes Mal aufs Neue bis zum letzten Platz ausgebucht. Als positiven Nebeneffekt erzielte das Möbelhaus durch die beiden Einfälle zusätzliche Umsätze im hohen sechsstelligen Bereich.

Jetzt bist Du wieder an der Reihe:
Wie liebevoll gehst Du an Dein Leben heran? Wer ist der Hauptnutznießer Deiner Gebete und Affirmationen? Du oder die Menschen, die bei Dir einkaufen, Dir Arbeit geben oder auf andere Weise in Deinem Umfeld wichtig sind? Wer die Liebe im Herzen trägt, wer anderen von Herzen gibt und sich an der Freude der Menschen erfreut, wer also selbst Freude verbreitet, der trägt zum Gelingen von Gottes Plan bei. Mach Dir intensiv Gedanken darüber, und sei dabei schonungslos ehrlich zu Dir selbst. Vielleicht wird Dir dieses Brainstorming die eine oder andere Tür öffnen.

Wenn wir lieben, nehmen wir das Leben komplett anders wahr. Wir erkennen die unglaublichen Möglichkeiten, die uns das Leben für unsere Selbstentfaltung bietet. Wenn wir nicht lieben, gleichen wir einer verwelkten Blume. Wie innen, so außen: In dem Maße, in dem wir von Herzen lieben, werden wir durch andere Liebe erfahren. Sie wird uns begegnen und uns die Wege aufzeigen, die für uns richtig sind. Keine materielle Fülle und kein Ziel, das wir erreichen, werden uns so sehr erfüllen wie das Gefühl der uneigennützigen Liebe, die geben statt begehren und nehmen will. Wenn das Herz brennt, kann keine zweite Energie ein solches Feuer entzünden.

Die Welt muss diese ursprüngliche Art der Liebe wieder in sich aufnehmen lernen. Vielen Menschen – und vor allem Männern – fällt es schwer, Worte wie diese anzunehmen, weil sie ja als „Weicheier" gelten könnten. Aber das ist falsch! Wer wahre Erfüllung sucht, wird sie nicht finden, wenn er sich hinter all seinem Stolz und seiner Unantastbarkeit vor seinen eigenen Gefühlen versteckt. Die Liebe macht keinen Geschlechterunterschied.

Entfalte Dein Liebesbewusstsein

Die Definition von Liebe, wie sie in unserer Kultur vorherrscht, ist im Prinzip gleichzusetzen mit gegenseitiger Bedürfnisbefriedigung. Wird diese, aus welchen Gründen auch immer, nicht mehr geleistet, erzeugt das Unzufriedenheit und den Wunsch nach einer neuen Liebe. Oftmals suchen Menschen nur nach Beziehungen, weil sie nicht in der Lage sind, sich selbst zu lieben und deshalb die Bestätigung und Sicherheit durch einen anderen Menschen benötigen. Viele Menschen führen Beziehungen aus Anerkennungszwang. Sie geben sich für einen Menschen auf, um von ihm begehrt zu werden. Gibt uns der andere das Erstrebte – Anerkennung, sexuelle Befriedigung und das Gefühl, begehrenswert zu sein –, fühlen wir uns stark. In Wahrheit überdecken wir mit dieser vermeintlichen Stärke aber nur unseren eigenen Mangel an Selbstwertgefühl, das nicht groß genug ist, als dass wir uns auch ohne entsprechende Bestätigung stark und bedeutend fühlen könnten. Dementsprechend wissen die meisten Menschen auch nicht, was „wahre" Liebe ist: Nicht das sehnliche Warten darauf, etwas Bestimmtes vom anderen zu bekommen, sondern der Drang, etwas *geben* zu wollen, ohne dafür eine Gegenleistung zu erwarten und der Wunsch, dem anderen möge das größtmögliche Lebensglück zuteil werden. Liebe ist eine unfassbar tiefgreifende universelle Kraft, jedoch leben und erleben sie nur die wenigsten tatsächlich. Wir denken oft viel zu schnell an Trennung, ohne zu verstehen, dass sich das Spiel bei der nächsten Beziehung wiederholen wird, wenn wir nicht endlich aufwachen! Egal, wie wichtig Dir ein anderer Mensch ist – wenn Du ihn nur liebst, weil er Deine Bedürfnisse befriedigt, kannst Du nicht von *wahrer* Liebe sprechen. Lieben bedeutet, in und durch die mächtigste Kraft des Kosmos zu leben und den anderen zu wollen, weil er von Gott gewollt ist – selbst wenn er sich dessen nicht bewusst ist und nur Unheil anrichtet, weil er es nicht „besser weiß"! Stellen wir fest, dass ein Mensch, egal aus welchen Gründen, nicht zu uns passt, gibt uns das nicht das Recht, ihn zu verurteilen. Sicher müssen wir im einen oder anderen Fall auch einmal Konsequenzen ziehen, aber selbst das ist im wahren Liebesbewusstsein möglich. Durch Hass schaden wir uns nur selbst!

Die Liebe darf auch niemals „Pflicht" sein, und auf keinen Fall darf ein Mensch dazu genötigt werden. Du wirst niemals einen Menschen von Herzen lieben können, wenn nur Dein Verstand es will. Die Liebe ist das „verbindende Element" und ein Geschenk, wir können sie nicht bestimmen und lenken. Deshalb solltest Du damit anfangen, auf Dein Herz zu hören und niemals eine Entscheidung über die Liebe mit dem Verstand treffen. Nicht unser rationales Denken, sondern unser naturgegebenes Verlangen nach Erfüllung und Leidenschaft entfacht die Freude und Harmonie in unserem Leben und führt uns zur Liebe und Wertschätzung der Schöpfung.

> *Liebe ist der Arzt aller Krankheiten, Sie ist Ursache und*
> *Ziel der Schöpfung. Sie ist die einzige positive Kraft.*
> *(Rumi)*

Einer der wichtigsten Lernschritte ist deshalb, das *wahre Lieben* zu lernen und das Hassen zu verlernen. Die Schöpfung ist unfassbare Liebe, sie bringt uns innere Stärke und Zufriedenheit, ein Zufriedensein, das nicht immer nach „noch mehr" strebt und den Vergleich mit anderen sucht, sondern das einfach Genuss an dem ist, was ist, das Spüren des Glücks, das wir eigentlich auf Erden haben. Strebe nicht immer nach etwas noch Besserem und Neuem, denn dieses Spiel wird kein Ende haben. Hast Du das eine erreicht, wirst du wieder unzufrieden sein und das nächste wollen: ein noch besseres Auto, ein noch größeres Haus, noch mehr Geld, einen noch besseren Job. Für die Dauer wirst Du auf diese Weise Dein Lebensglück nicht finden.

Liebe beginnt immer mit einem Geben, erst dann kann das Nehmen folgen. Die wenigsten Menschen lieben aufrichtig von Herzen. Wer wahrlich liebt, der liebt nicht nur eine bestimmte Person, er liebt allumfassend. In der Liebe zu sein bedeutet, in allem und jedem die Liebe der Schöpfung zu sehen.

Werde ein liebender Mensch

Vielleicht hast Du schon einmal den Satz gehört, dass wir schon in *uns* haben müssen, was wir wollen. Du musst die *wahre* Bedeutung der Liebe erfassen. Eifersucht, Feindseligkeit und Selbstsucht dürfen keinen Platz mehr in Deinem Leben haben – sie sind nur Ausdruck von Unverständnis, Unzufriedenheit und geringem Selbstwertgefühl. Da die Liebe der lebensnotwendige Baustein auf dem Weg zur Vollkommenheit ist, kann ohne sie keine gesunde Entwicklung stattfinden, weder physisch, psychisch noch seelisch. Aus Erfahrung wissen wir, dass alle Lebewesen Zuwendung und Liebe wie die Luft zum Atmen brauchen, und wir finden in allen Weisheitsbüchern Hinweise auf die unendliche Kraft und Bedeutung der Liebe. Du musst Dir der Bedeutung eines generellen liebevollen Miteinanders bewusst werden. Damit meine ich im Sinne des vorigen Kapitels also nicht nur die Liebe zu Deinem Partner oder zu Deiner Familie, sondern Deine generelle Lebenseinstellung den Menschen gegenüber. Diese kann sich schon durch kleine Herzlichkeiten im Alltag bemerkbar machen. In letzter Konsequenz mündet sie in die Liebe zum *Menschen* an sich. Da die Schöpfung Liebe ist, kann die Schöpfung nur mit und durch die Liebe dauerhaft existieren. Je mehr Du bereit bist zu *geben*, umso mehr wirst Du in Deinem Leben *empfangen* können. Achte darauf, ein herzlicher und liebevoller Mensch zu sein, und beginne am besten sofort damit, indem Du einem anderen Menschen eine Freude machst. Je mehr Menschen Du herzlich gegenüber trittst und Freude bereitest, desto mehr wird Dein Leben mit Freude und Herzlichkeit erfüllt werden.

Die Konsequenz für Dich:

Um überhaupt ein liebevoller Mensch werden zu können, musst Du mit dem Allerschwierigsten anfangen: mit Dir selbst! *Selbstliebe* und *Selbstachtung* sind die entscheidenden Faktoren, und gleichzeitig das, was uns Menschen am allerschwersten fällt. Im Prinzip weißt Du, dass Du einen anderen nur so lieben kannst wie Dich selbst, aber um die Selbstliebe steht es bei den meisten Menschen ganz schlecht; oft ist sie gar nicht vorhanden.

Willst Du lernen, in der Liebe zu sein, fang mit der Selbstliebe an! Beginne erst dann damit, auch die Menschen in Deinem Umfeld spüren zu lassen, wie Liebe von Dir ausgeht. Hast Du es geschafft, Dich wirklich und wahrhaftig selbst zu lieben, wirst Du feststellen, dass das von ganz allein geschieht. Dir wird die Welt zu Füßen liegen, wenn Du einfach nur liebst. Ersetze Eifersucht und Neid durch Liebe, stelle alle negativen Denkmuster ab, und Du wirst Wunder erleben. Liebe ist ein Ausgreifen des Herzens, sie bedeutet Freundlichkeit und Güte. Liebe ist die Erfüllung des Gesetzes der Gesundheit, der inneren Harmonie und des höchsten Glücksgefühls. Es handelt sich hier um ein *kosmisches Gesetz*, das ewige Gültigkeit hat.

Fazit

Geben ist nicht nur seliger denn nehmen, sondern gleichbedeutend mit bekommen!

Es ist von großer Bedeutung, dass Du dieses universelle Gesetz berücksichtigst! Versuch es doch einfach, und teste für Dich, wie Dein Leben durch eine herzliche und liebevolle Art des Umgangs bereichert wird. Du kannst schon mit ganz kleinen Dingen anfangen: Hilf doch zum Beispiel bei nächster Gelegenheit einem alten Menschen, und trete bei Deinem nächsten Einkauf der Verkäuferin hinter der Ladentheke mit einem freundlichen, sympathischen Lächeln entgegen. Je mehr Du der Welt ohne die Erwartung einer Gegenleistung von Deiner liebevollen Art gibst, desto mehr wird Dir selbst davon zuteil werden. Nimm Dir ab sofort fest vor, in Deinem Alltag ganz bewusst liebevoll zu sein! Du wirst feststellen, wie Du überall Herzlichkeit und Zuspruch erhalten wirst, wenn Du diese zuvor selbst ausgesandt hast. Es geht hier nicht darum, sich zum „Idioten" zu machen, der sich nicht mehr wehrt und alles mit sich machen lässt, weil er ja immer lieb sein muss! Nein! Wirst Du angegriffen, musst Du Dich natürlich wehren, aber es geht um das Bewusstsein, in dem Du es tust! Auch Menschen, gegen die Du Dich wehren musst, darfst Du nicht hassen, weil dieser Hass in letzter Konsequenz nur Dir selbst schadet! Es geht darum, Dein Bewusstsein zu verändern! Je weiter Du auf diesem Weg gehst, wirst Du die Welt um Dich herum mit anderen Augen sehen, und Du wirst Dein Denken, Fühlen und Handeln immer weiter so ausrichten, dass Du automatisch das Gute in Dein Leben ziehst. Du wirst Dir von Tag zu Tag dieser Wahrheit immer mehr bewusst werden und im privaten wie auch im beruflichen Bereich unzählige Vorteile erfahren. Das Ganze ist ein Prozess! Erwarte nicht, dass sich von heute auf morgen alles schlagartig ändert. Bleib konsequent, arbeite an Dir, und lass Dich von anderen nicht beirren! Nur so wirst Du nach und nach wirkliche dauerhafte Erfolge erzielen.

Sei nicht lieb!

Der Großteil der Menschen ist im beschriebenen Sinne nicht liebend oder liebevoll, sondern *lieb*, und darin besteht ein meilenweiter Unterschied. Liebsein hat nichts mit Liebe zu tun, Liebsein ist nur eine Strategie, um Dir einen anderen Menschen wohlgesonnen zu machen und etwas Bestimmtes zu erreichen. Wenn Du *lieb* bist, möchtest Du letztendlich irgendeine Gegenleistung dafür haben. Wenn Du liebst, dann liebst Du, ohne etwas dafür zu erwarten. Liebe ist bedingungslos und vor allem nicht *zweckgerichtet*, sie lässt sich nicht dafür missbrauchen, irgendwelche Ziele zu erreichen. Wenn Du die Liebe zweckgebunden benutzen willst, entzieht sie sich Dir, und dann ist es bald aus mit der Liebe. Achte also explizit darauf, nicht *lieb* zu sein und die Liebe zu „benutzen", um etwas zu erreichen, sondern sei liebevoll ausschließlich um der Liebe selbst willen. In diesem Bemühen solltest Du Dir auch noch eine weitere Kraft zunutze machen:

Die Kraft der Dankbarkeit

Bist Du ein Mensch, der es als selbstverständlich ansieht, dass gewisse Menschen etwas für ihn tun? Ist es für Dich „normal", dass Dein Lebenspartner für Dich kocht, Dich unterstützt, immer für Dich da ist und auch sonst in jeder Hinsicht zu Dir steht? Ist es für Dich selbstverständlich, dass Deine Eltern, Deine Familie und Dein Partner Dir Wärme und Geborgenheit schenken? Das ist es aber nicht! Denkst Du nicht, dass es einmal angebracht wäre, Dich bei den Menschen, die sich um Dich kümmern, die Dich lieben und für Dich da sind, herzlich zu bedanken? Wann hast Du denn zum letzten Mal Deinen Liebsten wirklich „Danke" gesagt? Wunderst Du Dich vielleicht, dass in Deiner Familie oder in Deiner Beziehung manche Dinge nicht mehr so sind wie früher? Etwas für selbstverständlich zu halten, wo sich andere viel Mühe geben und Einsatz zeigen, kann für die anderen sehr schmerzvoll sein. Es ist nicht schön, eine Leistung nicht honoriert zu bekommen, schon gar nicht, wenn es sich um eine liebevolle Tat aus reinstem Herzen handelt. Dankbarkeit ist keine bloße Eigenschaft, sie ist neben der Liebe eine der mächtigsten Emotionen und in ihrem Stellenwert kaum zu überschätzen. Nur durch eine dankbare Haltung wirst Du Dir Dein Lebensglück schaffen. Die von Herzen empfundene Dankbarkeit verleiht unserem Dasein eine völlig neue Ausrichtung. Egal, ob es sich um Affirmationen zu einem erfolgreichen und glücklichen Leben handelt oder um den brennenden Wunsch nach einer erfüllten Partnerschaft, Du musst das Gefühl der Dankbarkeit schon jetzt in Dir wecken. Was Du in Zukunft möchtest, musst Du bereits heute in Dir tragen. Sei also schon heute dankbar für das Wunderbare, das Dir morgen begegnen wird!

Sicherlich löst es auch bei Dir ein großartiges Gefühl aus, wenn sich ein Mensch für etwas aufrichtig bei Dir bedankt. Wie steht es denn um Deine Haltung im Hinblick auf Dankbarkeit?

Ein von Herzen kommendes „Danke" erzeugt keine Schmerzen, es stellt Dich auch nicht schlechter. Das einzige, was durch eine dankbare Haltung geschieht, ist, dass Dein Stellenwert bei den Menschen enorm steigen wird und dass die Freude des anderen auf wunderbare Weise auf

Dich zurückwirkt. Achte also darauf, ein bewusst dankbarer Mensch zu sein, ja, sei selbst für negative Erfahrungen dankbar. Egal, was in Deinem Leben passiert sein mag, diese Erfahrungen haben Dir geholfen, der Mensch zu werden, der Du heute bist, und das ist ein Mensch, der zu der Erkenntnis gelangt ist, dass er sein Leben grundlegend ändern will, um sich selbst sein Lebensglück zu schaffen!

Wie viele Frauen mag es auf dieser Welt gegeben haben, die ihren Mann ein Leben lang bekochten, ihn pflegten, wenn es ihm schlecht ging, ihm Trost spendeten und ihr eigenes Leben für ihn aufgaben, aber kein einziges Mal ein *wirkliches* Dankeschön dafür erhielten, ein echtes, von Herzen kommendes Dankeschön.
Wenn auch Du Dich gerade ertappt fühlst, ist das gut, sei dankbar dafür. Sei dankbar, dieses Buch in Deinen Händen halten zu dürfen und dadurch auf Dein Defizit aufmerksam gemacht worden zu sein. Es ist nie zu spät, „Danke" zu sagen, solange derjenige, dem der Dank gilt, noch lebt. Selbst wenn Du Dich über einen ungeheuer langen Zeitraum nicht mehr bedankt hast, geh sofort in die Stadt, kauf für Deine Liebsten eine Kleinigkeit, und danke ihnen. Wenn Du emotional überladen bist, kann es passieren, dass Dir dabei die Tränen kommen, aber das macht Dich doch nur authentisch, glaubhaft und liebenswert.

Liebe und Dankbarkeit liegen eng beieinander, und Du solltest diese beiden großen Kräfte schreibgeschützt in Deinem Unterbewusstsein in der Datei „Selbstverständlichkeiten" abspeichern. Werde ein Mensch, für den es selbstverständlich ist, seine Dankbarkeit anderen gegenüber zum Ausdruck zu bringen.

Wahre Liebe kennt keinen Hass

Die stärkste innere Bremse, die wir Menschen uns selbst schaffen, ist das Verharren in Hass, Missgunst und Neid. Wenn Dir Schlimmes angetan wurde, ist es natürlich nachvollziehbar, dass Du gegenüber dem oder den Verursachern negative Gefühle hegst. Ich möchte Dir damit auch nicht sagen, dass Du als guter Samariter alles vergessen und über

Dich ergehen lassen sollst. Nein, es geht um etwas völlig anderes: Wenn Du Hassgefühle in Dir hast, schadest Du damit nur einer Person, und zwar Dir selbst!

Mahatma Gandhi sagte: *„Wo Liebe wächst, gedeiht Leben – wo Hass aufkommt, droht Untergang"*.

In meinen Coachinggesprächen stellt sich immer wieder heraus, dass nicht verarbeitete Hassgefühle die Auslöser von Unglück und Krankheiten waren, die sich nach dem inneren *Loslassen und Verzeihen* wie in Luft auflösten. Wenn Du Hass in Dir trägst, wird Hass über Dich kommen. Hier herrschen die Gesetzesmechanismen des Unterbewusstseins und das Gesetz von Ursache und Wirkung. Kein Problem, sei es auch noch so groß, kann durch Hass gelöst werden. Das Leid wird so lange anhalten, bis wir den Hass losgelassen haben. Hast Du schon einmal einen ehemaligen Lebenspartner gehasst? Warst Du nicht nur böse auf ihn, sondern hast ihn richtig gehasst? Wenn ja, kannst Du Dich daran erinnern, dass in dieser Zeit auch alles andere in die falsche Richtung lief? Während der „Zeit des Hassens" musstest Du, als wäre alles nicht schon schlimm genug, noch weitere Rückschläge erleiden. Ich muss Dir leider sagen, dass du diese Ereignisse selbst zu verantworten hast. Es ist unmöglich, dass Hassgefühle uns nicht selbst verwunden, weil wir durch die Gesetzmäßigkeiten der Liebe mit solchen Gefühlen viel Negatives und Ablehnung in unser Leben ziehen.

Egal, ob es Erinnerungen an die Kindheit oder den alten Lebens- oder Geschäftspartner sind, lass die Hassgefühle los und beginne, bewusst zu verzeihen. Dann fülle die entstandene Lücke mit Liebe. Du musst die Menschen, die Dich enttäuscht haben, nicht lieben, aber lass die negativen Erinnerungen in Liebe los und höre auf, zu hassen. Scheidungsfälle häufen sich in den Gerichten, und meist triefen sie vor Hass gegenüber dem Noch-Ehepartner. Egal, was vorgefallen ist: sei dankbar für die Erfahrung und trenne Dich im Guten und in Liebe. Sei Dir stets darüber bewusst, dass nur durch eine Trennung etwas neues Gutes in Dein Leben treten kann. Jede Trennung bedeutet nur, dass etwas Besseres auf Dich wartet. Lässt Du Dich von Deinem Hass überwältigen und planst Intrigen, so stehst Du Dir dabei nur selbst im Weg. Selbst wenn Du den

Kampf um das Geld gewinnst, wird es Dich für die Dauer nicht glücklich machen, weil es nicht in Liebe erworben wurde.

Niemals in der Welt hört Hass durch Hass auf.
Hass hört durch Liebe auf.
(Buddha)

Dein Unterbewusstsein kann nicht unterscheiden, ob Du jemand anderen hasst oder Dich selbst. Du solltest unbedingt um Deiner glücklichen Zukunft willen das Hassen verlernen und beginnen, solche Gefühle durch positive und liebevolle Gedanken zu ersetzen.

Hör auf, Unglück zu säen

In uns allen wohnen der unstillbare Drang nach Geborgenheit und die Sehnsucht nach Liebe. Du kennst aus den Medien die Lebensläufe verstorbener Musikgrößen wie des „King of Pop" Michael Jackson oder der bekannten Sängerin Amy Winehouse. Aller Ruhm und alle nur denkbare materielle Fülle brachten ihnen nicht die Erfüllung. Sie sind nur zwei von unzähligen Beispielen dafür, dass Liebe, Harmonie und Glück durch nichts auf der Welt zu ersetzen sind. Die Menschen, die wir im Fernsehen und in der Presse bewundern und verehren, sind oftmals hinter der Kamera zutiefst unglücklich. Von ihnen wird verlangt, in jedem Moment perfekt zu sein, und der Mensch an sich wird in den Hintergrund gestellt. Oft verkümmert er unter der glänzenden Oberfläche. Wir dürfen in unserem Leben niemals unsere innersten Wünsche und Sehnsüchte aufgeben, denn kein Geld und keine Karriereleiter der Welt können uns unsere Glückseligkeit ersetzen. Menschen versetzen sich oft lieber durch Drogen, Alkohol, Medikamentenmissbrauch und Medienkonsum in einen „erträglichen", von der Realität abgewandten Bewusstseinszustand, der dem wirklichen Leben entfremdet ist, als durch die Kraft der heilenden Liebe die reale, wahrhaftige Erfüllung zu erfahren. Täglich wird in der Klatschpresse von neuen Skandalen berichtet, in die Prominente verwickelt sind. Egal, ob Alkohol- und Drogenkonsum oder Gewalttaten, die Zahl wird immer weiter steigen. Anstatt den Menschen die Hand zu reichen, zerpflückt sie die Presse und zieht sie durch Berichterstattungen und Reportagen in den Schmutz. Die Leute genießen die Geschichten und Skandale, weil sie bei ihnen einen zentralen Nerv treffen: Neid gegenüber denen, die mehr haben und Schadenfreude, wenn es ihnen dann an den Kragen geht. Diese Emotionen sind pures Gift für unser Unterbewusstsein! Mit diesem Giftcocktail schaden wir uns letztlich selbst und helfen obendrein noch fleißig dabei mit, das Leid in unserer Gesellschaft zu vermehren. Auf diesem fatalen Kreislauf fußt ein ganzer Wirtschaftszweig.

Versetze Dich nur einmal in die Lage dieser prominenten Menschen und überlege Dir, was Paparazzi, Klatschblätter und wir, die wir deren Ergüsse kaufen, anrichten. Eltern sorgen sich um ihre Kinder und regen sich über diese „falschen Vorbilder" auf. Kein Mensch kommt aber auf die Idee, dass Prominente keine Roboter sind und ebenso das Bedürfnis nach Freiheit und Glück haben. Menschen verfallen nicht in Depressionen, weil ihnen der Erfolg zu Kopf steigt, sondern weil sie nicht mehr in der Lage sind, ein ganz normales und erfülltes Leben zu führen. Deswegen werde ich nicht müde, zu betonen, dass wir uns nicht einfach blind materiellen Reichtum, sondern unser *Lebensglück* wünschen und schaffen sollen – den wahren, individuellen und unser gesamtes Sein umfassenden Wohlstand, der weit über klassisches Wohlstandsdenken hinausgeht. Von diesem kann monetärer Reichtum durchaus ein bedeutender Teil sein, aber er kann ihn nicht ersetzen. Was wir uns fälschlicherweise bei den Erfolgsmenschen – in unserem Beispiel den Prominenten – zum Vorbild nehmen, sind nicht diese Menschen *selbst*, sondern erdachte Bilder von ihnen, die uns über die Medien vermittelt werden. Kein Bild, das nicht einer wahren Person entspricht, kann aber ein Vorbild sein. Wenn Dein Nachbar überall herumliefe und fragwürdige Geschichten aus zweiter Hand über Dich erzählte, ohne Dich selbst überhaupt dazu gefragt zu haben, und die Leute glaubten ihm, wie fändest Du das? Trage hier selbst zur Besserung bei und hilf Deinen Kindern zu verstehen, dass all ihre Medienidole im Prinzip nichts weiter sind als erfundene Marketingfiguren, mit denen Geld verdient wird. Frag Dich auch selbst, welche Idole Du hattest - oder hast Du heute noch welche, denen Du nacheiferst? Für die Du eine Menge Geld ausgibst, um Dich letztlich durch ihre Musik, Kunst, Literatur - oder was auch immer es sein mag

– von den Problemen Deines eigenen Lebens abzulenken, anstatt sie anzupacken und Dein Leben *wirklich* zu verändern? Damit ich nicht falsch verstanden werde: Ich habe weder etwas gegen Medien, Kunst oder Literatur, noch möchte ich jemanden dazu auffordern, sich keine CDs seiner Lieblingsband mehr zu kaufen oder auf Konzerte zu gehen. Weit gefehlt, das würde ich auch schon allein deswegen nicht tun, weil ich dann dem *Gesetz der Liebe* widersprechen würde, und schließlich freue ich mich ja über den Erfolg, den Menschen mit ihrer eigenen Idee zu erreichen fähig waren! Ich will Dir nur klarmachen, dass Du Dich und Dein Leben nicht hinter Konsum, falschen, weil künstlichen, Vorbildern und der Flucht in Parallelwelten verstecken sollst, anstatt endlich aufzuwachen und Dein einzigartiges Leben selbst in die Hand zu nehmen. Denn was Du von all den Künstlern und Prominenten *wirklich* lernen kannst, ist, dass jeder erfolgreich sein kann, wenn er an seinen Erfolg glaubt und das tut, was seine Berufung ist!

Wir alle haben durch unser Denken, Fühlen und Handeln Anteil an der Vermehrung von Glück und Unglück. Warum versuchen wir nicht aktiv, uns auf das Gute und auf die Vermehrung der Liebe zu konzentrieren, anstatt ständig das Negative durch unsere Aufmerksamkeit weiter zu stärken? Jeder zweite mag mir heute Recht geben, kauft sich morgen am Kiosk aber wieder diese zerstörerischen Magazine und überflutet sein Unterbewusstsein aufs Neue mit Neid, Missgunst und Schadenfreude – dem absoluten Gegenteil von Liebe!

IV

WAS NOCH ZU TUN IST

Glücklich ist nicht, wer anderen so vorkommt,
sondern wer sich selbst dafür hält.
(Seneca)

Ich gratuliere Dir, dass Du schon bis zu dieser Stelle des Buches gekommen bist. Die Mehrheit der Menschen liest sich in ein solches Buch ein, wird mit sich selbst konfrontiert und entscheidet sich aus Angst, vielleicht unbequeme Entscheidungen treffen und hart an sich arbeiten zu müssen, das Buch beiseite zu legen und lieber den nächsten Ratgeber zu kaufen. Die Spirale der ewigen Suche wird auf diese Weise für viele nie enden. Es scheint, dass Du tatsächlich daran interessiert bist, Dein Leben zum Positiven zu verändern, und genau deshalb darfst Du Dir jetzt selbst einmal auf die Schulter klopfen.

Ich möchte dir in diesem Kapitel noch ein paar weitere Schätze ans Herz legen, die Dich auf dem Weg zu Deiner Selbstentfaltung unterstützen sollen.

Die Kunst der Ich-Entfaltung

Du solltest Mut haben und damit beginnen, alles Wunderbare, das die Schöpfung zu bieten hat, in Dein Leben einkehren zu lassen. Du bist der wichtigste Mensch in Deinem Leben, und Du hast ein Anrecht darauf, voller Freude, Reichtum und Gesundheit zu sein. Du darfst, ja, Du musst Dir sogar selbst der größte Glücksbringer sein. Kein Talisman, nicht Deine Eltern und auch nicht Deine Freunde können Dir wahren inneren Reichtum bescheren, denn Du bist der Autor Deines Lebens.

Frage Dich täglich, am besten morgens bevor du das Haus verlässt: *Was kann ICH mir heute selbst Gutes tun?* Denke nicht immer nur daran, wie Du dies und jenes anderen recht machen könntest, nein, *Du* bist der Mittelpunkt Deines Lebens. Fang endlich an, Dich so zu fühlen und Dein Tun danach auszurichten. Schaffe Dir das Paradies auf Erden, alles andere ist nicht im Sinne dieser wunderbaren Schöpfung. Was möchtest Du heute noch tun: Deinen Traumwagen Probe fahren, Dein Lieblingsrestaurant besuchen, stundenlang shoppen oder einfach nur zuhause auf der Couch liegen? Tu es, tu es einfach! Stell Dich auch niemals hinten an, wenn es beispielsweise um die Vergabe von Aufstiegsmöglichkeiten geht. Kein anderer hat eine Beförderung mehr verdient als Du, denn Du hast alles mit bestem Wissen und Gewissen dafür getan. Es ist nichts verkehrt daran, wenn Du zu Deinen Gunsten orientiert lebst, vorausgesetzt, es schadet keinem anderen!

Versteh mich bitte nicht falsch: Es geht hier nicht darum, dass Du ein egozentrischer und materialistischer Egoist wirst, im Gegenteil! Nur wenn Du selbst glücklich und zufrieden bist, kannst Du ein von Herzen Gebender sein und anderen Menschen durch Dein Vorbild auch Hoffnung und Liebe bringen. Der Unterschied zu Deinem Leben davor wird sein: je mehr Freude und Liebe Du Dir selbst schenkst, desto mehr wirst Du auch anderen davon abgeben wollen und *können*. Wenn Du Dich selbst zum Glücksmagneten machst, wirst Du es mit der Zeit auch automatisch für andere werden.

Mach Dir Gedanken darüber, was Dir Vergnügen bereitet und gönne es Dir. Du brauchst keinen Experten, der Dich darüber berät, wie Du Dich verwöhnen lassen kannst. Plane am besten schon am Wochenende schriftlich, was Du die komplette kommende Woche Tag für Tag machen möchtest, um Dir täglich etwas Gutes zu tun. Du solltest Dir das schriftliche Notieren Deiner positiven Vorhaben für die kommenden Tage zur Gewohnheit machen. Ideal dafür ist der Sonntag. Setz Dich ein paar Minuten hin und schreibe für jeden Wochentag das auf, was Du Dir gönnen möchtest. Es macht riesigen Spaß und bringt Dir eine Vorfreude, die Dich motiviert in die Woche starten lässt. Gewöhne Dir ab, wie vielleicht bisher einfach nur in den Tag hinein zu leben. Ergänzend hierzu solltest Du für jeden Tag auch eine gute Tat planen, um ein noch liebevollerer Mensch zu werden. Wann hast Du denn zuletzt Deine Eltern angerufen oder Deinen Geschwistern gesagt, dass Du sie gern hast? Könnte man sich auch nicht mal wieder bei der Tante oder einem alten Freund melden? Es wird Dir selbst gut tun, und Deine Liebsten freuen sich über Deine Aufmerksamkeit. Wenn wir diese Dinge nicht planen, gehen sie im Alltag oft unter, deshalb schreibe auf, was Du Schönes machen möchtest und folge Deinem Plan, es wird Dein Leben bereichern! Je mehr Freude und Aufmerksamkeit Du verbreitest, desto mehr wirst Du selbst davon erfahren.

Wer auf das Glücklichsein verzichtet, erfüllt sein Dasein nicht.
(Erhard Freitag)

Denke also nicht an das, was Dich belastet oder Dir bisher Dein Leben schwer gemacht hat, sondern an das, was Du bist und wer Du Dich zu sein sehnst. Dein Streben sollte danach ausgerichtet sein, Dich in ständiger Harmonie zu fühlen – und das nicht nur am Abend und am Wochenende oder während der Meditation, sondern auch ganz bewusst im Alltag! Denke immer an die positive Schwingung, die von Dir ausgehen sollte, und Du wirst selbst Positives anziehen. Willst Du Dir selbst Dein Glück schaffen, gehören unausweichlich liebevolle Taten in Deinen Alltag.

Mache die Probleme anderer nicht zu Deinen eigenen

Völlig abgesehen von den ganzen Baustellen, die wir in unserem Leben zu bewältigen haben, werden wir zusätzlich immer auch mit den Problemen anderer Menschen konfrontiert. Wenn wir uns in etwas wohl fühlen, dann ist es die Helferposition. Wir sind stets bemüht, für unsere Liebsten da zu sein und fühlen mit, wenn uns nahestehende Personen ihr Leid antragen. Bei allem Verständnis und aller Fürsorge solltest Du aber darauf achten, nicht eine „Mülleimer-Stellung" einzunehmen. Damit meine ich, Du sollst Dir die Probleme Deiner Mitmenschen nicht so zu Herzen nehmen, dass Du selbst von ihnen erdrückt wirst und sich unbemerkt fremder Müll in Dir einlagert. Je mehr Menschen sich bei Dir ausheulen und hemmungslos ausschütten, desto mehr destruktive Dateien werden auf Deiner Festplatte zusätzlich installiert. Vor allem solltest Du eines bedenken: Den meisten Menschen geht es kurzfristig besser, wenn sie sich ausheulen können und das tröstende Gefühl haben, dass man sich für sie interessiert und ihre Probleme ernst nimmt. Anders verhält es sich aber mit dem Mitleid: Wenn Du mit allen anderen, die Dir ihre Probleme schildern, mitleidest, wirst Du selbst aus dem Leiden nicht mehr herauskommen.

Vergegenwärtige Dir Folgendes: Leid lähmt und schwächt uns, ja, es kann sich häufig auch in körperlichen Beschwerden äußern. Wie willst Du aber für andere da sein, wenn Du selbst mitleidest und dadurch nicht bei vollen Kräften bist? Mit all Deinem Mitleid wirst Du weder Dir noch dem anderen weiterhelfen. Im Gegenteil, den anderen bestärkst Du durch Deinen Zuspruch in seiner Haltung und parallel schadest Du nur Dir selbst. Es ist also wichtig, dass Du beginnst, „liebend zu beobachten", anstatt die Probleme der anderen zu Deinen eigenen zu machen. Egal, mit welchem Problem ein Freund in Zukunft zu Dir kommen mag, steh ihm zur Seite, gib ihm weisen Rat und beobachte seine Situation liebevoll. Pack auch mit an, wenn es um praktische Dinge geht. Hüte Dich aber davor, Dich in die Probleme des anderen selbst hineinzusteigern. Es gibt Gründe dafür, weshalb eine Dir nahestehende Person Probleme hat, denn auch sie hat sich diese in ihr Leben gezogen. Gewöhne Dir an, jemand zu sein, der Mut und Hoffnung verbreitet. Sei lieber ein positives Vorbild als eine Anlaufstelle, bei der man sich wortwörtlich „auskotzen" kann. Es wird Dir nicht viel bringen, morgens positiv zu affirmieren und Dir nachmittags von einem Bekannten wieder eine geballte Ladung Gedankenmist eintrichtern zu lassen. Natürlich wird Dich niemand mit der Absicht besuchen, Dir absichtlich zu schaden, indem er Dir Dein Unterbewusstsein zumüllt. Genau deshalb solltest Du Dein Umfeld an Deiner Veränderung teilhaben lassen, damit die Leute verstehen, warum Du an einer Wandlung zu einem positiven Leben arbeitest. Vielmehr als mit einem kurzfristigen Kitten von Problemen und Wehwehchen hilfst Du Deinen Freunden durch ein Vorleben der ewigen Philosophie als lebendiger Beweis dafür, dass sie tatsächlich existiert. Sprich mit Deinen engen Leuten beispielsweise über dieses Buch, und je mehr es gelesen haben und anwenden, desto weniger wird es geben, die Dich in Zukunft noch unbewusst als Müllstation benutzen. Wecke in anderen den Wunsch, glücklich zu sein, und werde Botschafter der hier beschriebenen Gesetzmäßigkeiten. Motiviere Deine Lieben, das eigene Leben in die Hand zu nehmen, und stärke niemanden in seiner negativen Denkweise. Erkläre den Menschen, dass ihre Probleme hausgemacht sind, und Du wirst ihnen dadurch einen Dienst erweisen, der unendlich wertvoller ist als jeder Zuspruch und alles Mitleid. Höchstwahrscheinlich wird es so sein, dass nicht alle Leute Deine Entwicklung mittragen wollen und Dich am liebsten so behalten würden, wie Du vorher warst. Lass Dich von Unkenrufern nicht entmutigen, lass ihnen ihre Zweifel. Denke Du an den Fußballspieler Markus P. und konzentriere Dich auf Deine eigene Entwicklung und auf Deinen Glauben. Jeder, dem Du wirklich wichtig bist, wird sich Mühe geben, Dich zu verstehen. Und an dieser Stelle musst Du Dich fragen, welche Leute für Dich tatsächlich wichtig und wertvoll sind – spätestens in diesem Moment wirst Du sie erkennen!

Ganz abgesehen von dem viralen Effekt auf unser Unterbewusstsein, der durch destruktives Fühlen, Denken und Handeln entsteht, kommt auch hier wieder das Gesetz der Anziehung zum Tragen. Wenn Du Dir die Sorgen anderer zu Herzen nimmst und emotional mitfühlst, wird das Gesetz der Anziehung auf diese von Dir ausgehende negative Schwingung reagieren und das Destruktive verstärken. Damit kannst Du im Extremfall das Schlechte nicht nur selbst anziehen, sondern die Probleme derjenigen, denen Du eigentlich helfen möchtest, unabsichtlich verstärken! Achte deshalb darauf, immer nur dem Schönen, Guten und Wahren Deine Aufmerksamkeit zu schenken. Denn nur dieses hat Bestand und wird Dein Leben nachhaltig positiv verändern. Vergiss niemals, dass Dein Schicksal in Deinen eigenen Händen liegt, und dass Du alles erreichen kannst, was Du möchtest, wenn Du es nur von Herzen bejahen und glauben kannst.

Außer sterben musst Du überhaupt nichts

Streiche bitte ab sofort die Worte *Ich muss* und *Ich darf nicht* aus Deinem Wortschatz. Eine der größten Belastungen und Einschränkungen, die wir uns selbst aufbürden, ist der selbst geschaffene Freiheitsentzug durch ein ständiges Gefühl des Müssens. Warum neigen wir Menschen dazu, immer wieder das Gefühl zu haben, gewisse Dinge tun zu müssen oder etwas nicht zu dürfen? Weshalb haben wir andauernd ein schlechtes Gewissen, wenn wir Dinge tun wollen, die uns eigentlich erfüllen würden und an denen wir Freude hätten?

- *Wenn ich das mache, dann flippt mein/e Mann/Frau aus!*
- *Ich kann nicht das dritte Mal in Urlaub fahren, denn was denkt denn sonst XY?*
- *Das würde mir zwar Spaß machen, aber aufgrund dieser und jener Tatsache muss ich dies und das und kann deshalb nicht...*

Von Kindheit an sind wir mit diesem leidvollen *Müssen* und *nicht Dürfen* konfrontiert worden. Viele wurden in ihrem Elternhaus fälschlicherweise nach der Regel erzogen, dass das Nichtbefolgen eines *Ich muss* oder eines *Ich darf nicht* eine Strafe mit sich bringt, während das brave Befolgen von Regeln vor negativen Folgen schützt und dem Kind Vorteile verschafft. Diese Erziehung hat sich in unserem Unterbewusstsein als hartnäckiger Glaubenssatz niedergeschlagen.

Alle Muster, die wir von Kindesbeinen an übernommen haben, sitzen sehr tief in uns fest und bestimmen nachhaltig unsere Lebensqualität. Fast alle Instanzen, die unsere Erziehung mit beeinflusst haben, arbeiten mit derselben *Du musst-* oder *Du darfst nicht-Methode*: Egal, ob die Eltern uns eingeredet haben, wenn dies und das nicht geschehe, müssten wir dieses oder jenes erleiden, ob die Kirche uns predigt, „Ihr dürft keinen Sex vor der Ehe haben, sonst kommt Ihr in die Hölle", oder ob die Massenmedien für uns bestimmen, welche Kleidung wir tragen müssen, weil wir sonst *out* sind.

Mach Dir klar, was Du Dir durch dieses *Nichttun* – das Du eigentlich nicht für Dich, sondern für andere nicht tust – selbst *antust*. Wie steht es mit Deinem Leben? Verhältst Du Dich die meiste Zeit auch so, wie Dich andere gerne hätten? Selbst wenn Du das verneinst, überprüfe einmal ganz genau, ob der eine oder andere Fremdeinfluss nicht auch Deine Lebensqualität in der Vergangenheit negativ bestimmt hat und Du mit Deinem jetzigen Wissen nicht einiges anders machen würdest. Auch hier greift wieder das Prinzip von Ursache und Wirkung. Negative Verhaltensmuster, die wir wie schweren Ballast durch unser Leben ziehen, beeinflussen uns nachhaltig, und auf die gesetzte Ursache *Ich muss* oder *Ich darf nicht* – was gleichzusetzen ist mit Mangel und Einschränkung – kann die Wirkung nur ein ausbleibendes Freiheitsgefühl und schließlich tatsächlicher *Mangel* sein. Du solltest schleunigst damit beginnen, alle Entscheidungen für *Dein* Leben aus *Deinem* Gefühl und *Deinen* Überzeugungen heraus zu treffen. Hierfür ist es wichtig zu verstehen, dass es ein Irrglaube ist, irgendjemandem etwas Gutes tun oder ihm helfen zu können, wenn man selbst dabei leidet oder seine Lebensqualität einschränkt. Lass los! Lass alle *vermeintlichen* Verpflichtungen los, denen Du Dich nur unterwirfst, um anderen etwas

Recht zu machen, die Dich selbst aber leiden lassen. Es werden Wunder über Wunder geschehen, und Du wirst ein positives Erlebnis nach dem anderen in Dein Leben ziehen. Wenn Du erst damit begonnen hast, ist der erste Schritt zu Deiner Vollkommenheit bereits getan. Als freier Mensch zu leben, die Fülle und Liebe zu erfahren, die Du verdient hast, und das zu tun, was Dich von Herzen erfüllt, ist der wirkliche Weg zum Glücklichsein. Halte Dir immer vor Augen, dass Du es verdient hast, ja, dass es Dein natürlichstes Recht ist, glücklich zu sein!

Ein Leben zu führen, das daraus besteht, sich Leid, Kummer und Unzufriedenheit zu beugen, um anderen einen Gefallen zu tun, kann nur Schlechtes anziehen und in Krankheit und Depression enden. Diese wirst Du so lange mit Dir herumschleppen, bis Du akzeptiert hast, dass Du bisher einen *falschen Weg* eingeschlagen hast, der nicht dazu führt, dass Du Dir Deine Träume und Wünsche erfüllen wirst.

Es ist mein Anliegen, Dich zur Sonnenseite des Lebens zu führen, und dazu ist es unumgänglich, Dir ganz klar zu verdeutlichen, dass Du selbst Dein Leben nur dann zum Positiven wenden kannst, wenn Du ein eigenständiger Mensch wirst, der alle Entscheidungen aus seinem Herzen heraus trifft und sich dabei niemals von anderen abhängig macht. Auch wenn Du bisher in diesem Bereich *Fehler* – oder nennen wir es lieber Lernschritte – gemacht hast, selbst wenn es schwerwiegende, über Jahre andauernde Missstände waren: verzeihe Dir selbst, und lass den heutigen Tag den Beginn Deines neuen Lebens sein! Schon Konfuzius sagte: *„Wer einen Fehler gemacht hat und ihn nicht korrigiert, begeht einen zweiten."* Achte also ab sofort darauf, Dein Denken und Handeln auf Dich selbst auszurichten. Lege jetzt am besten erst mal das Buch beiseite und tu das, worauf Du so richtig Lust hast, ohne Rücksicht darauf zu nehmen, ob das nun irgendjemandem passt oder nicht.

Bereue nie, was du getan hast, wenn Du im Augenblick des Geschehens glücklich warst

Jeder Mensch hat im Laufe seines Lebens „Baustellen" angehäuft, die ihn heute noch belasten. Auch Dich belasten sicher Dinge, die in der Vergangenheit geschehen sind, als Du „falsche" Entscheidungen getroffen oder Dich falsch verhalten hast. Egal, was auch geschehen sein mag: wenn Du dabei keinem anderen Menschen Schaden zugefügt hast und kein schlimmes Leid durch Dich entstanden ist, gibt es nichts, worüber Du Dir Gedanken machen müsstest. Wenn Du aber jemanden enttäuscht oder verletzt haben solltest, sieht es schon anders aus.

Vor kurzem kontaktierte mich eine junge Frau, die vom schlechten Gewissen geplagt war, weil sie ihren Freund verlassen hatte und dieser anschließend unter schwersten Depressionen und Alkoholproblemen litt. Sie machte sich über Monate hinweg entsetzliche Vorwürfe und erlitt dadurch anhaltende Magenbeschwerden. Ich sagte ihr, dass sie nur eines begreifen müsse, um alles Leiden, das sie durchlebte, loszulassen: *Begreife, dass Du nichts bereuen musst, was Du getan hast, wenn Du in dem Augenblick glücklich warst.* Ich erklärte ihr, dass sie nicht wirklich etwas Schlimmes getan habe, indem sie ihren Ex-Freund verließ, wenn sie die Entscheidung nach bestem Wissen und Gewissen und in Übereinstimmung mit ihrer inneren Führung getroffen habe. Tatsächlich hat sie sich in diesem Fall nichts vorzuwerfen, denn für die Entgleisungen ihres Ex-Partners trägt sie keine Schuld. Im Endeffekt hatte die Resonanz zwischen den beiden einfach nicht wirklich gestimmt, und eine Trennung war unausweichlich, weil sie von Anfang an nicht *richtig* füreinander gewesen waren. Die Frau fühlte sich in diesem Augenblick wie befreit und war so glücklich, das ewige Hin und Her ihrer zerbrochenen Beziehung endlich auch geistig hinter sich lassen zu können. Ich erklärte ihr, dass auch ihr Ex-Freund diese Situation brauche, um geistig zu wachsen und sich selbst zu überwinden. Sie war nicht verantwortlich für sein Leid, warum denn auch? Jeder Mensch ist „auf dem Weg", und wenn er nach einer „Ent-Täuschung" die richtige Fahrspur nicht wiederfindet oder einen Umweg fährt, liegt das einzig und allein in seiner Verantwortung. Diese Person *braucht* ihr Leid, um zu erkennen, dass sie den falschen Weg beschreitet. Der ehemalige Lebenspartner aus diesem Beispiel litt nicht ausschließlich darunter, verlassen worden zu sein, sondern vielmehr darunter, dass er in einer falschen Wahrnehmung lebte und viele Baustellen hatte, die er zuerst beseitigen musste. In ihm war noch nicht das Bewusstsein dafür erwacht, dass auch er etwas Wertvolles ist und die richtige Partnerin schon irgendwo auf ihn warten könnte, wenn er sich im Geist für eine große Wandlung öffnen und seine Trennungsängste loslassen würde. Stattdessen klammerte sich dieser Mann an seine Ex-Partnerin – oder richtiger: an seine Vorstellung von ihr, die nicht der Realität entsprach. Die Trennung hatte ihm nur den „Rest" gegeben, aber der Mensch an sich war nicht allein durch diese Trennung zerbrochen. Vielmehr mag ihm diese Frau begegnet sein, um ihm eine weitere Erfahrung zu ermöglichen, nämlich dass er – so hart es sich auch anhört – mit seinem bisherigen Leben und seinen Vorstellungen auf dem falschen Weg war.

So solltest übrigens auch Du das Leben und Deine negativen Erfahrungen betrachten! Die Frau unterbrach mich plötzlich und sagte: „Christian, ja natürlich, ich dumme Kuh, jetzt verstehe ich, was ich davor über Jahre hinweg gelesen habe!" Eine Woche nach unserem Gespräch schrieb sie mir eine dankbare Email, in der sie mir mitteilte, dass ihre Bauch-schmerzen verschwunden waren. Sie könne wieder die Freude am Leben empfinden, und ihren Ex-Freund betrachte sie nur noch mit liebenden Augen und wünsche ihm alles Liebe und Gute dieser Welt.

Weine nicht, weil es vorbei ist, lache, weil es überhaupt passiert ist.
(Gabriel García Márquez)

Wir dürfen uns nicht über Situationen den Kopf zerbrechen, in denen wir getan haben, was getan werden musste, auch wenn es uns auf den ersten Blick falsch erschien. Wenn wir unter vergangenen Ereignissen leiden, installieren wir ein dementsprechendes Programm und ziehen dadurch noch mehr Leid an. Sei dankbar für Deine Erfahrungen und verzeihe vor allem erst einmal Dir selbst, wenn Du Dir tatsächlich etwas vorzuwerfen hast. Wichtig ist nur, zu verstehen, dass die Schöpfung uns nicht mut- und böswillig leiden lässt; alle destruktiven Gefühle in uns sind hausgemacht. Deinen geistigen Flensburger Strafenkatalog hast Du Dir selbst geschaffen, und Du bist der einzige, der die darin befindlichen Punkte wieder löschen kann. Bereue also keine Situationen mehr, in denen Du Glück, Harmonie und Befreiung empfandest.

Davon abgesehen sei aber noch Folgendes gesagt: Wir Menschen tendieren dazu, uns immer aus allem herauswinden zu wollen. Hast Du tatsächlich „Mist" gebaut, dann steh auch zu Deinen Taten! Es mag sein, dass Du nach dem Gesetz von Ursache und Wirkung tatsächlich einmal unangenehme Folgen zu tragen haben wirst, aber dann steh dazu und nimm sie an! Sei mutig, erkenne Fehler, entschuldige Dich auch für sie bei den Betroffenen und bemühe Dich selbst um Buße, Schadensbegrenzung und Wiedergutmachung. Auf diese Weise werden Dich die Folgen nicht irgendwann unerwartet aus dem Hinterhalt treffen können.

Stärke Deine Emotionalität

Wir sind nun an einem Punkt angelangt, der nicht immer ganz leicht zu verstehen ist: die Emotionalität. Sie ist von unschätzbarem Wert, denn unsere Wünsche und Ziele werden nur in Erfüllung gehen, wenn wir sie mit *Emotionen* besetzen. Die Frage ist also: Wie ist es um Deine Emotionalität bestellt? Frauen gestattet man, emotional zu sein. Sie können lachen und weinen, wann sie wollen, und laut gängigem Klischee sind sie „näher am Wasser gebaut". Männer nicht! Ein Mann weint nicht! Dieses Programm haben wir in uns, die *Datei* „Ein Mann weint nicht" ist bei den meisten Menschen leider ganz tief gespeichert. Weinen zu dürfen bedeutet, Gefühle zeigen zu dürfen, und nicht zu weinen bedeutet, keine Gefühle zu zeigen. Jetzt soll ein Mann seine Wünsche also emotional besetzen, kann es aber nicht, weil er gelernt hat, nicht emotional sein zu dürfen. Das ist ein großes Problem, bedeutet aber nicht, dass Mann es nicht doch lernen kann. Dieses Lernen gibt es aber wiederum nicht zum „Nulltarif", sondern es kostet Mühe. Du musst jeden Tag aufs Neue lernen, Dich zu freuen und glücklich zu sein – jeden Tag aufs Neue! Wünsche Dir täglich etwas, was Dir gut tut, Dich erfreut und Spaß haben lässt. Erst dann entwickelt sich allmählich ein neues Programm, und es wird in Deinem Unterbewusstsein eine *neue Datei* aufgemacht, in der Parameter abgespeichert werden, die zum Glücklichsein gehören.

In der Regel machen wir anderen gerne eine Freude – das ist auch schön und wunderbar so. Uns selbst klammern wir dabei aber oft aus, obwohl es genau umgekehrt sein müsste. Wir können einen anderen nur lieben wie uns selbst, und das ist das verzwickte Problem. Die Mehrheit aller Menschen hat in ihrer Kindheit viel zu wenig Zuneigung und Liebe erfahren dürfen und hatte dadurch nicht die Chance, das Gefühl zu entwickeln, wirklich liebens*wert* zu sein. Wir sind durch unsere Erziehung, die oft lieblos verlaufen ist, ernüchtert worden, und unsere Eigenliebe konnte sich oftmals nicht entwickeln. Wir können die Datei *Gefühle* aber auffüllen und mächtig werden lassen. Viele Männer zeigen nach außen hin keine Gefühle, aber sie tragen eine gewaltige Menge davon in ihrem Inneren mit sich herum. Sie können sich enorm freuen, zeigen es aber nicht in vollem Umfang. Damit leben Männer nur die Hälfte ihrer Energie aus, denn sie können sich zwar freuen, ja, außer sich vor Freude sein, aber sie zeigen es nicht und sprechen nicht darüber, weil Freude in ihrer Erziehung von Kindheit an negativ besetzt wurde.

Ein kleines Kind, das sich freut, ist außer sich, es tobt, schreit, rast wie wild herum, und was passiert? Die Eltern sind die ersten Male ganz froh über ihr lebendiges Kind, aber dann folgen irgendwann die ernüchternden Worte: „Musst Du so laut sein, hör doch auf, so zu schreien!", und das Kind kann nicht verstehen, was da vor sich geht. Für das Kind sind Freude und Toben eins, und wenn einem Kind das „Lautsein" verboten wird, entnimmt es daraus: Ich darf mich nicht freuen! Und das steckt in uns allen. Wir sind in Sachen Freude völlig blockiert worden, weil Freude für unsere Eltern mit Krach und Lärm verbunden und damit negativ besetzt war. Nach diesem Muster sind wir in unserer Gesellschaft erzogen worden.

Frauen sind weniger vorbelastet und haben durch ihre Emotionalität und ihr Feingefühl eine enorme Kraft. Oftmals gleitet diese Kraft aber ins Negative, was sich dann in Form gesteigerter Ängste, Befürchtungen oder dem Glauben, unterwürfig sein zu müssen, manifestiert. Dadurch, dass Frauen eine stärkere Emotionalität besitzen, haben sie auch bedeutend mehr zu ertragen und leiden mehr als die Männer. Die nehmen viele Dinge nicht einmal wahr und sind deshalb von Natur aus einem geringeren Leidensdruck ausgesetzt. Oft ignorieren sie Dinge einfach. Sie reden nicht darüber; Problem erledigt. Männer können auch Ärger miteinander haben. Dann gibt es kurz einen großen Krach, und die Sache ist meist schon vorbei – spätestens nach ein paar Flaschen Bier.

Bei Frauen geht das nicht so einfach. Sie tendieren beim Streit eher zu einem Langzeitgedächtnis und vergessen Verletzungen nie. Natürlich gibt es auf beiden Seiten „solche und solche", aber die seit der Kindheit anerzogenen Unterschiede zwischen den Geschlechtern machen uns heute als Erwachsene nachhaltig Probleme, insbesondere, wenn es um das Führen einer glücklichen Beziehung geht.

Achte auch als Mann darauf, nicht zu rational und sachlich zu sein. Du darfst Dir auch erlauben, einmal traurig zu sein, denn das gehört zu unserem Leben. Das Traurigsein ist wie ein Helfer, der Dir, während Du traurig bist, sagt: *Ich glaube, ich muss wieder ein bisschen was tun.* Das Traurigsein hilft Dir und sagt Dir, dass Du bemüht sein solltest, aus der Situation, in der Du Dich befindest, Auswege zu suchen und wieder herauszufinden.

Fazit
Du solltest Dir ständig über die große Bedeutung Deiner Emotionalität bewusst sein. Fördere sie und fang an, Dich wieder wie ein kleines Kind zu freuen. Erlebe das Glücksgefühl und beflügle jeden einzelnen Wunsch, den Du hast, mit einer ganz starken Emotion. Wenn Dir etwas Tolles gelungen ist, ob eine Beförderung, ein Lottogewinn, der Erwerb von Wohneigentum oder was auch immer: geh in den Wald und schrei vor lauter Glück und Dankbarkeit, tanze im Badezimmer, lass Deiner ganzen Freude und Deinen Emotionen freien Lauf! Du wirst auf diese Weise Dein Leben um ein Hundertfaches an Glück bereichern.

Fülle die Leere in Deinem Herzen

Du hast in diesem Buch bereits viel über die Themen Liebe, Erfolg und Glück gelesen, und wenn Du dem Gelesenen Bedeutung gibst, wird es in Deinem Leben auch von Bedeutung sein, und Du wirst Deine Sehnsüchte leben können. Doch von einer ganz bestimmten Sehnsucht habe ich noch nicht geschrieben, und zwar von der Sehnsucht nach Fülle im Herzen. Dieses Kapitel widme ich Männern ebenso wie Frauen, und ich wünsche mir, dass ich Dir mit diesem Kapitel einen weitreichenden

Denkanstoß geben kann. Ich möchte, dass Du Dir für die folgende Frage eine kurze Auszeit nimmst und sie auf Dich wirken lässt:

Könnte es sein, dass die größten Sorgen in Deinem Leben etwas mit unerfüllten Sehnsüchten zu tun haben?

Könnte es also sein, dass Du Dich in Wahrheit nach einer tiefen Anerkennung sehnst und dieses Gefühl in Wirklichkeit noch viel größer ist als der Wunsch nach Reichtümern und Erfolg? Ist es möglich, dass Du sogar ein Stück weit leidest, weil Du eine gewisse Leere im Herzen verspürst? Ein Gefühl der Leere, ohne es wirklich genau definieren zu können? Und sehnst Du Dich nicht insgeheim danach, in einer Form begehrt und wahrgenommen zu werden, wie Du es vielleicht nur aus Filmen kennst? Bist Du an dieser Stelle einmal von Grund auf schonungslos ehrlich zu Dir selbst, wird Dich meine Frage mit großer Wahrscheinlichkeit ins Grübeln gebracht haben, oder nicht?

Ich hole hier ein Thema an die Oberfläche des Bewusstseins, das wir Menschen allzu gerne völlig unterdrücken. Ja, wir gehen sogar so weit, dass wir uns vor den Gefühlen, die mit unseren Sehnsüchten verbunden sind, verstecken. Genau dieses Verstecken vor unseren Gefühlen lässt uns Menschen oft nie finden, was wir eigentlich suchen. Fühlst Du Dich nicht auch immer wieder innerlich zerrissen? Kommen nicht auch in Dir immer wieder folgende oder ähnliche Gefühle zum Vorschein?

- *Wie schön wäre es, wenn ich auch einmal im Mittelpunkt stehen könnte und das Selbstbewusstsein besitzen würde, meine eigentlichen Fähigkeiten zum Ausdruck zu bringen!*
- *Wie schön wäre es, wenn mein Partner oder meine Partnerin mir doch einmal das Gefühl geben könnte, nach dem ich mich insgeheim so sehr sehne!*
- *Wie schön wäre es, wenn ich einmal spüren könnte, wie ich von Herzen begehrt werde!*
- *Wie schön wäre es, mit hundertprozentiger Sicherheit zu wissen, von Herzen geliebt und als ideal empfunden zu werden!*

Aufgabe
Mach Dir eine solche Liste über Deine verborgenen Sehnsüchte, und sei dabei schonungslos ehrlich zu Dir!

Ich gehe so weit zu behaupten, dass genau diese nicht gestillten Sehnsüchte uns die „seelische Hölle auf Erden" erleben lassen. Um nicht verrückt zu werden, versuchen wir dann, diese Gefühle mit Ersatzbefriedigungen zu kompensieren. Frauen befriedigen sich meist mit Genüssen wie Shoppen oder Wellness, um dadurch wenigstens ein wenig an der Tür zu kratzen, hinter der sich die Erfüllung ihrer wahren Wünsche und Sehnsüchte verbirgt. Durch das Lesen von Frauenromanen, Klatsch- und Tratschzeitschriften oder durch das intensive Mitfühlen in Liebesfilmen schaffen sie sich eine phantasievolle Parallelwelt, in der sie wenigstens ersatzweise an den Empfindungen anderer Menschen teilhaben können. Nicht selten wird das Glücksgefühl auch in Affären gesucht, was kurzfristig auch zu einer Ersatzbefriedigung führt. Aber schon kurze Zeit später fühlt sich „Frau" erneut hungrig, da ihre Leere wieder aufs Neue gefüllt werden muss und der ursprüngliche Schmerz immer wieder zurückkehrt.

Bei den meisten Männern verhält es sich ähnlich, nur drückt sich ihr Verhalten im Vergleich zu dem von Frauen in einer etwas anderen Form aus. Männer suchen ihre Ersatzbefriedigung häufig darin, dass sie dort Zeit verbringen, wo sie endlich einmal etwas zu sagen haben und ihre Meinung preisgeben können. Ob das nun das Kundtun ihrer Überzeugungen am Stammtisch ist oder das Gespräch über das Fußballspiel am Samstagnachmittag, Männer suchen hier durch „Recht haben" ihre Ersatzbefriedigung. Hör einmal aufmerksam ein paar Männern zu, die über ein Fußballspiel diskutieren. Jeder hat seine eigene Erklärung dafür, was denn da los war und warum man selbst es doch vollkommen anders gemacht hätte. Ob es um Sport, Politik oder gesellschaftliche Fragen geht, „Mann" versucht, sich in den Vordergrund zu stellen und will derjenige sein, dem der ganze Tisch um ihn herum Recht gibt. Sie engagieren sich auch gerne in örtlichen Verbänden und Vereinen – Hauptsache ist, sie haben irgendwo etwas zu „sagen", sei es auch nur der Posten des Schriftführers im Gartenzwergverein. Andere lenken sich von ihren Defiziten durch Affären ab oder betäuben sie durch regelmäßigen Alkoholkonsum, und wieder andere verarbeiten ihre Gefühle durch den schnellen Kick beim Motorradfahren oder Risikosport. Nicht gelebte sexuelle Sehnsüchte enden häufig im Bordell, ob Single oder liiert, ist meistens egal. Denn eine Prostituierte gibt „ihm" endlich das Gefühl, „ein wahrer Mann" zu sein. Endlich darf er einmal seine Herrschaftsinstinkte über eine Frau ausüben und sich der Illusion hingeben, dass es ihr tatsächlich gefällt.

Doch am Ende des Tages liegen sowohl Mann als auch Frau wieder auf der heimischen Couch und spüren die Leere in ihrem Herzen, und in dieser Spirale verbringen die meisten Menschen ihr ganzes Leben. Genau diese Flucht in die Ersatzbefriedigung bringt uns das Gegenteil von Erlösung, vielmehr noch fördern wir damit ein *Geschwür in unserer Seele*, das im Laufe unseres Lebens immer größer wird.

Eine der größten Hürden im Leben des Menschen ist es, genau diese Kehrtwende zu schaffen: weg von Ersatzbefriedigungen, hin zu wahrhaftiger Selbstfindung. Ich erlebe nach meinen Suggestions-Coachings sehr häufig, dass Menschen sagen, sie fühlen sich jetzt „ganz". Dieses *Ganz-Gefühl* können sie aber nicht recht in Worte fassen, da es ein völlig neues Lebensgefühl für sie ist. Sie empfinden sich auf einmal als begehrenswert, besonders und stark, obwohl sie doch noch die gleichen Menschen sind. Menschen, die angefangen haben, sich „ganz" zu fühlen, sind aber Menschen, die endlich das Göttliche in sich erkannt haben. Und genau dieses Göttliche in uns selbst zu finden ist der sichere „Code", um die Schwelle zur Sonnenseite des Lebens zu überschreiten. Es ist also wieder einmal die Suche nach unserem „wahren ICH", denn nicht umsonst sagte Carl Gustav Jung: *„Keiner meiner Patienten, der seine religiöse Lebenshaltung nicht wiedererlangte, wurde wirklich geheilt"*. Ich bin ziemlich sicher, dass der erfolgreiche Psychotherapeut damit nicht nur körperliches Leiden meinte. Wir könnten seine Aussage folgendermaßen abwandeln:

Kein Mensch wird jemals sein Lebensglück finden, wenn er nicht begreift, dass er ein wundervoller Teil der Schöpfung ist. Nur durch den Glauben daran und an sich selbst wird er sich „ganz" fühlen können.

Wie erlangst Du aber nun dieses Gefühl des *Sich-Ganz-Fühlens*?

Der erste Schritt ist das Erlangen Deines inneren Friedens. Der Mensch, der in dem Gefühl des absoluten Friedens mit sich selbst und der Welt lebt, ist *von sich selbst* erfüllt, und er hat deshalb auch keinen Platz für eine Leere im Herzen.

Um uns ein geistiges Bild zu schaffen, möchte ich den Vergleich mit einer leeren Flasche heranziehen. Ich kann sie mit allem befüllen, was ich gerade zur Hand habe, sie ist offen für alle „Ein-Flüsse". Ob Du nun Wasser, Milch oder Gift in die Flasche füllst, sie kann sich nicht wehren, und das „arme Ding" ist seinem Besitzer völlig ausgeliefert. Genauso wie bei der Flasche ist es auch bei den meisten Menschen, die eine Leere in sich empfinden. Ihr Unterbewusstsein ist davon abhängig, was sie und andere in es hineinschütten. Dazu gehören eine Vielzahl von Gedanken, Gefühlen und Emotionen, die andere in ihnen auslösen, ebenso wie Glaubenssätze und Heilslehren jeglicher Art. Da eine Flasche nicht dazu geschaffen wurde, leer zu bleiben, würde sie, wenn sie es könnte, sich sicherlich danach sehnen, immer ihren Dienst zu erfüllen, also gefüllt zu sein. Auch wir Menschen sind nicht dafür geboren worden, um „leer" zu bleiben, was uns durch unser großes Bedürfnis nach „Erfüllung" klar vor Augen geführt wird. Um die Leere in Deinem Herzen durch Liebe zu ersetzen, musst Du also Deine „Flasche" füllen. Und das kannst Du tun, indem Du erkennst, dass Du ein Ausdruck göttlichen Schöpfungswillens bist. Ja, Du selbst bist ein Schöpfer und in Dir schlummern göttliche Fähigkeiten, die Dir alles, aber auch absolut alles ermöglichen. Oder warum heißt es:

Ihr seid Götter, Ihr alle seid Söhne des Höchsten.
(Psalm 82,6).

Wenn Du das akzeptieren kannst, wird sich Dein Leben in ein pures Freudenfest verwandeln. Wenn Du Dir jeden Tag aufs Neue diese Wahrheit vor Augen führst, wirst Du Deine Flasche bis zum Rand mit purer Lebenskraft und Vitalität füllen. Dir wird eine Kraft zuteil werden, mit der Du tatsächlich Wunder vollbringen kannst. Eines dieser Wunder ist bereits das Verschwinden Deiner inneren Leere, wodurch Du endlich in der Lage sein wirst, genau das im Überfluss zu erleben, was Dir bis dato fehlte, nämlich einfach alles, nach dem Du Dich so sehr gesehnt hast.

Stell Dir vor, Du besuchst einen Freund, der verschiedene Flaschen in seinem Weinkeller gelagert hat. Manche Flaschen sind leer, wieder andere sind mit kostbaren Weinen gefüllt. Welche Flasche zieht Dich wohl mehr an: die edle Flasche Château Rothschild oder die leere Flasche Billigwein aus dem Discounter? Selbstverständlich gehst du sofort und ohne Umwege zu der edlen, sündhaft teuren Weinflasche, um sie zu bewundern und wenigstens einmal in der Hand gehalten zu haben. Übertragen auf Dich und Dein Leben werden es andere Menschen honorieren und sich magisch zu Dir hingezogen fühlen, wenn Du Dich selbst als ganz und wertvoll empfindest und bis an den Rand von Liebe erfüllt bist.

Übung

Gehe in die absolute Ruhe der tiefen Meditation. Stell Dir vor, wie Du eine Treppe zu einer herrlichen Berglandschaft mit wundervollen saft-grünen Bergwiesen hinaufgehst. Wenn du oben angekommen bist, fühlst Du Dich absolut wohl und erlebst die Natur in ihrer gesamten Fülle. Lege Dich nun geistig in diese prachtvolle Wiese, und sage Dir fol-gende Worte immer und immer wieder:

Frieden ist in meinem Herzen und Frieden ist in meiner Seele!

Nach nur wenigen Minuten wird Dich ein unglaubliches Glücksgefühl durchströmen. Nun rufst Du das imaginäre Bild hervor, dass Du vom Scheitel bis zu den Zehenspitzen mit einer ganz besonderen Kraft erfüllt wirst. Das Unterbewusstsein reagiert am besten auf die Vorstellung eines angenehmen, warmen Lichts, das Dich durchströmt. Mach das Ganze so lange, bis Du das Gefühl hast, mit dieser Energie völlig aufgeladen zu sein. Hör nicht auf, bis Du in jeder Körperzelle die Kraft, die Dir zuteil wird, spürst. Währenddessen wiederholst Du immer wieder die Affirmation:

Frieden ist in meinem Herzen und Frieden ist in meiner Seele!

Wenn Du das konsequent machst, wird in kürzester Zeit Deine „innere Leere" verschwunden sein. Ist diese Leere einmal verschwunden, kannst Du Dich an die weitere Arbeit an Deiner Zukunft machen, um der Mensch zu werden, als der Du von der Schöpfung gedacht wurdest.

Raus aus der Pseudozufriedenheit

Wie hast Du eigentlich den bisherigen Teil Deines Lebens verbracht? Eine fernöstliche Weisheit besagt: *Die Lebensspanne ist dieselbe, ob man sie lachend oder weinend verbringt.* Die meisten Menschen behaupten, ein glückliches und zufriedenes Leben zu führen, denn sie haben angeblich „alles, was sie brauchen". Doch meistens steckt hinter dieser Zufriedenheit eine Kapitulation vor dem Leben:

Es ist nicht so schlimm, dass ich nicht reich bin, ich bin ja gesund, und das ist viel wichtiger.
Schlank zu sein ist mir nicht wichtig, ich fühle mich wohl, wie ich bin.
Ich brauche das nicht, im Mittelpunkt zu stehen, ich fühle mich am wohlsten, wenn ich meine Ruhe habe.

Es gibt prinzipiell keinen Menschen, der insgeheim nicht danach strebt, von seiner Umwelt geachtet, bewundert und geschätzt zu werden. Und es gibt niemanden, der nicht auch gerne einmal die „Mannschaftsführerbinde" tragen würde – sei dieser Wunsch auch noch so tief im Unterbewusstsein vergraben. Wir gestehen uns aber ungern ein, dass wir etwas nicht erreicht haben oder dass wir uns etwas nicht zutrauen – oder dass wir einfach zu faul sind, notwendige Schritte zu unternehmen, um etwas Bestimmtes zu erreichen. Lieber laufen wir feige davon und suchen nach Rechtfertigungen für unser Unvermögen. Auf diese Weise kapitulieren wir vor unseren Sehnsüchten und basteln uns ein pseudozufriedenes „Schutzprogramm", an das wir dann zum Schluss selbst glauben.
Doch was tun wir eigentlich, wenn wir uns immer weiter weg von unseren geheimen Sehnsüchten bewegen und uns ihnen entfremden? Richtig! Durch die Verdrängung stürzen wir uns selbst in einen schlimmen Leidensprozess, der sich von Woche zu Woche, Monat zu Monat und Jahr zu Jahr verschlimmert.

Nehmen wir das Thema Übergewicht. Viele Betroffene, die nach etlichen Diäten und einem langen Leidensweg letztes Endes resignieren, biegen sich das Problem zurecht, ganz nach dem Motto: dick ist schick. Für diesen Selbstbetrug sammeln sie sich einen Haufen guter Gründe zusammen: „Ach, an den dünnen Spargeln ist doch nichts dran, ein/e Mann/Frau muss doch ein wenig was zum Anpacken haben... Die Magerstangen können doch nicht gesund sein, mir mangelt es wenigstens nicht an Nährstoffen" usw. Doch tief in ihrem Innern wissen diese Menschen, dass ihre „Überzeugungen" nichts weiter als ein Schutzprogramm sind. Denn wären sie absolut ehrlich zu sich, wären sie auch gerne schlank und wollten als sexy und begehrenswert gelten. Doch das Virus mit dem Namen „Ach, es ist doch alles halb so schlimm, mir geht es soweit ja gut", das sie auf ihrer Festplatte Unterbewusstsein installiert haben, ist zu stark, um diesen ehrlichen Gedanken Raum zu geben. Zu tief sind die Verletzungen, zu schlimm die Erfahrungen und die verdrängten Ängste.

Ich erinnere mich gerne an die alleinerziehende Jennifer aus Berlin. Sie war, als ich sie kennenlernte, das ideale Beispiel für einen Menschen, der vor seinen innersten Sehnsüchten kapituliert und sich in einer Pseudozufriedenheit die Welt zurechtgestutzt hatte. Sie war alleinerziehend mit zwei Kindern, 30 Kilo Übergewicht und das Gehalt ihrer Anstellung als Nageldesignerin reichte gerade so, um die Familie ernähren zu können und die Fixkosten zu decken. Sie sagte mir, dass nur der Glaube an Gott ihr Kraft und Sinn gebe, im Leben „weiterzukämpfen". Sie war Mitglied einer religiösen Gruppierung, die ihr das Gefühl gab, akzeptiert und verstanden zu sein. Sie sagte sogar: „Ich habe durch die Gemeinschaft gelernt zu verstehen, dass Gott mich so wollte, wie ich jetzt bin und ich doch dankbar sein muss, überhaupt eine Arbeitsstelle zu haben und gesund zu sein. Und die paar Kilo zu viel sind doch nicht schlimm." So wurde sie also in ihrer selbstzerstörerischen Haltung bestärkt. Ich erklärte ihr, dass genau dieses Denken der Grund für ein Leben in ständiger Unzufriedenheit sei. Da sie leidenschaftlicher Handball-Fan war, erklärte ich ihr das Ganze an folgendem Beispiel: „Stell Dir vor, wie ein Trainer reagieren würde, der seinen Schützling mit viel Herzblut vorbereitet, trainiert, mental unterstützt und ihm einfach alles beigebracht hat, damit er in der ersten Bundesliga spielen kann. Der Schützling nimmt diese Chance aber nicht wahr und spielt nur in der untersten Klasse. Würde dieser Trainer den Spieler in die Arme nehmen und sagen: „Super, mein Junge! Genau so wollte ich Dich haben! Es war immer mein Ziel, dass Du unter Deinen Möglichkeiten spielen, Deine Talente nicht leben und nicht darauf vertrauen würdest, dass du mehr im Leben erreichen kannst." Auf der weltlichen Ebene stimmen wir wohl vollkommen darin überein, dass der Trainer genau das nicht tun würde. Er würde seinem Schüler gehörig Feuer unter dem Hintern machen, ihm den Kopf waschen und ihn dann zu Höchstleistungen anspornen, damit er sein Potential voll ausschöpfen kann. Auf der geistigen Ebene sehen wir das alles aber komplett anders, und unser Denken ist fehlgeleitet. Der Schöpfer hat einen viel größeren Plan für uns vorgesehen als der Handballtrainer für seinen Schüler! Die Weisheitsschriften sagen, dass Gott uns über alles liebt – das bedeutet, er möchte sich so viel als möglich daran erfreuen, wie wir an der Fülle des Lebens teilhaben. Warum denken wir also, dass der liebe Gott uns so haben möchte, wie er uns definitiv *nicht* geplant hat? Weil wir uns der Pseudozufriedenheit übergeben haben und dabei auch noch Menschen und Gruppierungen in unser Leben ziehen, die uns in dieser schwachsinnigen Haltung bestärken. Doch wir müssen aus diesem fatalen Denken und Glauben ausbrechen und uns unserer innersten Sehnsüchte wieder bewusst werden! Wir müssen unser Potential ausschöpfen und Großes vom Leben verlangen. Genau das erklärte ich auch Jennifer, und wir ließen in einer Trance eine wundervolle Zukunftsvision entstehen, in der sie wohlhabend, schlank und voller Freude war. Dieses ermöglichte ihr, die alten Denkgewohnheiten los zu lassen und sich ihrer selbst bewusst zu werden. Sie bekam ein Gefühl dafür, was für ein reiches Leben auf sie wartete. Ich gab ihr außerdem folgende Affirmation mit auf den Weg nach Hause:

Ich habe ein Anrecht auf die Fülle des Lebens. Ich bin dankbar dafür und öffne mich nun der Freude, Harmonie und Glückseligkeit!

Es vergingen keine 6 Monate, und sie besuchte mich wieder und erzählte freudig von ihrem Gewichtsverlust von knapp 20 Kilo und einer beruflichen Veränderung als selbstständige Beraterin in einem Vertrieb, mit der sie nun das Doppelte ihres alten Einkommens verdiente. Sie strahlte mich an und sagte: „Mein Leben ist wieder voller Spaß, Anerkennung und Freude".

Aufgabe

Wir blockieren uns durch unsere falsche Zufriedenheit selbst. Setz Dich am besten sofort hin und werde Dir Deiner falschen Zufriedenheitsgefühle bewusst. Sehne Dich nach dem, was Dir zusteht: ein Leben in Fülle und Glück!

Lebe im Hier und Jetzt

Vielleicht denkst Du: „Was will der Huber denn jetzt von mir? Wann soll ich denn sonst leben, außer heute, im Hier und Jetzt?" Lass mich die Frage anders formulieren: *Erlebst* Du wirklich das Leben im Hier und Jetzt? Die meisten Menschen haben nämlich verlernt, das Hier und Jetzt bewusst wahrzunehmen und zu genießen.

- *Wann hast Du das letzte Mal etwas unternommen, ohne dabei nicht gleich wieder an später, morgen oder an irgendwelche dringenden Aufgaben denken zu müssen?*
- *Wann warst Du das letzte Mal im Grünen spazieren und hast dabei die Natur bewusst in ihrer Vielfalt genossen und den Geruch der Bäume wahrgenommen, ohne dich ständig in irgendwelchen Gedanken zu verlieren?*
- *Wann bist Du das letzte Mal morgens aufgestanden und hast den Tag freudig begrüßt, anstatt gleich in den üblichen Trott zu verfallen?*

Wir werden im Alltag mit Sinnesreizen überflutet, erleben Stress, Hektik, Zeitdruck und haben das Gefühl, es allen recht machen und uns dabei manchmal schier vierteilen zu müssen. Dabei vergessen wir verständlicherweise oft, den Moment zu erleben.

Die Tage, Wochen und Monate vergehen wie im Flug, und am Ende des Jahres fragen wir uns: „Was habe ich eigentlich dieses Jahr von dem erreicht, was ich mir vorgenommen hatte?" und schieben die guten Vorsätze einfach ins neue Jahr, in dem wir die Dinge sicher entschlossener angehen und erfolgreicher sein werden. Oft stellen wir dabei fest, dass die Momente tatsächlicher Freude und seelischen Glücks - Momente, in denen wir uns um uns gekümmert haben –, wieder einmal viel zu kurz gekommen sind. Der von mir hoch geschätzte Autor Dale Carnegie bemerkte zu diesem Thema einmal: *Die Tragik des Menschen liegt darin, dass er nicht imstande ist, den Augenblick zu genießen.*

Dieses Problem betrifft alle Menschen jeder Gesellschaftsschicht, den Arbeiter genauso wie den Millionär. Ich kenne viele sehr erfolgreiche Menschen, denen es in keiner Weise an Geld mangelt, die aber nicht imstande sind, ihren Reichtum und den Augenblick zu genießen. Während ich diese Zeilen schreibe, liege ich in einer wunderschönen Anlage am Roten Meer in Afrika, um mich herum tummeln sich viele andere Urlauber und Sonnenanbeter. Ich habe ein wenig Zeit damit verbracht, diese Menschen zu beobachten und dabei festgestellt: Bei genauem Hinsehen ist kaum einer dieser Urlauber imstande, einfach einmal eine halbe Stunde ruhig auf seiner Sonnenliege zu entspannen, ohne sich ständig hin und her zu wälzen, zu essen, Alkohol zu konsumieren oder die Aufmerksamkeit anderer Touristen zu suchen. Selbst in einer solch wundervollen Atmosphäre ist die innere Unruhe der Menschen fast körperlich spürbar.

Aufgabe

Innere Unruhe bedeutet, dass unser Gedankenkarussell niemals wirklich still steht. Falls Du noch keine Erfahrung mit Meditation hast:
Versuch einmal, dich fünf Minuten hinzusetzen oder zu legen und dabei nichts – aber auch wirklich nichts! – zu denken, keinen einzigen auch noch so kleinen und unwichtigen Gedanken auch nur zuzulassen. Wie geht es Dir dabei?

Diese innere Unruhe, die Unfähigkeit, unsere Gedanken zu kontrollieren und im Zaum zu halten, ist nicht nur eine der Ursachen dafür, dass wir das Hier und Jetzt nur schwer genießen, ja überhaupt wahrnehmen können, nein! Sie ist, wie wir früher schon gesehen haben, Gift für unser Unterbewusstsein, weil wir viel zu wenig fokussieren, um eindeutige, klare Gedanken zu haben, vor allem auch Gedanken, die das fördern, was unseren Zielen entspricht – und nicht etwa das Gegenteil. Wie schwer ist es oft für uns, uns bei Alltagsaufgaben im Job auf den Erfolg der ganzen Mühe zu konzentrieren, weil sich unser Kopfkarussell dreht und wir uns in diffusen Gedanken verlieren? Wie oft lenkt uns die Angst ab, die uns fürchten lässt, dass dieses oder jenes schief gehen könnte? Wie oft spüren wir eine hartnäckige Unlust, die in uns alle möglichen Ideen entstehen lässt, was wir zur Ablenkung tun könnten? Vielleicht mal zwischendurch Mails checken? Vielleicht sind wir zusätzlich auch noch übermüdet und können uns nicht konzentrieren? Dann haben es diese Gedanken besonders leicht. Innere Unruhe führt so auf vielen Umwegen letzten Endes auch zu enormen Zeitverlusten.

Um von der Arbeit weg zu kommen, ein Klassiker zuhause: Die Wohnung oder das Haus hat es mal wieder ziemlich nötig, geputzt zu werden, und Du hast Dir vorgenommen, alles auf Vordermann zu bringen. Du hast endlich angefangen, und 20 Minuten später klingelt das Telefon. Danach fällt Dir noch ein, dass Du Dein Facebook-Profil checken müsstest. Als wäre das nicht genug, beginnt im Fernsehen gerade noch eine interessante Sendung, die Du nur noch „schnell" anschauen möchtest. Wie im Flug sind drei Stunden vergangen, und die Wohnung sieht immer noch aus wie zuvor. Du fühlst Dich mittlerweile richtig gestresst, obwohl Du im Prinzip noch gar nichts getan hast. Der Tag nimmt seinen Lauf, und schneller als Du es glauben kannst, bricht die Abenddämmerung herein. Jetzt erwarten Dein Partner und Deine Kinder, die inzwischen nach Hause gekommen sind, Aufmerksamkeit von Dir. Nur eine kleine Aufmerksamkeit, wie den Abend gemeinsam auf der Couch zu verbringen. Dann sitzt du auf dem Sofa, vielleicht vor dem Fernseher, bist zwar da, aber nicht wirklich präsent, weil Du ein schlechtes Gewissen hast und an tausend unerledigte Dinge denkst. Mit den Gedanken bist Du überall, nur nicht im Hier und Jetzt, auf dem Sofa, bei Deinem Partner, bei Deinen Kindern. Vielleicht bist Du ja sogar mit Deinem Partner im Bett und selbst da nicht so richtig bei der Sache?

Wie schaffen wir es aber, im Hier und Jetzt zu leben?

Zuallererst ist es wichtig, dass wir wieder lernen, uns auf uns selbst zu konzentrieren, indem wir bewusst fühlen, denken und handeln. Das Zauberwort dafür heißt „Ruhe", aber damit meine ich eine *bewusste Ruhe*, wie wir sie beispielsweise in der Meditation finden können. Das muss nicht gleich eine Stunde sein, fünf bis zehn Minuten bewusster Ruhe im Hier und Jetzt wirken oft schon Wunder und helfen uns, neue Kraft zu tanken, uns zu ordnen und auf das Wesentliche zu konzentrieren. Du solltest auch täglich vor dem Aufstehen fünf Minuten lang geistig den Weg vorbereiten für das, was Du Dir vom Tag erhoffst. Entwickle dabei ein Gefühl der Liebe, Freude und Genugtuung, und schicke diese Gedanken dann in den Tag. Stell Dir vor und fühle, dass heute ein glücklicher Tag sein wird, dass alles Glück und alle Liebe der Welt für dich da sind – allein, um Dir zu helfen. Sieh vor Deinem geistigen Auge, wie sich andere über das Resultat Deiner Arbeit freuen. Dein Tag wird mit Sicherheit völlig anders verlaufen als die vergangenen Tage der üblichen Routine.

Um dann Deinen Alltag zu sortieren und im Hier und Jetzt zu leben, benötigst Du keine teuren Zeitmanagementseminare. Sei bewusst streng zu Dir und zwinge dich, so oft es geht, zu *bewusstem Tun,* bei allem, was Du machst. So wird es Dir auch leichter fallen, Dich auf eine Sache zu konzentrieren. Nehmen wir wieder das Beispiel mit der Wohnung. Wenn Du mit dem Aufräumen anfängst, lass das Telefon klingeln, stell den Anrufbeantworter an oder sag dem Anrufer, dass Du gerade einen Termin hast und zurückrufst. Der Fernseher bleibt aus, der Computer auch und Du lässt Dich von nichts ablenken und konzentrierst Dich nur auf das, was Du gerade tust. Und das tust Du in Perfektion, als würde es keinen Tag danach mehr geben. Ich trage mir beispielsweise auch meine Internetzeiten, in denen ich Mails beantworte oder andere Dinge erledige, als Termine in den Kalender ein. In dieser Zeit tue ich aber auch wirklich nichts anderes.

Wenn wir die Dinge bewusst systematisch nacheinander tun, revolutioniert das unser Leben in vielfacher Hinsicht, und wir können uns abends endlich einmal voll und ganz unserem Partner oder unseren Kindern widmen.

Also, jetzt bist Du wieder dran!
- *Konzentriere Dich auf eine Sache und widme ihr Deine ganze Aufmerksamkeit und Energie.*
- *Mach Dir zur Gewohnheit, eine Sache nach der anderen ganz bewusst zu erledigen.*
- *Hör auf damit, alles durcheinander und gleichzeitig zu tun.*
- *Verschleudere nicht mehr Deine Kräfte durch anstrengendes Multitasking, denn diese „Fähigkeit" ist nicht gut für Dich.*
- *Wenn Du einen Film schaust, schreibe nicht beiläufig den Einkaufszettel für morgen fertig, spiele nicht mit Deinen Kindern und*

telefoniere nicht nebenbei. Dein Kind hat viel mehr von Dir, wenn Du Dich eine Stunde am Tag ganz bewusst und ohne Ablenkung mit ihm beschäftigst als wenn Du den ganzen Tag zwar da, aber nur anwesend statt präsent bist.

- *Schaffe Dir kleine Auszeiten, in denen Du nichts denken oder tun musst.*
- *Geh spazieren!*

Am Wochenende findest Du sogar noch mehr Zeit dafür. Der späte Freitagnachmittag ist bestens dafür geeignet, einmal raus in die Natur oder in den Park zu gehen und die Woche ausklingen zu lassen. Dann dürfen es schon ein bis zwei Stunden sein – und natürlich allein, ohne Ablenkung. Aber auch wenn es nur eine Viertelstunde in der Mittagspause ist: Bändige die belastenden Alltagsgedanken, fühl Dich wohl und lauf Dich in eine Art meditativen Spaziergang, der Dir Kraft und Energie verleihen wird. Konzentriere Dich auf Dich, auf Deine Schritte, Deinen Atem, genieße die Stille, die Bäume und die Gerüche der Natur. Und wenn Du dann völlig zur Ruhe gekommen bist, fang an zu affirmieren. Selbst kurze Meditationsspaziergänge können Dir neue Kraft und Klarheit für den Tag geben. Am Wochenende machst Du es Dir natürlich nach dem Spaziergang so gemütlich wie möglich.

- *Iss Dein Lieblingsgericht, hör Deine Lieblingsmusik, genieß einfach den Augenblick.*
- *Hör auch auf damit, wichtige Themen mit Freunden oder Kollegen beim Essen zu besprechen.*

Gewöhne Dir an, entweder zu essen und es zu genießen oder eben zu verhandeln, zu besprechen oder zu plauschen. Du kannst das leckere Essen doch überhaupt nicht genießen, wenn du ständig dabei redest. Entzieh Dich wenigstens in dieser kurzen Zeit dem Zeitdruck und der ständigen Ablenkung, und Du wirst ein viel entspannteres und wohligeres Gefühl nach dem Essen haben.

Auf geht's!
Versuche einmal, eine ganze Woche *bewusst* zu leben. Fang mit der Fünfminutenmeditation vor dem Aufstehen an, mach Dir einen

Tagesplan und erledige eine Sache nach der anderen. Nimm Dir auch die Auszeiten zwischendurch, und Du wirst staunen wie sich Dein Leben zum Positiven verändern wird.

Schreibe Dir und dem Schicksal niemals den Weg zum Ziel vor

An dieser Stelle möchte ich Dir von der Erfolgsgeschichte meiner langjährigen Wegbegleiterin Isabella L. berichten. Sie wurde recht bodenständig erzogen und schlug nach ihrem Abitur einen klassischen Berufsweg ein, indem sie eine Ausbildung zur Bankkauffrau absolvierte. Wirklich glücklich wurde sie mit diesem Beruf aber nie. Sie erfüllte zwar ihre Zielvorgaben und schöpfte alle Möglichkeiten der Weiterentwicklung aus, spürte jedoch zunehmend, dass sie zu mehr berufen war als ein Leben lang die Ziele ihres Arbeitgebers zu erfüllen. Ihr wurde klar, dass sie sich ausschließlich in einer Selbstständigkeit würde verwirklichen können. Ohne einen konkreten Plan zu haben vertraute sie darauf, dass ihr die richtige Idee kommen oder eine passende Möglichkeit über den Weg laufen würde.

Nach ihrem Glauben geschah ihr. Sie lernte einige Zeit später auf einer Homeparty das Vertriebsmodell des Network Marketing kennen. Nachdem ihr das Geschäftsmodell erklärt worden war, versuchte sie dort ihr Glück. Natürlich gab es ganz zu Beginn ein paar Anlaufschwierigkeiten, aber nach kurzer Zeit startete Isabella ordentlich durch, sodass sie bald ihren „sicheren Job" bei der Bank kündigen konnte. Nur zwei Jahre später hatte sich Isabella als erfolgreiche Verkäuferin und Teamleiterin ein ordentliches Einkommen aufgebaut, und alles schien perfekt!
Mit Ende 20 hatte sie sich alles, was man sich an materiellen Gütern wünschen kann, eigenständig aufgebaut: ein tolles Zuhause, ein gutes Einkommen, ein dickes Auto, eine Büroangestellte, die ihr die Arbeit abnahm, eine Haushaltshilfe und außerdem noch genügend Zeit für Shopping und ihre sozialen Kontakte. Auch verheiratet war sie inzwischen.

Dennoch spürte sie, dass in ihrem Leben etwas fehlte. Da sie dieses Etwas nicht so richtig greifen konnte und trotz vieler Bücher, die sie las, und Seminare, die sie besuchte, selbst nicht weiterkam, wandte sie sich an mich, um ihre Persönlichkeit und ihren Erfolg einen weiteren Schritt voranzubringen.

Recht schnell fand sie in unserem Gespräch heraus, dass sie zwar alles erreicht hatte, was sie sich früher erträumt hatte, dass das für sie aber noch lange nicht die Endstation und die tatsächliche Erfüllung war. Sie erkannte, dass sie gemeinsam mit Menschen, mit denen sie sich wohlfühlte und die mit ihr auf einer Wellenlänge lagen, etwas Großes aufbauen wollte. Etwas, das jeden einzelnen dieser Menschen weiterbringen und vor allem einen Sinn in die Welt bringen könnte.
Sie fragte mich, was sie tun solle, und ich antwortete darauf nur: Bring deine Einzigartigkeit in die Welt! Dieser Satz löste in ihr den entscheidenden Prozess zur großen Veränderung aus.

Ohne im Detail zu wissen, was sie tun sollte, und ohne einen massiven finanziellen Puffer im Hintergrund zu haben, entschied sie sich für einen Neustart. Sie ließ sich kein Hintertürchen offen und machte einen kompletten Cut. Sie trennte sich von ihrem Mann, ihrem Job, ihrem Zuhause, ihren Angestellten, ihren materiellen Besitztümern und ihrem Lifestyle. Dann zog sie mit 28 Jahren zurück nach Hause und begann wieder komplett bei Null.
Das klingt zwar unvorstellbar, aber sie setzte sich, an diesem Punkt angekommen, keine konkreten Ziele und bastelte sich auch keinen „Maßnahmenkatalog" zurecht. Sie ließ sich einzig und allein von ihrer Intuition, welche in den Jahren zuvor verschüttet gegangen war und die wir in wenigen Trancen wiederhergestellt hatten, führen und wartete voller Vertrauen darauf, dass ihre innere Stimme ihr die notwendigen Anweisungen geben würde. Das war alles an Sicherheit, was sie brauchte.

Ihre Entscheidung brachte zwar sehr einschneidende Konsequenzen mit sich; sie war sich aber zu jeder Zeit sicher, dass dies der richtige Weg für sie war. Von einer inneren Kraft bestärkt, trauerte sie auch keinen Tag ihrem alten Leben nach, denn der Neuanfang war eine bewusste Entscheidung aus ganzem Herzen gewesen.

Ab diesem Zeitpunkt richtete Isabella ihre Gedanken ausschließlich auf das, was sie im Leben wollte, und machte ihrem Unterbewusstsein durch eine tägliche Arbeit mit Affirmationen unmissverständlich klar, wohin ihre künftige Reise im Leben gehen sollte. Nach und nach zog sie neue Menschen in ihr Leben, die sie Stück für Stück in ihrer Entwicklung weiterbrachten.

Sie fand ein neues Unternehmen im Network Marketing, das im Gegensatz zu ihrer früheren Firma ihren eigenen Werten und Prinzipien entsprach, und baute innerhalb kürzester Zeit ein kleines Imperium auf, welches bis heute stetig weiterwächst. Gemeinsam mit ihren Vertriebspartnern durchlief sie innerhalb von drei Jahren alle Positionen im neuen Unternehmen, bis sie an der Spitze angekommen war.

In einem persönlichen Gespräch sagte sie mir: Christian, ich bin so glücklich darüber, dass ich vor drei Jahren die Entscheidung getroffen habe, endlich meinen eigenen und individuellen Weg zu gehen. Ich genieße inzwischen ein überdurchschnittliches Einkommen und mein Leben ist wie nie zuvor mit Glück, Harmonie und Gesundheit erfüllt. Ein wunderbarer Lifestyle und tolle neue Beziehungen runden alles in Perfektion ab.

Heute folgt sie ihrer Berufung, anderen Menschen in ihrer wachsenden Struktur dabei zu helfen, ihre Passion zu finden und ihre eigenen Träume zu verwirklichen.

Da ich Isabella auf ihrer Reise als Berater und Ansprechpartner begleiten durfte, macht mich diese phantastische Erfolgsstory besonders stolz. Es ist eine tolle Geschichte, die uns zeigt, was wirklich möglich ist, wenn wir nur vertrauen können und uns von unserer inneren Weisheit leiten lassen.

Überlasse auch Du den richtigen Weg zur Erfüllung Deiner Wünsche Deinem Unterbewusstsein, genauso, wie Du die fremde Route dem Navigationsgerät im Auto überlässt. Ein gutes GPS erkennt durch den dynamischen Modus Staustrecken, leitet Dich richtig um und bringt Dich auf dem besten Wege zum Ziel. Das heißt nicht, dass es immer der schnellste Weg ist, aber mit Sicherheit der beste und für Dich rentabelste. Überlasse auch den Weg zum gewünschten Betrag, den Du auf Deinem Konto haben möchtest, Deiner „höheren Führung". Glaube auch nicht, dass Du mit dem, was Du momentan machst, unbedingt wohlhabend werden musst. Steckst Du eventuell sogar fest und kommst beruflich nicht vom Fleck, kann das bedeuten, dass Deine momentane Tätigkeit nicht Deiner Berufung entspricht und eine ganz andere Tätigkeit auf Dich wartet, in der Du Deine wahren Fähigkeiten zur Anwendung bringen kannst. Wir Menschen erkennen häufig nicht, dass schwierige Zeiten nur Botschaften sind, die wir brauchen, um darauf aufmerksam gemacht zu werden, dass wir in die falsche Richtung laufen. Gäbe es keine Rückschläge, hätten wir keine Möglichkeit, unser Tun zu hinterfragen und unseren Weg zu korrigieren.

Wie viele Menschen haben mir in Coachinggesprächen schon davon berichtet, wie sie aufgrund ihrer beruflichen Situation viel Leid erfahren mussten. Sie kämpften sich vergeblich durch verschiedenste Berufe, weil sie bestrebt waren, bestimmte Positionen zu erreichen. Viele scheiterten auf diesem Weg und erzielten am Ende außer Depressionen keine Resultate. Setze Dir also nicht zum Ziel, in dieser und jener bestimmten Firma mit genau dieser und jener Arbeit wohlhabend zu werden. Überlasse dies Deinem Unterbewusstsein und höre auf Deine innere Stimme, die Dich leiten wird. Hast Du ein gutes Gefühl und sagst „Ja!" zu Deinem bisherigen Beruf, so geh diesen Weg weiter und sei fleißig, damit Du Deine Ziele erreichst. Natürlich muss klar sein, dass Du das eben Gesagte nicht als Ausrede für Faulheit und Ziellosigkeit verwenden darfst. Wenn Du die bekannten Gesetzmäßigkeiten nicht lebst, wirst Du in keiner Firma der Welt Deine Ziele erreichen. Das Leben ist eine große Variable. Um es glücklich und zufriedenstellend zu gestalten, entscheide nicht alles selbst, sondern lasse Dich durch Dein Bauchgefühl, oder besser noch durch Deine innere Stimme leiten.

V

FAZIT

Beginne vor allem anderen damit, Dir unmissverständlich klar zu machen, wohin Du willst, was Du willst und was Deine wirklichen Herzenswünsche sind!

Warum es so einfach ist

Natürlich stellt sich jetzt für Dich die berechtigte Frage, wie Du all das bisher gelernte Wissen über die Macht des Unterbewusstseins und die geistigen Gesetze in Dein Leben integrieren kannst. Viele Menschen werden dieses Buch lesen, aber viele werden in der Gefahr sein zu scheitern, bevor sie überhaupt richtig mit der Arbeit angefangen haben. Die Gründe dafür sind vielfältig: Zu wenig Selbst-Bewusstsein, ein zu starker Intellekt, der sagt: „Das funktioniert doch ohnehin nicht", oder schlicht und einfach Faulheit. Ich wünsche Dir von Herzen, dass ich Dich ab sofort zu denjenigen zählen darf, die ihren Selbstwert und ihre Schöpferkraft erkannt haben und ihre Wünsche und Ziele durch die Hilfe ihres Unterbewusstseins erreichen werden.

Ich sprach bereits zum Beginn des Buches über die große Bedeutung des Unterbewusstseins und seine Funktionsweise. Dein Leben wird sich von dem Tag an schlagartig ändern, an dem Du beginnst, Dein Unterbewusstsein durch positive Affirmationen über Deine Wünsche und Ziele und über Deine neue, mit den geistigen Gesetzen konforme, Lebenseinstellung zu informieren. Da Dein Unterbewusstsein nur eine bildhafte Sprache zur Kenntnis nimmt, muss es Dein vorrangiges Ziel sein, ihm Deine Herzenswünsche in bildhaften Vorstellungen zu übermitteln. Überlasse es dann vertrauensvoll Deinem Unterbewusstsein, Deine Wünsche zur richtigen Zeit in die Realität umzusetzen. Voraussetzung ist allerdings der felsenfeste und unerschütterliche Glaube sowie das bedingungslose Ausmerzen von Zweifeln! Willst Du Deine Zukunft endlich selbst in die Hände nehmen, glaube allem voran an Dich *selbst*, denn der Übergang zur Sonnenseite des Lebens, zu Freude, Erfolg und Gesundheit, setzt eine dauerhafte und konsequente Arbeit an sich selbst voraus. Das bloße *Verstehen* der Wirkung unseres Unterbewusstseins und der so genannten „geistigen Gesetze" ändert überhaupt nichts, wenn es Dir nicht zum Anlass wird, ein *Macher* zu werden.

Vertraue diesem Prozess und vertraue auf Deine Fähigkeit zur Entwicklung, selbst wenn Du zu Beginn einen *Glaubensvorschuss* leisten musst. Ich kann nur wiederholen, dass das Wissen, das ich Dir in diesem Buch an die Hand gebe, ein über sehr lange Zeit erprobtes Erfahrungswissen ist, mit dem schon zahlreichen Menschen zu unglaublichen Erfolgen und einem glücklichen Leben verholfen wurde. Lass Dich also vertrauensvoll auf eine *Lehrzeit* ein und sei nicht entmutigt, wenn nicht schon von Anfang an alles so klappt, wie Du es Dir vorstellst. Es kann gut sein, dass Du einige Wochen oder länger brauchst, um Dich richtig *neu zu programmieren*. Dein Unterbewusstsein wird sich erst daran gewöhnen müssen, dass Du ihm bewusste Aufträge zur Verwirklichung Deiner Wünsche gibst. Hast Du aber die ersten Erfolge erlebt, wirst Du mit der Zeit immer vertrauender und mutiger werden, und zur richtigen Zeit wirst Du die ersten wirklich großen Ergebnisse auf dem Silbertablett serviert bekommen.

Du bist mit allem ausgestattet, was Du brauchst, um ein Leben in Harmonie und Fülle führen zu können. Du musst nur damit beginnen, Dich selbst zu lieben und aufhören, ständig zu versuchen, es allen recht machen zu wollen, um dafür Anerkennung und Lob zu bekommen oder geliebt zu werden. Gib auch nie wieder einem Menschen eine hohe Priorität, der Dich nur zur Option macht. Werde derjenige, der Du *wirklich* bist und eifre keinen anderen Menschen nach – niemals und niemandem!

Geh nicht immer auf dem vorgezeichneten Weg,
der nur dahin führt, wo andere bereits gegangen sind.
(Alexander Graham Bell)

Visualisiere Deine Träume und Visionen vor Deinem inneren Auge und die Macht Deiner Gedanken wird dafür sorgen, dass sie Wirklichkeit werden. In der *Werkstatt* Deines Geistes wird bildgetreu das, was Du denkst und siehst, in Form, Funktion und Erleben umgesetzt. Säe das, was du ernten möchtest, durch positive Affirmationen in Deinem Unterbewusstsein. Vertraue darauf, dass Dein Geist Deine Wünsche realisieren wird, wie Du auf ein Samenkorn vertraust, von dem Du weißt, dass es nach dem Säen Blumen aus dem Boden sprießen lassen wird. Du kennst das Grundgesetz der Biologie, dass man Samen säen muss, um Blumen zu ernten. Genauso zuverlässig ist unser Schöpfergeist, denn er bringt hervor, was wir denken und woran wir glauben.

Während seiner Vortragstouren verwendete Dr. Joseph Murphy gerne folgendes Beispiel: Man hat Isaac Newton gefragt, wie er seine Erfindungen zustande gebracht habe, und er antwortete: *„Ich richte meinen Geist auf ein bestimmtes Ziel, und ich lasse meinen Geist dort. Ich halte meinen Geist auf dieses Ziel gerichtet, in der Erwartung, dass sich die Antwort dort befindet."* Newtons Aussage lässt sich folgendermaßen „übersetzen": Richte voller Vertrauen Deine ganze Aufmerksamkeit auf ein bestimmtes Ziel, und stelle Dir in Deinem Geiste immer und immer wieder vor, was Du möchtest. Stelle Dir das Erwünschte so lange vor Deinem inneren Auge vor, bis es tatsächlich geschieht!

Eine völlig einfache Anweisung, die den meisten Menschen aber zu einfach erscheint, als dass sie sie ohne Weiteres annehmen könnten. Isaac Newton hatte mit Sicherheit keine größere Gehirnkapazität als seine Mitmenschen. Er war sich nur der grenzenlosen Kräfte seines Geistes bewusst und setzte folgerichtig seine geistige Schöpferkraft *zielgerichtet* ein.

Was zu tun ist

Fragst Du mich jetzt, was Du konkret machen sollst, möchte ich Dir darauf eine kurze und klare Antwort geben:

Werde ein Schaffender!

Ein Leben im Glück ist die Folge unermüdlichen aktiven Tuns. Wer konsequent erfolgsbewusste Gedanken sät, wird erfolgreiche Resultate ernten. Das Spiel ist, wenn Du es einmal verstanden hast, ganz einfach. Du solltest von heute an beginnen, Dir Deiner Ziele genau bewusst zu werden und das Erstrebte uneingeschränkt zu bejahen.

Aufgabe
Nimm Dir noch einmal die Zeit, die Du brauchst, und beantworte Dir folgende Fragen:

1. *Wer willst Du sein, und wer bist du wirklich?*
2. *Wie stellst Du Dir Dein Lebensglück vor?*
3. *Was sind Deine tiefsten Sehnsüchte?*
4. *Was möchtest Du unbedingt in Deinem Leben erreichen und verwirklichen?*
5. *Was macht Dich wirklich glücklich?*
6. *Was möchtest Du auf keinen Fall wie Werner bereuen müssen, wenn Du einmal im hohen Alter auf Dein Leben zurückblickst?*
7. *Bist Du von ganzem Herzen bereit und felsenfest entschlossen, Dein Leben selbst in die Hand zu nehmen und ein „Macher" zu werden?*

Wenn Du Dir jetzt Deiner Ziele bewusst geworden bist und von Herzen nichts sehnlicher erstrebst, als sie zu verwirklichen, können wir mit der Arbeit beginnen.

Zunächst musst Du in Deinem Unterbewusstsein eine *Datei* für Deine Wünsche öffnen und diese virenfrei und schreibgeschützt abspeichern. Damit meine ich, dass Du Deinem Unterbewusstsein unmissverständlich klar machen musst, was Du willst. Deine Festplatte lässt sich von Dir nicht an der Nase herumführen, also wünsche und affirmiere nicht, um am nächsten Tag wieder zu zweifeln. Gib Deinen Wünschen genügend Raum, das heißt, denke oft genug an sie, denn dadurch bekommen sie Raum *in Dir*, sie werden gewichtiger. In Deinem Bewusstsein muss das Erwünschte ganz klar und offensichtlich und vor allem bildhaft sein. Wenn man Dich fragt, was Du möchtest, dann sollte die Antwort aus Dir heraussprudeln. Dein Ziel muss völlig klar sein, Du darfst nicht auch nur eine Sekunde nachdenken müssen, wenn es um die Frage geht, was Du möchtest; das muss völlig klar sein. Erst dann weiß Dein Unterbewusstsein, was Du willst, und erst dann wird es in die Werkstatt Deines Geistes zur Realisierung gebracht. Es ist einfach mit einer gewissen Arbeit verbunden, Deine Ziele zu erreichen. Du solltest damit beginnen, Dein geistiges Schatzhaus mit Überfluss zu füllen. Nutze jede nur erdenkliche Möglichkeit, Dein Unterbewusstsein von Deinem Vorhaben zu überzeugen. Stell Dir täglich vor, wie Du von Wohlstand umgeben bist, und fühle Dich in die Situation hinein, stell Dir auch die kleinsten Details vor. Welche Gefühle werden in Dir aufkommen, wenn Du Dein Ziel erreicht hast? Genieß die Gedanken daran und verfolge sie

Tag für Tag mit voller Emotionalität. Strebst Du beispielsweise danach, in völliger finanzieller Freiheit zu leben, dann programmiere Deine Festplatte auch darauf, indem Du die Techniken des Affirmierens nutzt. Die Erfüllung Deiner Wünsche beruht lediglich auf zwei Vorgängen:

1. Schaffe in Dir den *sehnlichen Wunsch* und den *felsenfesten Glauben* daran, dass Du Deine Ziele auf jeden Fall erreichen wirst!
2. Handle beim Affirmieren und im täglichen Leben konsequent und unermüdlich! Werde ein *Macher*!

Gehe keinen Abend mehr zu Bett, ohne nicht vorher über Deine Ziele und Wünsche zu meditieren und zu affirmieren. Gehe in die völlige Ruhe und drehe Dir Deinen persönlichen, mit Überfluss gefüllten geistigen Erfolgsfilm, der über 5 bis 10 Minuten dauern sollte. Sage Dir immer und immer wieder, dass Du ein *außerordentlicher Erfolg* bist, immer und immer wieder, und höre niemals damit auf, bis Du Rückenwind verspürst! Nimm Deine Erfolgsgedanken mit in den Schlaf, denn zu diesem Zeitpunkt ist die Festplatte in Deinem Unterbewusstsein am leichtesten bespielbar.

Sicherlich hast Du Dir schon einmal vorgestellt, wie sich ein sexuelles Erlebnis mit einer bestimmten Person anfühlen würde, vielleicht hast Du in dieser Hinsicht ja auch schon Kurzfilme gedreht. In derselben Intensität wie Dein geistiger „Erotikfilm" sollten Deine Emotionen auch auf Deinen geistigen *Erfolgsfilm* gerichtet sein. Versuche dieselben Gefühle dabei zu empfinden und erlebe einen „Orgasmus"! Spüre, wie es sich anfühlt, Deinen Traumpartner im Arm zu halten, den Schlüssel für Dein Traumhaus in Empfang zu nehmen oder den ersten Kilometer mit Deinem Traumwagen zu fahren. Nimm dieses Erlebnis jeden Abend mit ins Bett. Morgens solltest Du dann keinesfalls sofort dem gewohnten Alltagsstress verfallen. In dem halbschläfrigen Zustand des Wachwerdens solltest Du Deinen geistigen Erfolgsfilm wieder ansehen und Dich über seine Realisierung freuen. Lerne, Deinen Tag auf diese Weise zu beginnen, und ich garantiere Dir, dass Dir diese täglichen Übungen unheimlich viel Freude bereiten und Deine ganze Tagesform nachhaltig positiv verändern werden. Du wirst wie neugeboren in den Tag starten und Dich voller Motivation Deinen Aufgaben widmen.

Das Geheimnis der erfolgreichen Menschen liegt darin, dass sie fest entschlossen und unumstößlich an ihre Visionen glauben. Diese Menschen haben explizit Gedanken an ihre Ziele zu Suggestionen geformt und sie mit ganz konkreten Bildern verbunden. Erfolgsmenschen haben auch zeitraubende Gewohnheiten losgelassen, und sie unterscheiden zwischen *wichtig* und *interessant*. Das ist ein bedeutender Unterschied! Wir Menschen gehen gerne interessanten Dingen nach, die uns nicht viel mehr bringen, als unsere Neugier zu befriedigen oder uns vom Alltag abzulenken. Wir müssen uns aber auf die *wesentlichen* und relevanten Aufgaben konzentrieren. Konzentriere Dich beispielsweise auch auf Menschen, mit denen Du Dich über das austauschen kannst, was Dich wirklich bewegt und weiter bringt.

Die meisten Zusammentreffen und Stammtischgespräche gleichen nämlich eher einer „Infektionsstätte" für negative Impulse und sind Brutstätten für Zweifel. Die Zeit, in der Dir vorgejammert wird, wie schlecht die Zeiten, die Politiker und die Wirtschaftslage sind, würdest Du besser damit verbringen, Dich auf Wichtigeres zu konzentrieren – und zwar darauf, Deine Ziele zu verfolgen. Wenn Du beginnst, Dein Bewusstsein auf Erfolg, Wohlstand und Fülle auszurichten, wirst Du wie ein Magnet gleichgesinnte Menschen in Dein Leben ziehen. Gespräche mit *diesen* Menschen werden Dein Leben bereichern und Dir Anregungen und Ideen für weitere Aktivitäten bringen. Anstatt Dir von einem Bekannten die neuesten Negativmeldungen erzählen zu lassen, lade lieber einen erfolgreichen Menschen ein und unterhalte Dich mit ihm über seine Sicht der Dinge und über sein Erfolgsgeheimnis. Auf dem Weg zu Wohlstand gibt es kaum etwas Sinnvolleres als sich mit Menschen zu unterhalten, die diesen *Weg* bereits gegangen sind. Nimm Dir solche Personen zum Vorbild, man kann von ihnen nur lernen. Denn sie wären niemals in den Genuss ihres Erfolgs gekommen, wenn sie nicht etwas *richtig* gemacht hätten. Es wird so sein, dass Du Dich mit der Zeit von Menschen trennen wirst, die Dir nicht *gut tun*, Dein Freundes- und Bekanntenkreis wird sich wandeln, bis Du die Menschen um Dich hast, die *wirklich* gut für Dich sind und wirklich zu Dir passen. Wenn Du ehrlichen Willens nach Erfolg und Fülle strebst, solltest Du Dir bei *allen* Deinen Handlungen und Gedanken folgende Frage stellen:

Bringt mich das, was ich im Moment tue und denke,
meinem Ziel näher?

Du wirst von Deiner inneren Stimme ohne Umschweife eine Antwort erhalten, und diese solltest Du dann auch ernst nehmen. Das Leben „schwingt" nach einem beständigen Rhythmus, und es unterliegt den geistigen Gesetzen. Es wird uns in Bezug auf unsere Ziele genau das bescheren, was wir tief in unserem Inneren glauben.

Was wir denken, das sind wir! Denkst Du also Erfolg verhindernde Gedanken, dann wird ausbleibender Wohlstand die Folge sein. In Dein Leben wird immer nur das treten, was zuvor von Dir ausgegangen ist. Dein Denken sollte deshalb täglich von Leben und Erfolg bejahenden Aussagen erfüllt sein. Du wirst dann relativ schnell erkennen, dass die wertvollste „Lebensversicherung" in Dir selbst zu finden ist. Du trägst Deinen erstrebten Wohlstand bereits in Dir, Du musst ihn nur durch Deinen unumstößlichen Glauben und Dein damit verbundenes konsequentes Tun an der „Börse des Lebens" legal erwerben. Egal welche Misserfolge Du bisher erleiden musstest, sie alle waren notwendig, weil sie Dir etwas mitzuteilen hatten. Sie waren Botschaften, die es zu verstehen gilt.

Erlaube mir an dieser Stelle ein Beispiel:
Du strebst danach, mehr Mut zu haben, um Deine Aufgaben befreiter und selbstsicherer bewältigen zu können? Wenn Du Dir Mut wünschst, glaubst Du, der liebe Gott macht aus Dir einfach wie durch Zauberhand einen Superhelden? Nein, Du wirst vielmehr mit Situationen konfrontiert werden, in denen Du Mut beweisen musst, um geistig zu wachsen und Dein Selbstvertrauen zu stärken. Das Resultat wird sein, dass Du in zukünftigen schwierigen Situationen viel selbstbewusster und mutiger handeln wirst, weil Du die Erfahrung schon einmal gemacht hast, dass Du es *kannst!* Egal, was Du Dir wünschst, Du wirst es auf Umwegen erhalten. Wünschst Du Dir ein harmonischeres Familienleben, so wird Dir nicht ein kuscheliges Bett gegeben, sondern Begegnungen und Situationen, die Dir zu Harmonie verhelfen werden, wenn Du sie richtig verstehst und gemäß Deiner Erkenntnisse handelst.

Wünschst Du Dir Erfolg, wird nicht morgen ein vollgepackter Geldkoffer vor der Tür stehen. Vielleicht wirst Du einen tollen Menschen in Dein Leben ziehen, mit dem Du eine Firma gründen kannst. Du wirst auf alle Fälle Menschen, Situationen und Chancen anziehen, mit deren Hilfe Du Deinen persönlichen Erfolg gestalten wirst können.

Positiv-Denker und erfolgreiche Menschen gaukeln sich nichts vor. Sie erleben die Welt, wie sie ist: voller Chancen und Möglichkeiten, die es uns ermöglichen, uns das selbst zu verwirklichen, was wir uns von Herzen wünschen. Wenn Du beginnst, Dein Unterbewusstsein auf Erfolg und Harmonie zu programmieren, dann wirst Du schon bald an der Sonnenseite des Lebens teilhaben dürfen.

Heute erlebst Du das, was Du gestern gedacht hast, und morgen wirst Du erleben, was Du heute denkst!

Du bist zur Freiheit geboren, und deshalb solltest Du schleunigst notwendige Entscheidungen treffen, um Dein Leben gemäß Deiner individuellen Persönlichkeit zu gestalten. Du wirst Deine Ziele nur erreichen, wenn Du klare, bildhafte *Zielvorstellungen* hast. Die unerschöpfliche Energie Deines Unterbewusstseins steht Dir jederzeit zur Verfügung und wartet darauf, von Dir gebraucht zu werden!

Wenn Du es nicht allein schaffst, Deine Zweifel an einem erfolgreichen Leben zu beheben, weil früher zu stark an Dir gezweifelt wurde, dann wende Dich am besten an eine vertrauenswürdige und kompetente Person – am besten an einen guten Coach –, die Dir dabei hilft, Deine chronischen Zweifeldateien von der Festplatte zu löschen und erfolgsorientierte, positive Gedankenmuster schreibgeschützt zu installieren. Ich sehe meine Aufgabe darin, Dir zu einem positiven, erfüllten Leben zu verhelfen, indem ich Dir aufzeige, dass die unfassbare Kraft des Unterbewusstseins Dir hilft, Dich selbst zu finden und zu verwirklichen, damit auch Du an einem Leben in Harmonie und Fülle teilhaben kannst.

Glaube nicht, dass sich etwas tut, ohne dass Du etwas tust!

Deine persönliche To-Do-Liste

_____

_____

_____

_____

_____

_____

_____

_____

_____

_____

_____

_____

_____

_____

Du musst am Ball bleiben

Nahezu jeder Mensch kommt irgendwann in seinem Leben auf die Idee, dass es vielleicht sinnvoll wäre, sich mit den Fragen des Lebens zu beschäftigen. Die Motive dafür sind vielfältig. Im Endeffekt geht es aber immer darum, eine bessere Rolle in der Gesellschaft zu spielen und mehr Freiheit durch materiellen Besitz und Persönlichkeitswachstum zu genießen. All das kann man auch haben, wenn man bereit ist, die Arbeit an sich selbst aufzunehmen und sich von dem zu trennen, was dagegen spricht. Hier kommen wir an einen ganz entscheidenden Punkt! So gut wie jeder sagt: „Ja, die Arbeit an mir selbst werde ich konsequent durchhalten", aber nur eine Minderheit bleibt dann auch wirklich dabei. Alle beginnen, doch wer bleibt wirklich am Ball? Meist sind es die ausgereiften Persönlichkeiten, die wissen, was sie wollen und was sie sich wert sind.

Jedes Jahr kontaktieren mich unzählige Menschen, weil sie in einem Suggestions-Coaching ihre „Festplatte" neu ordnen wollen. Je nachdem, wie viel es auf der Festplatte zu „optimieren" gibt, geht ein solches Coaching über mehrere Tage. Haben wir dann das neue Programm „Lebensglück" installiert, kommt es immer wieder vor, dass Menschen meinen, sie müssten danach nicht weiter an sich arbeiten. Und wenn die Faulheit siegt, scheitern sie – ganz unnötigerweise – an ihrer eigenen Inkonsequenz. Egal, ob es sich um unser Coaching oder eine andere Form von Neustart in ein besseres Leben handelt – jede Methode ist nur ein Anfang! Das Coaching ist wie ein Sperrmülltermin, bei dem sehr viel Abfall und Gerümpel aus dem Unterbewusstsein entfernt wird, um eine Grundlage dafür zu schaffen, dass *lebensbejahende* Affirmationen überhaupt ihre volle Wirkung entfalten können. Auch hier möchte ich noch einmal das Beispiel der unaufgeräumten Wohnung anführen: Wenn man seine Wohnung nicht auf Vordermann hält und putzt, verstaubt sie. Jeder Staub kann entfernt werden, aber Du musst es eben einfach tun und Dich auch danach fortlaufend und konsequent darum kümmern, dass die Wohnung vorzeigbar bleibt. Genau so, wie es mit einem ständigen TUN verbunden ist, seine Wohnung gepflegt zu halten und ständig zu verschönern, verhält es sich auch mit dem Erfolg im Leben. Wer nicht dazu bereit ist, ständig zu wachsen, fleißig zu sein und dabei zu bleiben, wird es im Leben zu nichts bringen können.

Viele Menschen füllen ihre Regale mit Lebenshilferatgebern und besuchen ein Seminar nach dem anderen. Doch auch hier gilt dasselbe Prinzip, und auf dieses ist Verlass. So teuer und perfekt organisiert ein Seminar auch sein mag, 20 Prozent der Teilnehmer setzen sofort alle Tipps um und bereichern damit ihr Leben, während die restlichen 80 Prozent sich berieseln und für den Moment begeistern lassen, ein Effekt, der aber spätestens nach wenigen Tagen abflacht, was man daher die 72-Stunden-Regel nennt. Die Suche nach wirklicher, positiver Veränderung wird für Dich nie enden, wenn Du nicht verstehst, dass Du bei einer Sache einfach konsequent dabei bleiben musst. Wir müssen unsere ganze Energie und Emotionalität in unsere Wünsche packen und aufhören, vor uns hin zu dämmern. Es gilt, anzupacken! Du lebst nur einmal, und das Leben ist zu schade, um es zu verschlafen. Dir stehen die Türen offen, alles zu haben und zu erreichen, was Du möchtest, aber Du musst etwas dafür tun. Du musst fest entschlossen und mit aller Motivation Deine Aufgaben angehen, Du brauchst große Ziele, denn klein bleibst Du von alleine. Hau endlich auf den Tisch und sage Dir: „Jetzt ist Schluss!" und führe das, was Du in die Hand nimmst, auch durch!

Jetzt bist Du an der Reihe

Entscheide Dich dafür, auf den Zug, der Wohlstand, Harmonie und Freude transportiert, aufzuspringen. Wenn Dir in Deinem Leben etwas nicht gefällt, bist Du selbst dafür verantwortlich. Triff also die Entscheidung, eine Korrektur vorzunehmen und verfolge diese ohne Wenn und Aber! Bist Du mit Deinem momentanen Verdienst nicht zufrieden, hast Du dafür in der Vergangenheit die Ursachen gesetzt. Du kannst jetzt Dein Leben ändern, wenn Du es unwiderruflich beschließt und bei der Umsetzung vertrauend, motiviert und konsequent am Ball bleibst. *Du* bist der Chef, *Du* bist der Inhaber und Lenker Deiner Gedanken und Taten! Dein Glücksgefühl, Deine Anerkennung und Dein Erfolg hängen ganz und allein von Deiner Entscheidung ab, etwas fest zu beschließen und konsequent umzusetzen. Genauso wie ein Unternehmen, das seine Strategie festlegt und diese danach konsequent verfolgen muss, brauchst auch Du einen Plan für Dein Lebensglück. Du kannst haben, sein und

tun, was Du willst, Du musst Dich aber klar und deutlich dafür entscheiden und konsequent, ohne jegliche Zweifel, an Dir selbst und für
Deine Ziele arbeiten.

Du solltest Dir die Zeit nehmen und einmal gründlich hinterfragen, aus
welchem Grund Du bisher nicht konsequent Deine Ziele und Wünsche
verfolgt hast. Bemüht warst Du ja sicherlich, aber warum warst Du nicht
fest entschlossen? Lag es an einem der folgenden Punkte?

- *Fehlende Selbstliebe und zu geringer Selbstwert?*
- *Die Angst, nicht authentisch zu wirken?*
- *Kein klares Ziel vor Augen?*
- *Faulheit? Du hast Herumdösen und bequemes Ablenken durch
  Medienkonsum, Alkohol oder Drogen der Verwirklichung Deiner
  Ziele vorgezogen?*
- *Ausreden, weil Du die Schuld immer bei anderen gesucht hast?*
- *Die Angst, Deine Schwächen preisgeben zu müssen?*

Völlig egal, ob einer dieser Gründe zutrifft, ob mehrere oder vielleicht
ganz andere, Du bist Dir ab sofort vollkommen darüber bewusst, dass
Du selbst *alles* ändern kannst!

Ich habe unzählige Menschen kennengelernt, die sich vor ihrem Lebensglück tatsächlich gedrückt haben; sie standen sich einfach selbst im
Weg. Egal, was Du vorhast und planst, in die Realität umzusetzen, ob
privat oder beruflich, es ist immer dasselbe Spiel: Sei fest entschlossen
und versuche, geradlinig Dein Ziel zu verfolgen. Wer nämlich immer
nur Pläne vor Augen hat, diese aber nicht konsequent umsetzt, wird
seine Ziele nie erreichen können. Bleib am Ball und betrachte Deine
Vorhaben aus der Langzeitperspektive. Bereite Dich besser auf einen
Marathonlauf als auf einen Fünfzigmeter-Sprint vor. Wenn Du fest entschlossen, konsequent und voller Vertrauen bist, wirst Du schon früher
am Ziel sein, als die eigentliche Marathonstrecke endet.

Du hast jeden Tag aufs Neue die Möglichkeit, Deine Gedanken Wirklichkeit werden zu lassen. Dafür ist es aber nicht ausreichend, dass Du sie
einmal denkst, Du musst sie so oft wie möglich wiederholen. Der Grund

dafür ist ganz einfach: Dein Unterbewusstsein versteht Dich nicht, wenn Du auf tausend Hochzeiten tanzt und jeden Tag etwas anderes willst. Deshalb bleiben bei vielen Menschen Affirmationen wirkungslos, selbst wenn sie diese hundertmal wiederholen. Du musst aus diesem Grund die tägliche Affirmation ausschließlich auf *ein* Ziel ausrichten und das konsequent zu Deiner Gewohnheit machen. Erst dann kann sich nach einigen Wochen, meistens ein bis zwei Monaten etwas verändern, denn Dein Unterbewusstsein merkt dann, dass Du endlich einmal bei einer Sache bleibst. Hör auf, an einem Tag dies und am anderen Tag das zu wollen und ständig Deine Meinung über Deine Ziele zu ändern. So wird Dich Dein Unterbewusstsein nicht ernst nehmen. Splitte Deine Energie also nicht auf alles Mögliche auf, sondern fokussiere sie auf *ein* Ziel, und zwar auf das, das Du Dir von Herzen wünschst!

Wir Menschen sind schon ganz schöne Wunderwerke, aber man kann sagen, dass wir dem Tier noch sehr nahe sind – was nicht abwertend gemeint sein soll. Wir werden noch von vielen Instinkten gelenkt, wie beispielsweise dem „Vorsichhindösen". Manchmal brauchen wir es als Erholung, meistens ist es aber schlichtweg Faulheit.

Komm raus aus der Bequemlichkeitszone, mach etwas aus Deinem Leben – und zwar das, was Du willst!

Beuge Dich auch nicht irgendwelchen widrigen Umständen und lass Dich nicht durch sie von Deinen Zielen abbringen. Ein erfolgreicher Mensch hat unter anderem die Fähigkeit, Kompromisse aneinanderreihen zu können. Es wird nie alles exakt so geschehen, wie Du es möchtest. Zu bestimmten Kompromissen müssen wir fähig sein, und wir müssen Flexibilität zeigen können. Beharre nicht stur auf Deinen Wünschen. Wir haben dieses Problem oft bei der Partnerwahl und denken: „Genau dieser bestimmte Mann oder diese bestimmte Frau muss es sein". Nein, der oder die *Richtige* muss es sein, auch wenn er oder sie vielleicht ganz anders aussehen mag als der „bestimmte" Partner!

Glück ist machbar

Die meisten Menschen empfinden Glück, wenn sie eine unerwartet positive Situation überrascht oder wenn sie materiellen Besitz erwerben. Doch was macht uns denn *tatsächlich* glücklich, und wann können wir von wahrem Glück sprechen? Der weltliche Mensch kauft sich sein Traumauto, macht eine große Reise oder bezieht eine Eigentumswohnung und hofft, dann glücklich zu sein. Da aber im Außen nichts von Dauer ist, wird das Gefühl von Glück und Zufriedenheit nicht lange anhalten, und wir werden schon bald nach etwas anderem, noch besserem Ausschau halten. Die lebenslange Suche nach Glück wird nie enden, wenn wir Glück immer nur im Erwerb von sichtbaren Dingen zu finden glauben. Vielleicht malst Du Dir aus, wann Du einen bestimmten Lebenspartner haben wirst, wann der neue Traumwagen in der Garage steht und welches Eigenheim Du als das *Deine* bezeichnen kannst. Sicherlich wirst Du bereits bei der bloßen Vorstellung das Gefühl bekommen, die Welt einreißen zu können, und Du wirst Dein Glück kaum fassen können, wenn Du Deine Ziele erreicht haben wirst. Doch von welcher Dauer sind diese *Glücksgefühle*? Hast Du Dir schon einmal Gedanken darüber gemacht, dass das Lebensglück für einen rational denkenden Menschen immer im Steigern dessen zu finden ist, was er bisher schon erreicht hat? Alles, was wir haben, müssen wir auf diese Weise immer wieder steigern. Nach dem 35.000 € teuren Wagen folgt der Schritt zum 60.000 €-Flitzer. Ist der gekauft und zur Gewohnheit geworden, strebt man nach einem 120.000 € teuren Auto. Dieses Spiel wird nie enden, wenn wir auf diese Weise unser Glück suchen. Damit wir uns richtig verstehen: Es spricht nichts dagegen, einen 150.000 € teuren Sportwagen zu fahren, man sollte ihn aber immer als Gegenstand der *Fülle* betrachten und nie darin das *Glück* suchen wollen. Der erwachende Mensch sehnt sich nach einer Art von Glück, das nicht nur von dieser Welt ist. Er sucht das Glücklichsein *in sich*, er ist sich seiner selbst bewusst, und findet das Glück im Geiste und im Erleben seines Schaffens und seiner eigenen Werke, die er durch seine unendliche Schöpferkraft vollendet hat.

Was würdest Du unternehmen, wenn Du nur noch sechs Monate zu leben hättest? Fällt Dir spontan etwas ein? Lebe genau so! Verbringe Zeit mit den Menschen, die Dir wichtig sind, und gönne Dir alle Freiheiten und Träume. Meister seines Lebens ist derjenige, der weiß, dass er *in sich* jederzeit die richtigen Antworten finden wird. Beginne damit, Dir Schönes und Erstrebenswertes als Lebensziel zu setzen. Indem Du diese Gedanken wählst, richtet sich Dein Geist auf das Erwünschte aus, und Du bist ihm damit automatisch schon nahe. Rationalisten sagen an dieser Stelle: „Ja, wenn es so einfach wäre, dann würden es doch alle so machen." Weil es also nicht alle so tun, ist für viele damit der Beweis erbracht, dass das Ganze wohl nicht funktionieren kann.

Mach einfach selbst die Probe und beginne damit, selbst auszuprobieren, was *noch* nicht zum geistigen Allgemeingut gehört. Ausgetretenen Pfaden zu folgen ist langweilig und führt auch nicht zu neuen Ufern. Das Besondere, das durch Dich in diese Welt kommen möchte, ist etwas nie Dagewesenes und es sollte auch keineswegs etwas Altes im neuen Gewand sein. Dazu noch eine kleine Anekdote von einem Positivdenker, der vor lauter zum Himmel schauen ganz blaue Augen hatte, weil er ohne Unterbrechung voller Hingabe betete: „Lieber Gott, lass mich bitte, bitte reich werden!" Jeden Tag betete er, schaute zum Himmel und wartete, wie es sich für einen, der glauben kann, gehört: voller Geduld. Er machte das schon lange Zeit so, ohne dass etwas geschah. Als seine verzweifelten Rufe immer lauter und emotionaler wurden und er sich nichts sehnlicher wünschte, als endlich reich zu sein, da hörte er plötzlich eine donnernde Stimme vom Himmel: „Du Dummkopf, gib mir doch endlich eine Chance und füll einen Lottoschein aus!"

Es ist zum Gelingen unseres Lebens extrem bedeutungsvoll, dass wir selbst aktiv werden! Wer das Glück eines Geldsegens herbeisehnt, ist gut beraten, mehr dafür zu tun, als nur himmelwärts zu schauen. Glück ist nichts, was nicht machbar wäre. Wenn Du Dir täglich glückliche Gedanken schaffst, werden sich diese Gedanken, wenn Du sie nur so oft wie möglich denkst, manifestieren und *sichtbar* werden. Glück ist nichts Zufälliges, sondern etwas *Geschaffenes* und etwas *Angezogenes*. Genauso verhält es sich mit Unglück! Die Meinung, dass etwas schief gehen müsse und man dies und jenes nicht könne, führt oft dazu, dass

Menschen in Prüfungen und bei schweren Aufgaben versagen. Das hat nichts damit zu tun, dass diejenige Person dumm ist, sondern kommt daher, dass sie glaubt: „Das schaffe ich nicht!" Wir werden durch verschiedene Einflüsse, allen voran die Erziehung, blockiert, und diese Blockaden gilt es zu erkennen, um sie in der richtigen Form auflösen zu können. Das ist auch nicht mit irgendeiner Technik oder einem Trick möglich, sondern es gibt in der menschlichen Tragödie ausschließlich einen Lösungsweg, und das ist die unendliche Kraft der Liebe. Wenn Du ernsthaft willens bist, ein glückliches und zufriedenes Leben zu führen, solltest Du dafür sorgen, Deine Blockaden und Ängste zu beheben und in der Liebe zu leben.

In uns allen ist das vorhanden, was uns glücklich macht, es ist nur eine Frage des bewussten Fühlens und Verstehens. Es gibt kaum ein größeres Märchen als den Glauben, wir Menschen seien unserem Schicksal hilflos ausgeliefert und könnten unser Lebensglück nicht selbst bestimmen. Der Weg zu einem erfüllten Leben voller Harmonie und Fülle erfordert manchmal etwas Fleiß und vor allem ein unerschöpfliches Vertrauen in uns selbst und in unsere innere Führung. Allein unsere schlimmen Erfahrungen aus der Vergangenheit lassen uns an einer glücklichen Zukunft zweifeln. Deshalb ist es unabdingbar, das wir die Irrtümer und falschen Vorstellungen in unserem Kopf *ver-rücken*, um das Füllhorn des Lebens in seiner ganzen Vielfalt auszuschöpfen.

Zu Recht existiert der Bibelspruch: *„Wenn ihr nicht werdet wie die Kinder, könnt ihr nicht eingehen in das Himmelreich."* Kinder sind noch ganz rein, und genau das fasziniert uns doch so an ihnen: diese Reinheit und Glückseligkeit. Wir Menschen werden aber mit der Zeit durch unsere Erziehung, die Schule und die gesellschaftliche Dressur *verschmutzt*, sind also nicht mehr rein, und die Türen zum Himmelreich werden uns verschlossen. Geh einmal wirklich in Dich und beginne, Dich wieder an das Urvertrauen zu erinnern, das Du als Kind verspürt hast, als die Welt noch ganz klein und einfach war und Du nicht von Zweifeln und Ängsten zerfressen warst. Es ist einfacher als Du denkst, und Du wirst in dieser Einfachheit und in vollem Vertrauen *Dich selbst* wiederfinden. Glaube an Dich!

Um glücklich zu sein, gilt es auch eine weitere wichtige Regel umzusetzen. Wir müssen beginnen, darauf zu achten, *was* wir sagen und vor allem *wie* wir es sagen. Ich kann es auch folgendermaßen beschreiben: Eine unserer notwendigsten Eigenschaften ist es, *authentisch* zu sein. Du musst anfangen, beim Sprechen darauf zu achten, ob das, was Du sagst, mit dem übereinstimmt, was Du denkst und fühlst. Der Volksmund sagt: *Das Maul lügt, und der Mund sagt die Wahrheit.* Wir sagen oft Dinge, die gar nicht stimmen – das ist das Gegenteil von authentisch und schadet letztlich nur uns selbst. Wie willst Du in Deinem Leben das anziehen, was zu Dir passt, wenn Du nicht aussendest, wer Du wirklich bist und was Du wirklich willst? Schon die Indianer wussten, dass man nicht mit *gespaltener Zunge* sprechen soll. Achte mit ganz besonders großer Sorgfalt darauf, dass Du nur das sagst, was Du denkst und das tust, was Du gesagt hast. Wenn Du nicht sagen kannst, was Du denkst – was durchaus angebracht sein kann –, dann schweig besser und sage nichts. Lerne, nicht immer alles kommentieren und beantworten zu müssen. Wenn Du von Dir nicht überzeugt bist, werden Dich andere nie so anerkennen, wie Du es Dir wünschst. Deshalb sei authentisch, und werde dadurch zu einem noch glücklicheren Menschen.

Warum manche Wünsche nicht in Erfüllung gehen

Berechtigterweise stellt sich die Frage, weshalb manche Wünsche, die wir hegen und pflegen, einfach nicht in Erfüllung gehen wollen, obwohl wir doch aus unserer Sicht alles „richtig" machen. Zuallererst müssen wir verstehen, dass unsere Wünsche nicht gleichzeitig auch unser Glück bedeuten. Ja, wir stehen uns tatsächlich sehr oft, immer und immer wieder, auf dem Weg zum Glück durch unsere Wünsche selbst im Weg. Ich bin mir darüber im Klaren, dass diese Behauptung auf den ersten Blick verwirrend sein kann.

Unsere Wünsche sind Gedanken, die uns unser Verstand als etwas verkauft, das uns durch seine Erfüllung Glück bescheren wird. Unser Verstand spinnt sich hier auf Grund früherer Erfahrungen und

Erlebnisse – und nicht zuletzt durch unsere Prägungen im Elternhaus und andere Vorbilder wie beispielsweise die Medien – etwas zusammen und suggeriert uns, dass wir zum Glücklichsein etwas ganz Bestimmtes brauchen. Unser Verstand denkt aber an dieser Stelle nicht weiter, weil sein Horizont nur so weit reicht wie sein Erfahrungsschatz. Ein Beispiel: Hattest Du nicht auch schon einen Lebenspartner oder auch nur eine Liebschaft, von der Du Dir sehr viel versprochen hast, weil diejenige Person vielleicht einem optischen oder auch anderen Idealbild entsprach? Was ist am Schluss daraus geworden? Du siehst, nicht alles was wir uns wünschen, tut uns gut und ist richtig. In dem Kapitel *„Das Verständnis der Polarität"* habe ich über einen Unternehmer geschrieben, dem glücklicherweise sein großer Wunsch, den Zuschlag für einen Großauftrag zu bekommen, nicht erfüllt wurde. Für ihn war es sogar ein großer Glücksfall, dass sein exakt definierter Wunsch nicht in Erfüllung ging.

Lass mich Dir an dieser Stelle eine weitere Geschichte aus meiner Coachingpraxis erzählen.
Eine gelernte Heilpraktikerin erzählte mir im Coachinggespräch, dass sie seit Jahren vergeblich versuche, ihre eigene Praxis auf die Beine zu stellen, um sich damit einen großen Wunsch zu erfüllen. Ihr Alltag glich aber einem Überlebenskampf, und der große Wurf war ihr trotz unzähliger Bemühungen nie geglückt. Stattdessen musste sie sich mit Nebenjobs über Wasser halten. Sie war der felsenfesten Überzeugung, dass sie für diesen Beruf geboren sei und einfach nur die Patienten ausblieben. Zu allem Übel wurde sie in Situationen, die ihre Konzentrationsfähigkeit stark beanspruchten, von heftigen Kopfschmerzen geplagt, die sie mit Medikamenten betäubte. In der Branche der Heilpraktiker und Therapeuten sämtlicher Richtungen gibt es ein interessantes Phänomen: Viele der Menschen, die diesen Weg einschlagen möchten, haben selbst unheimlich viele Probleme. Aufgrund eben dieser Probleme läuft in ihrem Inneren ein Programm ab, das ihnen sagt: „Ich muss anderen helfen". Immer wieder mache ich die Erfahrung, dass Therapeuten teilweise größere Probleme haben als ihre Patienten. Nun ist es aber so, dass die meisten Menschen Destruktivität und Probleme bei anderen unterbewusst wahrnehmen und sich genau von solchen Menschen fernhalten. Außerdem können wir anderen Menschen nur wirklich

geben und vermitteln, was wir selbst in unserem Leben haben: Der Erfolgreiche kann andere erfolgreich machen, der Stabile andere stabilisieren, und natürlich gilt das ganze auch umgekehrt. Und von Leuten, die uns weiter destabilisieren, halten wir uns natürlich intuitiv fern. Ich thematisierte mit meiner Klientin ganz offen diese Beobachtung aus meiner täglichen Arbeit, und so kamen wir schließlich auf die Frage zu sprechen, wie sich Menschen ausgerechnet von ihr angezogen fühlen sollten, wo sie doch ihre Probleme quasi aus jeder Pore ihres Körpers ausstrahlte.

Durch unsere intensiven Gespräche und das „Hineinhören" in ihr Inneres während des Coachings stellte sich auch genau dieser eben erwähnte Faktor in den Vordergrund. Es war nur ihr Verstand, der ihr sagte, sie würde als Heilpraktikerin ihre Erfüllung finden; tatsächlich sagte ihr Herz aber etwas ganz anderes, das sie über Jahre hinweg nicht wahrgenommen hatte. Wir änderten daraufhin ihren Fokus weg von einem „bestimmten" Beruf hin zum „richtigen" Beruf, der ihr tatsächlich Erfüllung bringen würde. Das einzige, was wir in ihrem Unterbewusstsein verankerten, war ein Leben in absoluter Harmonie. Dabei erhielt sie eine „Eingebung", in der sie sich auf einer großen Bühne als Rednerin sah – also etwas völlig anderes, als in einer Praxis zu sitzen. In tiefem Vertrauen an die Bilder ihrer Eingebungen machte sie sich auf die Suche nach beruflichen Alternativen. Nur kurze Zeit später wurde sie auf das Stellenangebot einer amerikanischen Firma aufmerksam, die auf der Suche nach einer Verkaufstrainerin war. Von einem guten Gefühl begleitet bewarb sie sich auf diese Stelle und bekam sie schließlich auch. Voller Leidenschaft und Begeisterung arbeitet sie heute als Trainerin – ihr jetziges Einkommen hätte sie als Heilpraktikerin niemals erreichen können. Heute ist sie über alle Maßen froh, dass ihre Karriere als Heilpraktikerin nicht funktioniert hat, denn sonst hätte sie niemals ihren eigentlichen Traum, um die Welt zu reisen und Vorträge zu halten, gefunden und verwirklichen können.

Wie ist es bei Dir? Hast Du auch Wünsche, an denen Du verbissen festhältst, obwohl es vielleicht einen ganz anderen Weg für Dich gibt, der Dich zum Glücklichsein führen könnte?

Auf der anderen Seite gibt es aber auch „Wünsche", die bedeutsam auf unserem Weg zum Glücklichsein sind, weil sie uns als Lerneffekt dienen, auch ohne in Erfüllung zu gehen. Ich werde oft gefragt, ob es möglich ist, dass wir aufgrund irgendeines schlimmen „Fehlverhaltens" unsere Wünsche nicht erfüllt bekommen. Hinter dieser Annahme stecken Jahrhunderte religiöser Erziehung, in denen uns vermittelt wurde, es wache ein alttestamentarischer zorniger Gott über uns, der uns dereinst beim jüngsten Gericht für unsere Sünden bestrafen wird. Diese krankmachenden Denkstrukturen müssen für alle Zeiten endlich gelöscht werden, denn sie blockieren uns in unserer Selbstentfaltung. Vor allem ist diese Vorstellung vom Rachegott aber nicht mit einer anderen, viel wichtigeren Botschaft des neuen Testaments vereinbar: der Behauptung nämlich, Gott sei die ewige Liebe und voller Vergebung für seine Kinder.

Stell Dir einmal vor, Dein Kind hätte irgendwelchen Blödsinn gemacht, meinetwegen auf die heiße Herdplatte gefasst, obwohl Du ihm immer wieder eingeschärft hattest, dass es das nicht tun dürfe, weil es weh tut. Du wirst im ersten Moment sicher wütend sein, weil Dein Kind nicht auf Dich gehört hat, aber deshalb wirst Du Dein eigen Fleisch und Blut doch nicht noch mehr leiden lassen, sondern ihm zeigen, dass man die Hand unters kalte Wasser halten muss, eine Brandsalbe aufträgt und ein Pflaster darüber klebt. Egal, was Dein Kind auch angestellt haben mag, Deine unerschütterliche Liebe zu ihm wird am Ende immer über den ersten Zorn siegen. Außerdem war der Ungehorsam Deines Kindes, sein unbedingter „Wunsch", ja eine wichtige Erfahrung und ein Fehler, den es sicherlich kein zweites Mal in seinem Leben machen wird. Aus Liebe zu Deinem Kind wirst Du ihm auch den einen oder anderen Wunsch nicht erfüllen, um es zu beschützen und auf den „richtigen Weg" zu bringen. Beispielsweise wirst Du es nicht mit 10 Jahren auf ein Motorrad setzen oder Alkohol trinken lassen. Du würdest auch nicht zulassen, dass es sich ein Leben lang nur von Pommes ernährt, obwohl das Kind vielleicht genau das und nichts anderes unbedingt will. Genauso haben wir Erwachsenen gelegentlich Wünsche, die uns nur auf den ersten Blick glücklich machen würden. Wie der Vater oder die Mutter ihrem Kind, erfüllt uns das Leben manchmal bestimmte Wünsche nicht, wenn es einen besseren Weg für uns gibt.

- *Hör also auf damit, Dir bestimmte Dinge zu wünschen, wie den „einen" Lebenspartner, nur weil er Deinen Vorstellungen eines optischen Ideals entspricht!*
- *Hör auf, mit einem bestimmten beruflichen Weg Dein Glück finden zu wollen! Sehne Dich stattdessen nach Reichtum und stelle Dir nicht vor, auf welchem Weg er zu Dir gelangen soll!*

Das Kind sollte sich statt Pommes auch lieber ein „tolles Essen" wünschen, und Dir wird sicher etwas einfallen, was ihm gleich gut oder sogar noch besser schmecken wird. Wir sollten uns Wohlstand und Glückseligkeit ersehnen, aber unserer göttlichen Führung nicht vorgeben, dass wir sie mit dieser oder jener Tätigkeit in genau jener Zeit erreichen wollen. Sieh dazu immer und immer wieder vor Deinem geistigen Auge, wie Du diesen erreichten Wohlstand und Dein Glück genießt. Wir können, auf unsere Wünsche bezogen, oft genauso wenig wie das Kind beurteilen, was uns in der Zukunft wirklich glücklich machen wird und was unserer Entwicklung dienlich ist. Vertraue also dem Prozess, genieße den Weg, den Du gehst und sei in freudiger Erwartung auf Deinen wohl verdienten Reichtum.

Ein weiterer Grund dafür, warum uns an sich gute und richtige Wünsche nicht erfüllt werden, kann sein, dass Du Dir zwar etwas sehnlich wünschst, aber nicht von Herzen daran glaubst, dass es in Erfüllung gehen wird. Ich habe über die Bedeutung des Glaubens und über den negativen Glauben geschrieben. Nimm Dir an dieser Stelle die Zeit und wiederhole die entsprechenden Kapitel. Du kannst jegliches Wünschen von vorneherein sein lassen, wenn Du nicht daran glauben kannst, dass Dir Dein Wunsch auch erfüllt werden wird. Wir tun uns so schwer mit dem Glauben, weil wir nie gelernt haben, welch ungeheure Kraft in uns verborgen ist. Aber Du kannst Dich jederzeit *dafür* entscheiden und Dir klar machen, dass in Dir eine unendliche Quelle der Kraft steckt! So sehr sich Dein Verstand auch wehrt und so sehr Deine Umwelt an Dir zweifeln mag, fang an, an das zu glauben, was noch nicht ist, damit es werde. Glaube felsenfest daran, und die Wünsche, die Dir Dein Innerstes mit einem warmen Bauchgefühl als „richtig" bestätigt, können Wirklichkeit werden. Sie werden in Erscheinung treten, aber nur, wenn Du *nicht* zweifelst. Du wurdest geboren, um zu leben, um Freude zu empfinden und um Dich selbst zu verwirklichen. Glaube an Dich und an die große Schöpferkraft in Dir und Du wirst ein Bewusstsein entwickeln, das Dich an der Erfüllung Deiner Wünsche nie wieder zweifeln lässt. Achte bewusst auf Deine innere Stimme und auf Deine Gedanken, denn sie entscheiden über Dein selbst gewähltes „Schicksal". Wenn Du dauerhaft Schwierigkeiten hast, Deine Zweifel zu überwinden, dann kontaktiere uns, und wir werden Dir gerne dabei helfen.

Eine weitere Blockade für die Verwirklichung unserer Wünsche ist das sogenannte „Anzapfen des Massenbewusstseins", wie es Dr. Joseph Murphy formulierte. Die Mehrzahl der Menschheit denkt nicht wirklich *selbst*, sie überlässt das Denken lieber dem Massenbewusstsein, jenem gleichgerichteten Bewusstsein also, das in der Gesellschaft durch Tradition, verschiedene Institutionen wie Parteien, Gewerkschaften, Religionsgemeinschaften und heutzutage vor allem durch die Medien verbreitet wird und allgegenwärtig ist. Dieses Massenbewusstsein glaubt an Krankheit, Tragödien, Unfälle und Negatives aller Art. Hast Du Dir beispielsweise schon einmal Gedanken darüber gemacht, dass in unserem westlichen Bewusstsein nur schlechten Nachrichten Bedeutung beigemessen wird und nur sie durch Rundfunk und Medien verbreitet werden? Warum steht auf dem Titelblatt der Tageszeitungen nicht eine positive Nachricht? Positive Nachrichten gibt es sehr viele, sie dringen nur nicht an die breite Öffentlichkeit! Bei den meisten Menschen hat sich nie eine eigene „Datei" entwickelt, sie übernehmen die Weltanschauungen des Massenbewusstseins – oder sagen wir lieber, des Massen-Unterbewusstseins. Die Mehrheit denkt nicht selbst, sie glaubt nur, dass sie selbst denkt, während sich in ihrem Unterbewusstsein von klein auf unbewusst all die Glaubenssätze der Masse manifestiert haben. Du hast hier und jetzt die ganz einfache Wahl, Dich dem Glauben der Masse anzuschließen, oder Du kannst damit beginnen, Dich aus all diesen katastrophalen Vorstellungen wie Phönix aus der Asche zu erheben und Dein Bewusstsein mit *Leben spendenden Gedanken* zu füllen. Du wirst beim affirmieren keine positiven Ergebnisse erzielen können, wenn Du Dich aus dem Hintergrund vom Massenbewusstsein manipulieren lässt.

Es gibt Menschen, die selbst mit den tollsten bejahenden Affirmationen wie: „Ich bin gesund", „Ich bin reich" oder „Ich bin voller Wohlstand" keine Ergebnisse erzielen. Auch die Erklärung dafür ist recht einfach: Es wurde zu Beginn nicht wirklich eine „Sperrmüllentleerung" des Unterbewusstseins vorgenommen, und es wurde keine richtige Datei für Wohlstand, Reichtum und Gesundheit angelegt. Wir müssen beim Affirmieren schon von Anfang an „in uns haben", was wir möchten und ersehnen – auch darüber habe ich schon im Kapitel über das Unterbewusstsein geschrieben. Es funktioniert nicht, Reichtum zu affirmieren und gleichzeitig ein ausgereiftes Armutsbewusstsein zu haben, denn dieses wird Deinen Glauben blockieren. Sollte auf Deiner Festplatte also noch Armut gespeichert sein, mach Dich zuallererst an die Sperrmüllentleerung: Werde Dir Deiner falschen Anschauungen schonungslos ehrlich bewusst, und beginne dann umgehend damit, sie durch generelle Bejahungen zu ersetzen. Du könntest beispielsweise affirmieren:

Die Welt ist voller Reichtum und Überfluss, und ich habe ein Recht, daran teilzuhaben!

Oder:

Gesundheit ist ein natürlicher Zustand!

Mit solchen Affirmationen kannst Du Dir erst einmal ein Wohlstands- und Gesundheitsbewusstsein schaffen. Überzeuge Dein Unterbewusstsein von Deinem *Recht* auf Erfolg, Liebe und Gesundheit, denn sie stehen Dir *tatsächlich* zu.

VI

PROFESSIONELLE HILFE

Von 0 auf 100: Ein neues Leben durch Suggestionscoaching

Du hast beim Lesen der ersten Seiten dieses Buches sicher ein Grundverständnis dafür entwickelt, wie sich durch die zahlreichen Belastungen und das häufige Chaos in unserer Gefühls- und Gedankenwelt in unserem Unterbewusstsein eine Art „geistige Mülldeponie" auftürmen kann. Eine solche Müllhalde wirkt sich in der Regel verheerend auf unser Lebensglück aus.

Alle schlimmen Erfahrungen, Verluste und Zweifel, die uns irgendwann in unserem Leben geprägt haben, sind wie ein weit verzweigtes, dichtes Wurzelwerk tief in unserem Unterbewusstsein verankert. Um ein anderes Bild zu gebrauchen könnte man auch sagen, unser Unterbewusstsein ist wie das morsche Gebälk eines abbruchreifen Fachwerkhauses von Schimmel, Fäulnis und Schädlingen durchsetzt.

Einen wirklichen, unumstößlichen Glauben an Erfolg, Gesundheit und Harmonie in uns zu begründen und dauerhaft aufrechtzuerhalten, weil er die Basis und das Grundgerüst für ein nachhaltig besseres Leben bildet, ist in einem solchen vergifteten, krankhaften Zustand nahezu aussichtslos. Um bei dem Bild des baufälligen Hauses zu bleiben: Ein bisschen Farbe hier und ein wenig Tapezieren dort werden niemals ausreichen, um das Haus vor dem Einsturz zu bewahren. Ist das Holz morsch und die Bausubstanz marode, muss das Haus entkernt und von Grund auf saniert werden. Alles andere wäre so, als würde man ein rostiges Auto ohne Rostbehandlung lackieren. Die Rostflecken sind zwar gut kaschiert, und eine Zeit lang wird man das Auto sicher noch fahren können. Unter der Oberfläche aber arbeitet der Rost weiter, bis er erneut an irgendeiner Stelle durchbricht und einem das Gefährt im schlimmsten Fall unter dem Hintern zusammenbricht.

Viel zu oft sind wir mehr damit beschäftigt, den Rost zu überstreichen und so zu tun, als hätten wir unser Leben im Griff, als dass wir uns wirklich einmal dazu aufraffen könnten, grundlegend „aufzuräumen", damit wir uns auf die Dinge konzentrieren können, die uns im Leben weiterbringen und glücklich machen. Wäre es nicht wirklich sinnvoller, den Rost von Grund auf zu beseitigen, weil wir damit im wahrsten Sinne des Wortes „besser fahren"?

Seit vielen Jahren wenden sich Menschen mit den unterschiedlichsten Anliegen und in den verschiedensten Lebenssituationen an mein Team und mich. Viele von ihnen haben tatsächlich große Herausforderungen in ihrem Leben zu meistern, und oft haben sie wertvolle Jahre mit verzweifeltem Bücherwälzen und erfolglosen Selbsthilfeversuchen verschenkt. Sie haben mehr oder weniger planlos mit allen möglichen Tipps und Ratschlägen an sich selbst „herumgedoktert" oder herumdoktern lassen. Einige hatten durchaus kurzfristige Erfolge mit Ihrer Selbsttherapie, bis ihre diversen Ängste, ihr Mangeldenken und ihre fehlende Selbstliebe sie wieder einholten und sie in ihr selbst geschaffenes Hamsterrad – eine nicht enden wollende Kette aus Erfolglosigkeit, Unglück oder Krankheit – zurückfielen. Oft konnten sie sich erst nach einem Zusammenbruch dazu entschließen, sich endlich kompetente und professionelle Hilfe zu suchen.

Da es durch mein selbst entwickeltes und seit Jahren bewährtes Suggestionscoaching unzähligen Menschen gelungen ist, ein erfolgreicheres, glücklicheres und gesünderes Leben zu führen, möchte ich Dich an dieser Stelle auf diese Möglichkeit aktiv aufmerksam machen und Dich im Anschluss daran an einer eindrücklichen Geschichte aus meiner täglichen Arbeit teilhaben lassen.

Das von uns praktizierte Suggestionscoaching ist eine spezielle Methode der sanften Hypnose und Trancearbeit. Im Fokus steht die suggestive Arbeit mit dem Unterbewusstsein. Im Gegensatz zu vielen bekannten Methoden handelt es sich bei unserem Suggestionscoaching allerdings nicht um ein bloßes „Bespielen" des Unterbewusstseins mit Glaubenssätzen oder Affirmationen. Was wir tun, lässt sich am besten erklären, indem ich die oben verwendeten Bilder wieder aufgreife: Mein Team und ich haben uns darauf spezialisiert, das marode Fachwerkhaus, das wir als Unterbewusstsein bezeichnen, zu entkernen und anschließend eine komplette Generalsanierung durchzuführen. Man könnte auch sagen: Wir entfernen das alte knorrige Wurzelwerk und das Unkraut aus Deinem Garten, wir fühlen mit Dir gemeinsam dem hartnäckigen Rost in Deinem Unterbewusstsein auf den Zahn und beseitigen ihn unwiderruflich, damit wir die Karosserie anschließend vollständig neu lackieren können.

Dieses Löschen alter Belastungen und das Neubespielen Deiner „Festplatte Unterbewusstsein" mit neuen, Erfolg und Glück auslösenden Grundmustern erreichen wir durch die Kombination eines gefühlsintensiven Bild-Erlebens mit verschiedenen Visualisierungen und Affirmationen.

Damit Du mit deinen tieferen Bewusstseinsschichten in Kontakt treten und einen schnellen und direkten Zugang zu deinem Unterbewusstsein aufbauen kannst, ist ein Zustand absoluter Entspannung nötig, den wir als Trance bezeichnen. Die geistige Arbeit im Zustand der Trance ist eines der ältesten – und in meinen Augen das wirkungsvollste – Verfahren, um nachhaltige, positive Veränderungen im Unterbewusstsein erzielen zu können.

Viele Menschen, die zu mir kommen, haben schon Erfahrungen mit Hypnose gemacht – ohne nennenswerten Erfolg. Das liegt oft daran, dass der Trancezustand allein nicht viel mehr bewirkt als eine tiefe Entspannung. Erst in Kombination mit speziellen Visualisierungen und Affirmationen lassen sich nachhaltige Erfolge in der Arbeit mit dem Unterbewusstsein erzielen.

Wenn Du also aufgrund einer eigenen Erfahrung an der Methode zweifeln solltest, vergleiche die Trance mit einer Anästhesie: Sie ist für jede Operation notwendig, aber die Narkose ersetzt nicht die Operation! Zu glauben, dass sich allein durch die Herbeiführung eines Trancezustands alle Probleme, die sich während eines Lebens angesammelt haben, in Luft auflösen, wäre so, als würde man erwarten, dass ein Chirurg eine Niere verpflanzt, indem er den Patienten am Bauch streichelt. Meinst Du, er wird ihm auf diese Weise helfen können? Wie wir die Narkose für eine Operation benötigen, so brauchen wir die Hypnose, damit wir einen Kontakt zu unserem Unterbewusstsein herstellen können – nicht mehr und nicht weniger. Genauso wie die Narkose für sich allein genommen keinen Zweck erfüllt, so macht auch eine Hypnose allein keinen Sinn – schon gar nicht, wenn sie von jemandem durchgeführt wird, der nicht weiß, was man mit ihrer Hilfe wirklich erreichen kann.

Da die Hypnose in weiten Teilen der Bevölkerung immer noch einen zweifelhaften Ruf hat, ist mir die diesbezügliche Aufklärung ein besonderes Anliegen. Hypnose ist kein Hokuspokus, sondern letzten Endes einfach ein wunderschöner Zustand, in dem die Tore zum Unterbewusstsein weit geöffnet sind, sodass wir effektiv mit ihm arbeiten können.

Basierend auf deiner persönlichen Lebensgeschichte und deiner durch sie erfahrenen Prägungen beginnen wir im Zustand der Trance erst dort, wo viele Therapeuten bereits aufhören: bei der effektiven Arbeit mit deinem Unterbewusstsein. Der Grundsatz unserer Suggestionscoachingmethode lautet:

„Was Du denkst und was Du wirklich glaubst, das wirst Du sein!"

Um dauerhafte und nachhaltige Veränderungen in unserem Leben zu ermöglichen, reicht es nicht aus, uns etwas nur vorzustellen, daran zu denken oder es uns einfach zu wünschen. Wie ich in diesem Buch bereits an vielen Stellen betont habe, müssen unsere inneren Bilder hochgradig emotional besetzt sein. Ja, wir müssen in der Lage sein, die Dinge ohne Wenn und Aber so zu spüren, als wären sie schon Realität. Du wirst mit unserer Methode wunderschöne Visionen und Bilder von Freude, Glück, Gesundheit, Erfolg und Vollkommenheit spüren und vor deinem geistigen Auge zum Greifen nahe sehen können. Du wirst erkennen, was Dir das Leben tatsächlich bieten kann, welche Türen Dir offenstehen und wo deine Reise hingeht. Deine innere Weisheit wird Dich selbst an der Hand nehmen und Dir die Möglichkeit schenken, Dich endlich selbst zu entfalten.

Grundvoraussetzung dafür - und gleichzeitig der schwierigste Teil aller Affirmationsarbeit - ist allerdings die so oft von mir beschriebene „geistige Sperrmüllentleerung", die Entkernung des maroden Hauses, das Unkrautjäten, die nachhaltige Rostentfernung - welches Bild Dir auch immer am besten zusagt.

Nimm nun an einem Praxisbeispiel aus meiner täglichen Arbeit teil, und Du wirst verstehen, was ich damit meine:

Andreas, ein Geschäftsmann mittleren Alters aus Zürich, kontaktierte mich, weil er sein stagnierendes Geschäft nicht wieder zum Laufen brachte und zu allem Überfluss auch noch in seiner Ehe massive Probleme herrschten. Er ist ein liebevoller Mann voller Ideenreichtum und einer einzigartigen Kreativität. Nach dem erfolgreichen Aufbau seines Geschäfts jedoch war er die vergangenen Monate nur noch auf der Stelle getreten. Die Umsätze blieben zwar konstant, aber Wachstum fand trotz intensivster Bemühungen nicht mehr statt. Seine Ehe war ein beständiges Auf und Ab mit einem Wechselbad der Gefühle. Zwischen seiner Arbeit und seinem Privatleben bestanden spürbare Parallelen. Ob mit seiner Firma oder mit seiner Frau: Immer wenn es bergauf ging, kam sofort wieder ein neuer Paukenschlag. Er sagte mir, er fühle sich wie an eine Kette gebunden. Egal, was er sich vornahm - ob neue Kunden zu gewinnen oder eine glücklichere Ehe zu führen -, es schien im ersten Moment immer alles zu funktionieren, doch nach „einigen Metern" fühlte er wieder die „innere Kette", die ihn nicht über ein bestimmtes Maß an Glücksgefühl und Erfolg hinauswachsen ließ.

Ich erkannte sofort, dass auf seiner „Festplatte Unterbewusstsein" ein Programm installiert worden sein musste, das seinen Erfolg nach allen Regeln der Kunst ausbremste. Um dieses „Virus" zu finden und der geistigen Ursachenkette seines Unglücks auf die Spur zu kommen, bereisten wir in einer speziellen Trance die wichtigsten Stationen seines Lebens. Bereits nach kurzer Zeit wurden wir in seiner Kindheit fündig: In seinem fünften Lebensjahr, an das er sich im Wachbewusstsein nicht mehr erinnern konnte, hatte er ein folgenschweres Erlebnis, das sich besonders tief in sein Unterbewusstsein eingebrannt hatte. Einige Verwandte waren bei seinen Eltern zu Besuch, und während man bei Kaffee und Kuchen am Tisch saß, spielte der kleine Andreas mit seiner zwei Jahre jüngeren Schwester im Garten. Als er mit ihr im Sandkasten saß, sagte die Kleine: „Auch Hunger haben!" So ging Andreas ins Haus zum Küchentisch, um für seine Schwester ein Stück Kuchen abzuschneiden. Als er das Küchenmesser gerade in die Hand genommen hatte, stand seine Schwester plötzlich neben ihm, zog an dem Messer und schlitzte sich die Hand auf. Während die Kleine wie am Spieß schrie, packte der Vater den kleinen Andreas, schüttelte ihn heftig und brüllte: „Du bist doch zu blöd für alles! Schau dir an, was du wieder angerichtet hast! Egal, was du tust, es endet immer in einer Katastrophe!" Vergleichbare Vorfälle mit seinem Vater waren für den kleinen Andreas an der Tagesordnung. Nach einem Fußballspiel hatte sein Vater zu ihm gesagt: „Du bist ja eigentlich ganz gut, aber immer, wenn du an den Ball kommst, versagst du!" Du siehst, Andreas wurde systematisch ein Programm auf seine Festplatte gespielt, das dafür sorgte, dass er auch später im Erwachsenenleben nichts wirklich zum Erfolg bringen konnte. Seit seiner Kindheit trug er dieses Gefühl in sich, das ihm suggerierte, dass alles, was er in die Hand nahm, von vornherein zum Scheitern verurteilt sei.

Im Wachzustand konnte er sich an diese Erlebnisse nur teilweise erinnern. Auch war es ihm nicht möglich, die negativen Emotionen und Ängste, die ihren Ursprung in den Erlebnissen mit seinem Vater hatten und die ihn an jedem Tag seines Lebens als Erwachsener am Erfolg in den unterschiedlichsten Lebensbereichen hinderten, selbst unter Kontrolle zu bringen. Zu tief saßen die Vorfälle und der damit verbundene Schmerz. Wir verarbeiteten seine Kindheitserlebnisse in der Trance. Andreas verzieh seinem Vater, weil er verstand, dass dieser sich damals nicht im Klaren darüber gewesen sein konnte, welche Bürde er seinem Sohn durch seine Unbedachtheit für das weitere Leben mit auf den Weg gab. Denn letztlich litt auch sein Vater nur unter dem Ergebnis eigener kindlicher Prägungen.

Andreas konnte endlich loslassen, und nach und nach wurde das schädliche „Unkraut" in Andreas' Unterbewusstsein ausgemerzt. Anschließend konnten wir den frischen Nährboden gemeinsam mit neuen, positiven Überzeugungsmustern besäen. Wir stärkten sein Unterbewusstsein mit einem tief von Herzen kommenden Glauben an sich selbst und daran, dass er Erfolg und Lebensglück verdient hat. Ich öffnete in ihm das Programm „ICH", das Erfühlen, ja das wahrhaftige Erspüren seines innersten Wesenskerns. Er entdeckte, wer er wirklich ist und wozu er wahrhaftig imstande ist. Ich ließ ihm daraufhin von seinem Unterbewusstsein einen Kurzfilm darüber zeigen, was das Leben für ihn bereithalten würde: Ein Leben als erfolgreicher Unternehmer. Sein Unterbewusstsein zeigte ihm außerdem noch ein weiteres Bild, auf dem er sich glücklich und erfüllt mit seiner Frau sah, wodurch seine ursprünglichen Gefühle für sie wieder entfacht wurden. Andreas überkam ein Gefühl der Glückseligkeit, denn endlich war der tonnenschwere Ballast, den er sein ganzes Leben lang mit sich herumgeschleppt hatte, von ihm abgefallen. Nur kurze Zeit später berichtete er mir, wie er seit seinem Suggestionscoaching voller Optimismus konsequent an seinen Aufgaben und Zielen „dran blieb" und wie sich in seinem Privatleben wieder Glück und Harmonie eingestellt hatten. Was war geschehen? Ganz einfach: Durch das Entfernen der destruktiven „Viren" in seinem Unterbewusstsein konnte er sich selbst und seine wahren Stärken erkennen und die Kette des ständigen Versagens sprengen. Durch das Säen neuer Samen in seinem Unterbewusstsein hatte er endlich ein emotional besetztes, positives Vorstellungsbild von sich und seinem Leben, an das er wirklich glauben konnte – und nach unserem Glauben wird uns bekanntlich geschehen.

Ich erzähle die Geschichte von Andreas an dieser Stelle, weil mich sehr viele Menschen mit ähnlich gelagerten Problemen um Hilfe bitten, nachdem sie bei sämtlichen Versuchen, ihr Leben selbst zu verbessern, gescheitert sind. Viele dieser Menschen haben bereits kapituliert und sind in die schon an anderer Stelle erwähnte Spirale der Pseudozufriedenheit gerutscht, in der sie sich einreden, dass doch alles gar nicht so schlimm sei. Begehe Du bitte nicht denselben Fehler! Den meisten gelingt es nicht, die Konsequenz aufzubringen, die für die erfolgreiche Affirmationsarbeit notwendig ist. Die Arbeit mit dem Unterbewusstsein zusammen mit einem erfahrenen Coach ist daher meiner Meinung nach die effektivste, Zeit sparendste und nachhaltigste Methode, um eine spürbar schnellere Wandlung zu einem besseren Leben zu erreichen. Man könnte sagen, dass wir in der Trance die effektivste Möglichkeit haben, die Festplatte Unterbewusstsein neu zu formatieren, damit wir alle Schadsoftware beseitigen und ausreichend Platz haben, um positive Affirmationen direkt abspeichern zu können.

Jeder von uns hat Narben aus der Vergangenheit, die unser Leben oft schon seit unserer Kindheit in falsche Bahnen lenken – und das in vielen Fällen, ohne dass wir uns dessen bewusst sind. Viele unserer Coachingteilnehmer leiden auch an Krankheiten, die kein Arzt erklären und behandeln kann. Erstaunlicherweise lösen sich zahlreiche

„Krankheiten" nach einem Suggestionscoaching wie von selbst auf, weil die Menschen den ganzen Ballast, den sie vorher mit sich herumgeschleppt hatten, endlich über Bord geworfen haben. Tatsächlich ist das ein positiver „Nebeneffekt" der geistigen Sperrmüllentleerung.

Ein professionell durchgeführtes Suggestionscoaching durch speziell ausgebildete Experten kann tatsächlich Wunder bewirken. Es ist für Menschen aus allen Gesellschaftsschichten und jeden Alters geeignet. Im Prinzip handelt es sich schlichtweg um eine besondere Form der Selbsterfahrung. Vergiss alles, was Du aus Fernsehen und Medien je über Trancezustände und Hypnose gehört hast. Die bekannten Bühnenauftritte von Hypnotiseuren dienen rein zu Showzwecken und haben mit einer ernsthaften Trancearbeit nicht das Geringste zu tun. Im Profisport ist die Trancearbeit beispielsweise gang und gäbe, nur wird sie dort als Mentaltraining bezeichnet. Ich betreue einige Profisportler und bin manchmal noch selbst überrascht, welche enormen Erfolge und Höchstleistungen sich bei ihnen über die Arbeit mit dem Unterbewusstsein erzielen lassen.

Durch die Kenntnisse, die ich Dir bislang in diesem Buch vermittelt habe, wirst Du es jetzt schon schaffen können, dein Leben nachhaltig zum Positiven zu verändern. Sollten in Dir aber tiefer sitzende Probleme ihre Heimat gefunden haben, kannst Du Dich gerne auch direkt an mich und mein Team wenden, um mehr über die Möglichkeiten, die unser Suggestionscoaching bietet, zu erfahren.

VII

WAS WIR AUSSERDEM FOLGERN UND BEGREIFEN SOLLTEN

Wir benötigen ein Update unseres Weltbildes

Als Mahatma Gandhi einmal gefragt wurde, ob er Hindu sei, bejahte er die Frage, fügte aber hinzu, dass er auch ein Christ, ein Moslem, ein Buddhist und ein Jude sei. Gandhi hatte die Religion in ihrer Tiefe erfasst, und die Welt braucht noch mehr solcher Kapazitäten, um einen Wandel zum Positiven herbeiführen zu können.

Ein Freund schickte mir einmal per Mail folgenden Textabschnitt, der aus einer Rede des Dalai Lama stammen soll:

Einige reden von Gott, einige reden von der Abwesenheit Gottes – das ist nicht wichtig. Wichtig ist das Gesetz der Kausalität. Dieses ist in allen Religionen gleich.

...

Die verschiedenen Religionen mögen unterschiedliche Methoden benutzen, haben aber alle dieselbe Absicht. Schauen Sie auf die Ergebnisse, nicht auf die Ursachen. Besuchen Sie ein Restaurant, dann genießen Sie all die verschiedenen Speisen, anstatt zu erörtern, ob die Bestandteile dieses Essens von hier oder dort kommen. Es ist klüger, einfach zu essen und zu genießen.

Es gibt unzählige Religionsgemeinschaften und Glaubensrichtungen, und jede von ihnen bietet uns ihre eigene subjektive Erklärung bezüglich des Ursprungs der Menschheit und der zentralen Glaubensfragen, die sich jeder von uns an irgendeinem Punkt in seinem Leben stellt. Nehmen wir den christlichen Glauben: eine Religion, aber ein Dutzend verschiedene Auslegungen der Bibel. Wer wird am Ende Recht behalten?

Immer mehr Menschen sehnen sich wieder danach, wahrhaftig an etwas *glauben* zu dürfen, verlieren sich aber im dichten Dschungel der Glaubensauslegungen und der Esoterik. Sie suchen nach Antworten, die ihrer Lebenswirklichkeit entsprechen und die leichter zu fassen sind als all die widersprüchlichen Meinungen institutioneller und selbst ernannter Religionsgelehrter. Egal, woran wir glauben, es geht immer um existentielle Fragen, die uns alle insgeheim beschäftigen. Vielen fällt es schwer, in der Öffentlichkeit darüber zu sprechen und Anlaufstellen zu finden, wo ihre Fragen ernst genommen werden.

Die Zeit ist reif, alte und neue Glaubenssätze gleichermaßen unvoreingenommen auf den Prüfstand zu stellen. Der Großteil der Gesellschaft betrachtet die klassischen religiösen Dogmen als Auslaufmodelle, während sich gleichzeitig immer mehr Menschen für die Wahrheiten interessieren, die Dr. Joseph Murphy und zahlreiche andere Autoren beschrieben haben. Ich bin weit davon entfernt zu glauben, ich hätte den „Stein der Weisen" gefunden und möchte Dir keine neue „Lehrmeinung" aufdrängen. Die von mir vertretene Lehre klärt weder die letzten Fragen unserer Existenz, noch taugt sie im wissenschaftlichen Sinn als allgemeingültiger Beweis für die Existenz Gottes. Ich führe nur eine Wissenstradition fort, die bewiesenermaßen ihre Erfolge in der Praxis feiert – und das seit vielen Generationen. Die Tatsache, dass ich an einen Schöpfer des Menschen glaube, muss nicht ausschlaggebend für Deine Erfolge in der Anwendung dieser Lehre sein. Unabdingbar ist aber für Dich, dass Du es schaffst, uneingeschränkt und ohne jeden Zweifel an *Dich selbst* zu glauben und dass Du ein tiefes Vertrauen in die unglaublichen Kräfte entwickelst, die in Dir stecken und von Dir entdeckt werden wollen. Mit diesem Kapitel möchte ich Dich in Deinem Freiheitsgefühl bestärken, auch abseits gängiger Lehrmeinungen selbst entscheiden zu dürfen, woran Du in Zukunft glauben willst. Vor allem geht es mir aber darum, dass Du es wirklich schaffst, mit Hilfe der Lehre des Positiven Denkens Dein Leben zu verändern und dass Du nicht wie viele andere scheiterst, nur weil sie sie einfach nicht verstanden haben.

Die Entscheidung über unseren Erfolg und Misserfolg trifft nicht eine höhere Instanz, sondern wir selbst, indem wir die uns gebotenen Chancen ergreifen. Viele Menschen wenden die enorme Freiheit, die uns allen „gottgegeben" ist, falsch an, ja, sie missbrauchen sie und treiben viel Unsinn damit. Sie setzen die ihnen innewohnenden Kräfte – oft unbewusst – gegen sich selbst und gegen andere ein. Wenn wir aber begriffen haben, welch ungeheure Freiheit uns tatsächlich gegeben ist, dann muss uns auch bewusst werden, dass wir selbst es sind, die mit all unseren Taten *über uns selbst* richten! *Wir selbst* sind es, die wir uns fortlaufend selbst bestrafen, durch unsere Fehlinterpretation des Lebens und durch den Missbrauch der geistigen Gesetze. Wir kennen aber jetzt diese geistigen Gesetze und wissen auch, dass alles, wovon unser Unterbewusstsein überzeugt ist, sich in unserem Leben manifestieren wird.

Woran auch immer Du glauben magst: Fang bei Dir selbst an und mache regelmäßig ein Update. Sei Du derjenige, der für sich selbst die Antworten auf seine existenziellen Fragen findet. Du hast bereits damit begonnen, indem Du dieses Buch liest. Glaube allem voran an Dich selbst, und lasse Dich von den Behauptungen irgendwelcher anderer Leute nicht entmutigen! Bleib standhaft, wenn sie Dir sagen, was alles schiefgehen könnte und dass Du auf dem Holzweg bist. *Du* bist der Entscheider! Ich kann nicht oft genug wiederholen, dass Du selbst das Zünglein an der Waage bist, wenn Du Dir Dein Lebensglück schaffen willst! Nur wenn Du dich zu dieser Erkenntnis durchringen konntest, wirst Du Dir die Lehren dieses Buches *wirklich* zunutze machen können!

Dir ist sicherlich mittlerweile bewusst geworden, dass weitaus mehr nötig werden wird als ein paar Affirmationen oder Bestellungen zu wiederholen, wenn Du wirklich willens bist, Dein Leben zu verändern. Du wirst *vieles* verändern müssen, wenn Du Dir Dein Glück schaffen willst – allem voran Deine Weltsicht! Die Lehre des Positiven Denkens ist an sich zwar so einfach, dass ein Kind sie verstehen kann, gleichzeitig ist sie aber auch sehr tiefgründig und verlangt von uns, dass wir uns in vielerlei Hinsicht aus tiefstem Herzen verändern *wollen* und lernen, unser Leben ohne Ausflüchte und Entschuldigungen *selbst* in die Hand zu nehmen.

Alles ist Energie und in Verbindung

Dieses Kapitel habe ich geschrieben, weil kaum ein Tag vergeht, ohne dass sich Klienten mit der Bitte an mich wenden, ich möge ihnen Fragen bezüglich merkwürdiger Phänomene beantworten, für die sie selbst keine Erklärung finden. In der Regel können sie sich mit solchen Problemen ihren Familien nicht anvertrauen. Ich möchte dieses Kapitel allerdings ganz bewusst von der Lehre des Positiven Denkens und vom Rest des Buches abgrenzen, weil es streng genommen nicht zur ursprünglichen Lehre, sondern in den Bereich der Spekulation gehört.

Hältst Du es für möglich, dass der Mensch mehr ist, als er mit seinem bloßen Verstand erfassen kann? Langsam, aber sicher verstehen wir, dass wir alle miteinander energetisch in Verbindung stehen, und die neuesten Forschungen und Ergebnisse der Naturwissenschaften scheinen diese Vorstellung zu stützen. Ein alter Grundlehrsatz der Physik besagt, dass Energie nicht verschwinden, sondern nur ihre Form verändern kann. Wenn wir also alle eine besondere, verdichtete Energieform sind, was bewiesenermaßen der Fall ist, bedeutet das, dass unser „Sein" und unsere Gedanken mehr sind, als wir mit Hilfe unserer Sinne und unseres Verstandes wahrnehmen können. Was ich in der Tradition Murphys mit dem Begriff „Unterbewusstsein" bezeichne, wird man vielleicht eines Tages auch anders benennen. Es ist noch nicht im klassischen Sinne wissenschaftlich untersucht worden, was sich hinter dieser Kraft verbirgt, sicher ist aber, dass sie eine ungeheuerliche Wirkung entfalten kann, denn das beweist uns seit Jahrzehnten die tägliche Praxis.

In der Trance beim Fremdgehen erwischt

Susanne A. aus Wien war verzweifelt und suchte mich auf, weil sie ihr zerrüttetes Gefühls- und Liebesleben wieder in den Griff bekommen wollte. Selten hatte ich einen Menschen erlebt, in dessen Augen mehr Fragezeichen standen als in Susannes. Früher hatte sie mit ihrem Mann, mit dem sie seit 12 Jahren verheiratet war, ein erfülltes Sexleben gehabt, und bis kurz vor unserem Gespräch hatte sie eine aus ihrer Sicht erfüllte und harmonische Beziehung geführt, wie sie hätte besser nicht sein können. Obwohl ihr Mann sich durch seine Tätigkeit als Unternehmensberater ständig im Ausland aufhielt, hatten seine langen Abwesenheiten die Beziehung vorher in keiner Weise belastet. Nach einem dieser berufsbedingten Aufenthalte hatte sich aber alles urplötzlich verändert. Ihr Mann war aus Brasilien zurückgekehrt, und zunächst gab es keine konkreten Anzeichen für Probleme. Er war derselbe wie immer, aber Susanne hatte seit seiner Rückkehr zum ersten Mal Zweifel an seiner Treue. Sie war misstrauisch und eifersüchtig, obwohl solche Begriffe bis zu jenem Zeitpunkt Fremdworte für sie gewesen waren. Irgendetwas für sie nicht Erklärbares musste geschehen sein, das diese starke Gefühlsänderung unterbewusst in ihr hervorrief. Während unseres Gespräches sagte mir meine Intuition, dass bei diesem Brasilienaufenthalt tatsächlich etwas vorgefallen sein musste. Doch Susanne schloss eine Affäre kategorisch aus und bezeichnete ihren Mann als treueste Seele der Welt. Ich vertraute auf mein Bauchgefühl und versetzte Susanne in einen angenehmen Trancezustand, in dem wir gemeinsam die Ursache ihrer Zweifel erforschen konnten. Während dieser Reise ins Unterbewusste geschah etwas sehr Außergewöhnliches: Nach nur wenigen Minuten folgte sie plötzlich nicht mehr meinen Anweisungen, und auf mehrmaliges hartnäckiges Nachfragen, was sie denn gerade in der Trance erlebe, stammelte sie völlig verwirrt: „Ich verstehe nicht, was gerade passiert, aber ich sehe meinen Mann an einem Strand, und ich kann das nicht zuordnen." Ich führte sie weiter durch diese Situation, und nur wenige Augenblicke später sah sie ihren Mann mit einer Frau in einen nahe gelegenen Bungalow gehen. Sie beschrieb mir detailliert, was sie sah: die Einrichtung des Bungalows, die Kleidung ihres Mannes und eine Brasilianerin in Hotpants und knappem Top. Susanne sah mit an, wie sich die beiden fröhlich miteinander vergnügten. Um eine Halluzination auszuschließen, führte ich mit ihr einige Tests durch. Ich ließ mir genau schildern, wo sie sich befand. Dann sollte sie ein paar Meter weitergehen und mir detailliert beschreiben, welche Restaurants, Supermärkte und Hotels sie wahrnehme. Sie buchstabierte mir ein Restaurant nach dem anderen und konnte mir sogar Straßenschilder und Wegweiser vorlesen. Ich machte mir unterdessen Notizen und zeichnete die von ihr beschriebenen Straßenverläufe mit allen Namen der Restaurants und Geschäfte auf, um später alles im Internet nachprüfen zu können. Als ich abends vor meinem PC saß, verschlug es mir die Sprache – und das passiert relativ selten. Tatsächlich stimmte alles bis ins kleinste Detail: Die Straßennamen, die Hotels, Restaurants und Bars waren alle an der richtigen Stelle, ebenso die Straßenschilder und Wegweiser – und das alles, obwohl Susanne nie zuvor in Brasilien gewesen war. Noch am selben Abend konfrontierte sie ihren Mann mit dem, was sie in der Trance erlebt hatte, und er gestand ihr, dass sich alles exakt so zugetragen hatte.

Wie ist diese unglaubliche Geschichte möglich? Könnte alles nur ein Zufall gewesen sein, oder hatte mich Susanne einfach angelogen? Nein, dazu haben ich und zahlreiche andere Spezialisten zu viele ähnliche Ereignisse erlebt. Das Phänomen in meinem Institut und viele ähnlich gelagerte Fälle könnten relativ leicht zu erklären sein. Wenn sich Energie – wie uns die Physik lehrt – nicht in „Nichts" auflösen, sondern lediglich ihre Form beziehungsweise ihren Zustand verändern kann, wohin verschwindet dann ein gedachter Gedanke, der ja Energie ist und damit ewig existent sein muss? Ist es für Dich denkbar, dass jeder Mensch unter dem Deckmantel seiner körperlichen Erscheinung eine besondere Form verdichteter Energie ist? Hältst Du es auch für möglich, dass jede dieser Energieformen oder -felder, also diese über 7 Milliarden Menschen, energetisch miteinander verbunden sind? Wenn das alles für Dich nachvollziehbar ist, könntest Du Dir darüber hinaus auch noch vorstellen, dass sämtliches existierende Wissen – also jeder auf der Erde jemals erlebte Sinneseindruck, jeder gedachte Gedanke und damit auch die Erlebnisse des ehebrecherischen Mannes – irgendwo in einer Art universellem Speicher als „Weltwissen" weiterexistiert, das weder Raum noch Zeit unterliegt? Ist es also möglich, dass Susanne im besonderen Zustand der Trance, aus welchen Gründen auch immer, der Zugang zu diesem Weltwissen möglich wurde, in dem originalgetreu die Gedanken und Erlebnisse ihres Mannes gespeichert waren?

Die Vorstellung von einem „Weltwissen" ist sehr alt und existiert in vielen Kulturen. Ebenso ist der Glaube, dass wir alle miteinander vernetzt sind, bei weitem nichts Neues, doch er hat in dem Bewusstsein der Menschheit bisher keinen nennenswerten Platz eingenommen, weil er kaum öffentlich zur Diskussion stand – und wenn doch, dann in der Regel in kommerziell orientierte Theorien verpackt. Viele Menschen erleben, meist nachts, Situationen, für die es zumindest landläufig keine Erklärung gibt: Sie sehen zukünftige Ereignisse voraus und können am nächsten Tag detailgenau fremde Gegenden oder Räumlichkeiten beschreiben, an denen sie nachweislich noch nie zuvor gewesen sind. Mütter werden durch Albträume davor gewarnt, dass ihr Kind in Gefahr ist oder spüren intuitiv, dass eines ihrer Kinder gerade verunglückt ist. Die Liste solcher Phänomene ist bemerkenswert lang. Ähnliche Formen einer „Verbindung" können uns aber auch in alltäglichen Lebenslagen begegnen. Die Üblichste davon kennen wir alle: Wir denken an eine bestimmte Person – sehr oft einen Menschen, von dem wir schon lange nichts mehr gehört haben – und nur kurze Zeit später ruft uns diese Person an, schickt eine E-Mail, oder wir laufen ihr in der Stadt über den Weg.

Kürzlich stieß ich in einer englischen Zeitschrift auf einen Artikel mit folgendem Inhalt: Ein 13-jähriges Mädchen aus Kroatien hatte 24 Stunden im Koma gelegen. Als sie erwachte, sprach sie plötzlich fließend Deutsch. Sie hatte zwar bereits angefangen, deutsche Bücher zu lesen und deutsches Fernsehen zu schauen, laut ihren Eltern war sie aber noch Anfängerin und vor dem Koma meilenweit davon entfernt gewesen, fließend Deutsch zu sprechen. Der Krankenhausdirektor erklärte, es gebe tatsächlich Fälle, in denen Menschen, die zuvor im Koma gelegen hatten, aufwachten und in der Lage waren, fremde Sprachen zu sprechen - manchmal sogar biblische Sprachen aus dem alten Babylon oder Ägypten.

Wie ist solch ein Phänomen für Dich erklärbar? Ist es für Dich möglich zu glauben, dass es sich in solchen Fällen um unterbewusst empfangenes Wissen handelt? Ist es möglich, dass der Wunsch des Mädchens, die deutsche Sprache zu lernen, so groß und emotional besetzt war, dass ihr dieses Wissen im besonderen Zustand des Komas zugänglich wurde?

Es gibt zahlreiche fantastisch anmutende Phänomene, die dazu Anlass geben, sich die Frage zu stellen, ob die Menschheit mit ihrem Wissen und ihrer *Bewusstwerdung* nicht erst in den Kinderschuhen steckt. Gehen wir davon aus, dass die Theorie eines „Gedankenspeichers" richtig ist, könnte diese Erkenntnis andere Theorien erklären oder auch auf den Kopf stellen. Milliarden von Menschen glauben zum Beispiel an die Reinkarnation, also die Lehre von der Wiedergeburt. Die Vorstellung, früher schon einmal gelebt zu haben, zieht viele Menschen in ihren Bann. Wie kann es sein, dass sie unter Hypnose in einer speziellen Form der Rückführung Dinge sehen, die sie einfach nicht wissen *können*? Dazu gab es bereits unzählige Testversuche, und dass Menschen dabei oft Dinge sehen, die tatsächlich so oder so ähnlich passiert sind, steht in vielen Fällen außer Frage. Doch könnte es sein, dass hier der erste Schein trügt? Es gibt Menschen, die in einer solchen Rückführung Einzelheiten aus einem „früheren Leben" detailgenau beschreiben können, und auf dieser Grundlage glauben sie, wirklich schon einmal gelebt zu haben. Kommen wir an dieser Stelle auf das Erlebnis von Susanne A. zurück, der Frau, die ihren Mann in der Trance beim Fremdgehen erwischte. Mit der Theorie vom universellen Gedankenspeicher könnten wir davon ausgehen, dass sie in der Tiefenentspannung die besagte Wissensbibliothek „anzapfte" und Bilder von vergangenen Erlebnissen ihres Mannes empfing. Könnte der Fall bei den sogenannten Rückführungen nicht vielleicht ähnlich gelagert sein, was bedeuten würde, dass die Rückgeführten durch ein „Einloggen" nicht Bilder ihres eigenen früheren Lebens empfangen, sondern einfach Gedanken und Bilder, die in der „Weltenbibliothek" gespeichert sind?

Ich habe dazu mit freiwilligen Testprobanden ein kleines Experiment gemacht. Ich ließ sie in dem Glauben, dass ich sie in ein früheres Leben rückführen würde. Das Ergebnis meiner kleinen Fallstudie war sehr interessant: Einer der Teilnehmer erzählte mir tatsächlich detailliert Ereignisse aus dem 17. Jahrhundert, die er mit sehr hoher Wahrscheinlichkeit nicht wissen konnte und die nach anschließender Recherche auch wirklich stimmten. Er behauptete, im Jahr 1760 als 17-jähriger Diener am Hof eines Königs gewesen zu sein. Als ich ihn noch weiter zurückführte, gab ich ihm dieses Mal explizit das Jahr 1758 vor, in dem er also zwei Jahre jünger gewesen sein musste. Er erzählte mir wieder viele interessante Details, aber dieses Mal sah er sich an einem völlig anderen Ort, und er war kein 17-jähriger Hofdiener, sondern Hufschmied und schon 28 Jahre alt. Dürfte ich in diesem Buch Smileys verwenden, würde ich es spätestens jetzt tun, oder was meinst Du dazu?

Damit wir uns nicht falsch verstehen: Es geht mir hier nicht darum, die Reinkarnationstheorie zu widerlegen, vielmehr möchte ich Dich dazu einladen, Dir selbst über ein Thema Gedanken zu machen, das die Menschen in Zukunft noch sehr beschäftigen wird.

Wir leben in einer Zeit, in der die Menschheit allmählich beginnt, sich nicht mehr mit althergebrachten Antworten abspeisen zu lassen und in der die Barrieren zwischen Wissenschaft und Spiritualität wieder zu fallen beginnen. Immer mehr Menschen möchten *mehr* wissen, aber das Finden von Antworten dauert natürlich – so war es immer in der Menschheitsgeschichte. Nur: wenn wir nicht ernsthaft zu suchen beginnen, werden wir auch keine befriedigenden Antworten finden. Es wird häufig vergessen, mit welch ungeheurer Geschwindigkeit sich die Menschheit allein in den letzten hundert Jahren entwickelt hat. Betrachten wir beispielsweise die Öffnung der Wissenschaft und ihre Folgen. Noch bis ins 20. Jahrhundert hinein waren Studium und wissenschaftliche Forschung nur gesellschaftlichen Eliten vorbehalten, bevor die Bildungsinstitutionen nach und nach auch für „gewöhnliche" Menschen zugänglich wurden. Durch die Öffnung der Bildung für die breite Masse kam es auch zu einer Wohlstandsumverteilung in den Bevölkerungsschichten, und mit der technologischen Revolution im Computerzeitalter setzt sich diese Entwicklung rasanter fort denn je.

Neben dieser *Bildungsrevolution* vollzieht sich aber parallel eine *Revolution im Geistigen*, was sich in einer regelrechten Explosion des Esoterikmarktes widerspiegelt. In meinen Augen ist es nur eine Frage der Zeit, bis sich die beiden Ströme einander annähern werden, in einigen Teilen, vor allem in der Psychologie und der Medizin, aber auch in den Naturwissenschaften, geschieht in dieser Hinsicht bereits sehr viel. Wir müssen endlich verstehen, dass, nur weil etwas noch nicht in den Köpfen der Allgemeinheit angekommen ist, es trotzdem gleichzeitig ganz real und wirklich sein kann. Die Menschen waren lange Zeit in dem festen Glauben, das Universum drehe sich um die Erde, und plötzlich stellten Gelehrte fest, dass sich die Erde um die Sonne dreht. Was für eine Bildungskatastrophe! Im Mittelalter, als dieser Streit mehr denn je aufflammte, wusste die stärkste normgebende Kraft, die katholische Kirche, aber alles besser, und man zwang die Wissenschaftler in vielen Fällen mit Gewalt dazu, ihre ketzerischen Aussagen zu widerrufen. Und doch war es nur eine Frage der Zeit, bis das neue Wissen nicht mehr aufzuhalten war. Diejenigen, die etwa Galileos Thesen für unhaltbar hielten, weil sie ihrem engen Weltbild widersprachen, gehörten allesamt zu den hellsten und bedeutendsten Köpfen des wissenschaftlichen und theologischen Establishments. In einer ähnlichen Zeit revolutionärer Erkenntnisse befinden auch wir uns heute, und ich frage mich: Wie verhält es sich in dieser Hinsicht mit dem heutigen Establishment?

Du bist in guter Gesellschaft mit vielen, vielen anderen, die ebenfalls wissbegierig sind, und Teil einer großen Bewegung, die am Beginn eines *neuen Zeitalters des Denkens* steht.
Wir leben in einer geschichtlich einmaligen Zeit, in der immer mehr Menschen die ungeheuerliche Freiheit haben, genügend Zeit und Wohlstand zu besitzen, damit sie sich mit den heute für uns so selbst-

verständlichen Fragen des Lebens wie Glück und Selbsterfüllung überhaupt beschäftigen können – mit Fragen also, die weit über den bloßen Überlebenskampf früherer Generationen hinausgehen! Wohlgemerkt gilt das leider immer noch für einen viel zu geringen Teil der Menschheit. Während wir Menschen der westlichen Welt eine Entwicklung durchlaufen haben, zu deren jetzigem Stand wir im Winter – trotz aller Hürden und Kämpfe in Privat- und Arbeitsleben – gemütlich bei einer Tasse Tee über den Sinn und Zweck unserer Existenz sinnieren und Ratgeber lesen können, werden andernorts noch Überlebenskämpfe geführt, die dem Jagen und Sammeln der Urzeit nicht unähnlich sind. Indem wir, die wir am glücklichen Ende der Welt sitzen, uns geistig weiterbewegen und uns unseres menschlichen und geistigen *Seins* bewusst werden, schaffen wir langfristig eine Grundlage für eine menschliche Entwicklung, die solche Zustände hoffentlich dereinst unmöglich machen wird. Haben wir uns nämlich zu der Erkenntnis durchgerungen, dass wir alle *eins* sind und energetisch eng miteinander in Verbindung stehen, kommen wir zwangsläufig auch zu der Erkenntnis, dass wir uns in letzter Konsequenz selbst schaden, wenn wir zulassen, dass Menschen an vielen Orten der Welt wie Hunde krepieren, obwohl wir etwas dagegen unternehmen könnten.

Anleitung zum Weiterlesen

Nachdem ich dir im ersten Teil dieses Buches alles an die Hand gegeben habe, was Du auf Deinem Weg brauchen wirst, diente der zweite Teil der Erweiterung und der Vertiefung. In dem nun folgenden dritten Teil geht es mir vor allem darum, weitere Hilfe in typischen Lebenssituationen zu geben, die den ersten Teil vom Umfang her gesprengt hätten und die nie gleichzeitig auf ein- und dieselbe Person zutreffen werden. Du brauchst ihn daher nicht streng chronologisch zu lesen. Kümmere Dich zunächst vor allem darum, das Wissen aus dem ersten Teil konsequent umzusetzen. Du sollst mit diesem Buch arbeiten, denn nur durch das Lesen wirst Du rein gar nichts gewinnen. Bist Du gerade so richtig im Lesefluss, lies einfach weiter, aber stell auf jeden Fall sicher, dass Du Dich danach wieder auf Deine eigentliche Aufgabe konzentrierst: Werde ein Schaffender und setze konsequent das Wissen um, das ich Dir bis hierher anvertraut habe!

VIII

HILFE IN ZENTRALEN LEBENSBEREICHEN

Beruf, Erfolg und Wohlstand

Wer die Freiheit aufgibt, um Sicherheit zu gewinnen,
wird am Ende beides verlieren.
(Benjamin Franklin)

Wieviel bist Du wert?

Ich habe unzählige Menschen erlebt, die sich *verändern* wollten, nach beruflichem Erfolg strebten, aber nicht bereit waren, wirklicher Veränderung eine Chance zu geben. Lediglich auf Altbewährtes wie den erlernten Beruf und auf Traditionen zu bauen mag Dir im ersten Moment als Sicherheit erscheinen, doch in den meisten Fällen ist dies nicht die allgemeingültige Lösung. Ich coache unter anderen verschiedene Vertriebsfirmen. Durch diese Coachings habe ich unzählige Menschen kennengelernt, denen von ihren Firmen zukunftssichere berufliche Perspektiven geboten wurden. Einige dieser Menschen lehnten große Chancen ab, obwohl diese alles übertrafen, was sie in ihrem bisherigen frustrierenden Berufsleben hätten erreichen können. Die Gründe sind immer dieselben. Wer noch nie im Vertrieb war, redet sich ein, mit Menschen nicht so gut umgehen zu können, und überhaupt sei das alles doch viel zu schwer. Mehr kannst Du Dich gar nicht selbst bemitleiden als mit solchen falschen Eingeständnissen. Solltest Du von Dir auch die Meinung haben, etwas nicht zu können, muss ich Dir leider mitteilen, dass Du so lange Rückschläge erleiden wirst, bis Du Dein Denken geändert haben und zu sicherer Selbsterkenntnis gelangt sein wirst. Oftmals liegt der springende Punkt auch an anderer Stelle: Du hast Angst, andere Menschen könnten Dich belächeln oder auslachen, vielleicht sogar als verrückt abstempeln, wenn Du einer Veränderung die Türen öffnest, die nicht Deinem *bisherigen* Fremdbild entspricht. Lass Dich von niemandem entmutigen, wenn es um Deine Sehnsüchte und Ziele geht, denn im Leben gewinnt immer derjenige, der bereit ist, neue Wege zu gehen und seine Glaubenssätze immer wieder auf den Prüfstand zu stellen. Halte Dich nicht an Dingen fest, die Dich in Deiner

Bequemlichkeit und dem *sich-klein-halten* bestärken. Viele Menschen lehnen beispielsweise Perspektiven ab, weil ihnen nicht sofort ein Festgehalt angeboten wird. Sie ringen um Sicherheit, verstehen aber nicht, dass sie dadurch die ihnen notwendige Freiheit aufgeben. Wenn Du lebenslänglich nur eine Entlohnung für ein *Abarbeiten* erhältst, wirst Du immer nur den Lohn erhalten, den andere Dir als Wert zuschreiben. Nimm einmal Deine Gehaltsabrechnung oder einen Lohnbescheid zur Hand, verinnerliche Dir die ausgewiesene Zahl und frage Dich einmal ganz ehrlich: „Bin ich nicht *mehr* wert?" Wenn Du diese Frage bejahen solltest, haben wir noch viel Arbeit vor uns, um Dich auf die Sonnenseite des Lebens zu bringen.

Dein Recht auf Wohlstand

Eine der Grundwahrheiten, die es für Dich zu beachten gilt, damit Du die Welt in ihrer Fülle erleben kannst, ist das Wissen darum, dass jeder Mensch – auch Du! – ein naturgegebenes Recht auf Wohlstand hat. Ja, richtig gelesen! *Du* hast ein natürliches Recht auf Geld und Reichtum, und ich fordere Dich sogar dazu auf, Dich für Deine Entwicklung und Deinen Einsatz reichlich belohnen zu lassen.

Es liegt in der Natur des Menschen, sich immer *nach oben* zu orientieren. Mit diesem Streben aufs engste verbunden ist unser Wunsch nach Wohlstand. Jeder möchte ihn, doch nur wenige verstehen, was er wirklich bedeutet und wie man tatsächlich zu ihm kommt. Die Zeitungen und Nachrichten quellen über vor Negativmeldungen: Wir sprechen von der Zweiklassengesellschaft, der immer größeren Schere zwischen Arm und Reich und der Bevorzugung der Reichen. Es heißt, es sei immer schwieriger, Wohlstand zu erlangen, aber vor lauter negativer Presse übersehen wir, dass wir inmitten eines Meeres unzähliger Möglichkeiten schwimmen.

Seit jeher gibt es auch viele dumme Parolen und Sprüche, die Reichtum verdammen. Alle stammen sie von verwirrten Menschen, die zu wissen meinen, was gut und was schlecht ist. Reichtum und Geld sind absolut nichts Negatives! Du hast nur Minderwertigkeitskomplexe, wenn Du glaubst, nicht wohlhabend sein zu *können* – oder viel schlimmer, nicht zu *dürfen*! Materieller Wohlstand ist nur ein Aspekt von Reichtum, die anderen Aspekte sind Liebe, Harmonie und Gesundheit. Nur in dieser Kombination können wir von der *Fülle des Lebens* sprechen. Einer, der Reichtum in seiner ganzen Form besitzt, kann der Welt mehr Gutes tun als tausend Unwissende, die Reichtum als etwas ansehen, zu dem man nur durch korrupte Geschäfte gelangen kann. Es ist auch möglich, zu geben, ohne dabei ärmer zu werden.

Ein wichtiger Grund, warum Reichtum oft als etwas Schlechtes betrachtet wird, entspringt falschen religiösen Auffassungen. Beispielsweise werde ich immer wieder auf eine bestimmte Bibelstelle angesprochen, durch die sich vermutlich Millionen von Menschen in die Irre führen lassen, wodurch sie sich ihre Armut selbst erschaffen: *Es ist leichter, dass ein Kamel durch ein Nadelöhr gehe, denn dass ein Reicher ins Himmelreich komme* (Markus 10,25).

Wer diese Stelle wörtlich nimmt, bewegt sich wahrhaftig auf geistigen Irrwegen.

Betrachte die Bibelstelle einmal folgendermaßen: *Es ist leichter, dass ein Kamel durch ein Nadelöhr gehe als ein Reicher, der im Reichtum die Erfüllung finden will, sein Herz aber nicht der Liebe widmet, sondern Neid, Gier und Hass. Er wird das Himmelreich (also absolute Glückseligkeit) weder in diesem noch im jenseitigen Leben erfahren.*

Wir könnten ebenso gut die alte Volksweisheit „Geld allein macht nicht *glücklich*" heranziehen. Tatsächlich erleben wir die Bestätigung dieser Weisheiten doch an so vielen Beispielen. Wer in materiellem Erfolg die Erfüllung finden will und wortwörtlich „über Leichen geht", um an Geld zu gelangen, der wird tatsächlich nie zufrieden sein, und sein Lebensglück wird er für die Dauer mit absoluter Sicherheit nicht finden. Sicher lässt sich auf betrügerische Weise nicht selten kurzfristiger Reichtum erlangen, aber zu welchem Preis? Von wie vielen Beispielen hast auch Du schon gehört, in denen reiche Menschen, die vermeintlich „alles" hatten, in den Alkohol- oder Drogensumpf abrutschten, in tiefe Depressionen fielen oder sogar Selbstmord begingen? Wenn wir Reichtum nicht in dankbarer Haltung als ein wunderbares Geschenk und als einen Teil dieser wundervollen Schöpfung der Fülle betrachten, der vertrauensvoll in unsere Hände gegeben wurden, damit wir ihn getreu verwalten, dann macht Geld allein tatsächlich nicht glücklich. Seien wir uns immer bewusst: Reichtum bedeutet nicht nur Glück, sondern auch Verantwortung!

Ein sehr guter Freund und außerordentlich erfolgreicher Geschäftsmann sagte einmal zu mir: „Christian, weißt Du, wann ich damit begonnen habe, Erfolg zu haben und Millionär zu werden? Als ich eine bestimmte Bibelstelle verinnerlicht hatte und folgende Aufforderung als Pflicht betrachtete: *Mach Dein Zelt größer! Spanne deine Zeltdecken aus, ohne zu sparen.*" (Jesaja 54,2). Unsere Zelte größer zu machen heißt nichts anderes, als unsere gottgegebene Freiheit zu nutzen und uns völlig zu entfalten. Wollen wir Wachstum generieren und Erfolg haben, dürfen wir nicht in Begrenzungen denken. Und genau das können wir von erfolgreichen Menschen lernen: sich selbst und seinen schöpferischen Möglichkeiten keine Grenzen zu setzen. Wenn Du Dich mit einem erfolgreichen Menschen unterhältst, wirst Du immer dasselbe erleben. Fragst Du ihn, wie er es geschafft hat, erfolgreich zu werden und seinen ganzen Reichtum zu erwerben, wird er Dir nahezu immer sagen: „Ja, was stellst Du Dir denn vor! Für meinen Erfolg bin ich Wege gegangen, die andere nicht gegangen sind, und ich habe auf vieles verzichtet. Was meinst Du, was ich nicht alles dafür habe tun müssen?" Er wird Dir also sagen, dass sein Erfolg auf seinen Fleiß und seinen Einsatz zurückzuführen ist und dass er sich alles hart erarbeitet hat. Der Großteil wird Dir aber auch sagen, dass er immer eine große Vision hatte und dass er immer an seinen Erfolg *geglaubt* hat! Und was bedeutet das aus unserer Perspektive? Es bedeutet nichts anderes, als dass er die „richtige Geisteshaltung" besaß, die der Erfolg verlangt: den unumstößlichen Glauben an sich und an seinen Erfolg! Der Erfolgreiche ist sich – ob nun bewusst oder unbewusst – im Klaren darüber, dass er bestimmte Ursachen setzen muss, um etwas zu erreichen, und dann unternimmt er im besten Glauben an sich und seine Fähigkeiten alles, was notwendig ist, damit er seine Ziele erreicht. Seine „Waffen" sind seine klare Zielvision, sein konsequentes Handeln und sein unumstößlicher Glaube und Wille zum Erfolg. „Reiche" Menschen, Menschen also, die im Bewusstsein der Fülle und Dankbarkeit leben und die verstanden haben, dass die Schöpfung sie von Natur aus als Sieger auserkoren hat, schaffen sich tatsächlich ihr Lebensglück, sofern sie das bewusste Genießen nicht verlernt haben. Immer werden sie aber auch verantwortungsbewusste Menschen sein, die verstanden haben, dass sie in diesem Leben nur zeitweilige „Verwalter" ihrer Reichtümer sind.

Dr. Joseph Murphy bezeichnete Armut – zwar polarisierend, aber sehr treffend – als eine „Geisteskrankheit". Genauso wie krankmachende Viren im Körper gibt es auch geistige Viren auf unserer Festplatte Unterbewusstsein, die sich wie ein Geschwür in unserem Denken und Glauben ausbreiten und uns im Mangeldenken gefangen halten können. Da uns bekannterweise nach unserem Glauben geschehen wird, wird auch dieser Mangel nach außen sichtbar werden. Genau dieser geistige Mangel richtet zusammen mit der Habgier und Lieblosigkeit einiger weniger sehr viel Schaden auf unserer Welt an: Bürgerkriege, Hungersnöte, barbarische Kriminalität und vieles mehr sind letzten Endes die Folgen von Armutsgedanken, in denen die Masse der Menschen künstlich festgehalten wird und denen schließlich spürbare Armutszustände folgen. Da auf der Welt sehr viel Armut herrscht, hat sich noch erschwerend der falsche Glaube in den Köpfen der Menschen eingenistet, dass nicht genügend für alle da wäre. Es gibt noch tausende unentdeckter Ideen und Erfindungen, und wir sind noch lange nicht am Ende – vielmehr stehen wir am Anfang unserer Zukunft.

Was gilt es also für Dich zu tun, um an dem Dir dargebotenen Reichtum des Lebens teilzuhaben?
Der allererste Schritt sollte für dich sein, dass Du Dir nochmals der von Dr. Joseph Murphy formulierten Erkenntnis bewusst wirst, dass Du ein *Recht* auf Wohlstand hast. Ja, Du solltest Dir intensiv Gedanken darüber machen, bevor Du alle möglichen Patentrezepte ausprobierst, um wohlhabend zu werden. Wenn Du unter Deinen Möglichkeiten lebst, kann das nur bedeuten, dass auf Deiner Festplatte Viren installiert wurden, die Dich an deiner Entfaltung und Selbsterkenntnis hindern. Wie kannst Du aber zu einem nachhaltigen „Wohlstandsbewusstsein" gelangen und in der Folge auch tatsächlich wohlhabend werden? Du kannst Dir Reichtum nicht einfach herbeiwünschen, Du kannst ihn nicht erbetteln oder dich darauf verlassen, dass es eine „Höhere Macht" für Dich richten wird. Nein! Das ist alles naives Wunschdenken. Eine

wirkliche Veränderung kann erst dann stattfinden, wenn Du Dich von den Gedanken befreit hast, mit denen Du Dich selbst begrenzt. Damit meine ich, dass Du, bevor Du überhaupt irgendetwas unternimmst, zuerst einen unumstößlichen Glauben in Dir schaffen musst, dass Du ein Recht auf Wohlstand hast und dass Du Deine Erfolg verhindernden Gedanken säuberst. Denn niemand kann *Wein, der noch gärt, in alte Schläuche füllen* (Matthäus 9,17).

Setz Dich also hin, nimm ein Blatt Papier zur Hand und notiere Dir in Ruhe, welche Gründe dafür verantwortlich sein könnten, dass Dein Unterbewusstsein nicht auf Wohlstand programmiert ist. Bestimmte destruktive Glaubensüberzeugungen, und seien sie noch so tief unterbewusst verankert, müssen ja aktiv sein, denn sonst hättest Du längst schon damit begonnen, Erfolg zu haben. Werde Dir dieses geistigen Virus bewusst und lösche es!

Ich möchte Dir dazu ein paar einfache Beispiele zeigen: Könnte der Grund für Deine bisherige Erfolglosigkeit darin liegen, dass Du von Kindheit an nie Zuspruch erfahren hast und dass Du Dir deshalb nichts zutraust? Vielleicht wurde Dir von zu vielen Menschen vermittelt, dass Erfolg eine große Glückssache sei und dass es kaum jemand schaffen könne, ihn zu erreichen.

Geh in die tiefe Entspannung und affirmiere:

> *Ich verzeihe allen Menschen, die mir diesen Mangel eingeredet haben und ich verzeihe mir selbst, dass ich diesen „Glauben" übernommen habe und bin jetzt frei.*

Diese Affirmation muss aus tiefstem Herzen ehrlich gemeint und von aufrichtiger Vergebung begleitet sein. Stell Dir jetzt vor, wie Du vor einer großen Feuerstelle stehst. Vor diesem Feuer steht ein kleines Päckchen, und in dieses Päckchen gibst Du liebevoll all Deine Erfolg verhindernden und sonstigen negativen Glaubenssätze hinein. Sei gründlich und vergiss kein noch so kleines Detail. Wenn Du der Meinung bist, dass Du alle schlechten Gedankenmuster, die Du auf Deinem Blatt Papier notiert hattest, in diesem Päckchen sicher verstaut hast, verschließe es und wirf es ins Feuer. Spüre jetzt, wie das Feuer diese Gedanken gierig auffrisst und in „Luft auflöst". Das ist eine sehr gute Bildaffirmation, die Dein

Unterbewusstsein versteht, so dass es schließlich damit beginnt, sich von den Mangelgedanken zu lösen.

Du solltest diese Übung immer wieder machen, bis Du das sichere Gefühl entwickelt hast, *frei* zu sein. Machst Du diese Übung mit aller nötigen Konsequenz und Emotion, wirst Du die Wirkung bald spüren. Es liegt wieder einmal ganz allein in Deiner Hand, wie intensiv Du der Arbeit an Dir selbst nachgehst.

Werde erfolgreich und visualisiere Deinen Wohlstand

Wenn Du bis hierher alles verinnerlicht und konsequent umgesetzt hast, kannst Du endlich damit beginnen, Dein Unterbewusstsein in hoher Intensität mit „Wohlstandsgedanken" zu füllen. Visualisiere Dir dazu jeden Tag immer und immer wieder, wie Du von Reichtum erfüllt und am Gipfel Deines Erfolges angekommen bist. Reichtum entsteht in erster Linie in deinem Geist, und genau deshalb musst Du zuerst *geistigen* Reichtum besitzen, bevor der weltliche Reichtum im äußeren Leben sichtbar werden kann. Stell Dir zum Beispiel so exakt und realistisch wie möglich vor, das Du auf einem Siegertreppchen stehst und für Deinen Erfolg geehrt und gefeiert wirst. Fühle Dich mehrmals täglich mit aller Emotionalität, die Du aufbringen kannst, in diese Situation hinein. Es gibt hier kein Patentrezept. Wenn Du Dein Unterbewusstsein glaubhaft von Deinem absoluten Willen zum Wohlstand überzeugen willst, sind die wirkungsvollsten Bilder die, die in Dir ein Feuerwerk der Begeisterung entzünden. Wohlstand ist ein sehr relativer Begriff und bedeutet für jeden Menschen etwas anderes. *Reich* bist Du wirklich dann, wenn Du Dich reich *fühlst*. Ein Mensch, der seine größte Erfüllung darin findet, auf den Philippinen in einem kleinen Dorf zu leben und jeden Tag mit seiner Gitarre am Lagerfeuer zu sitzen, wird für sein vollkommenes Lebensglück deutlich weniger Geld benötigen als derjenige, der von einer Villa mit Meerblick träumt.

Ich rate Hilfesuchenden immer, dass sie Reichtum als eine „Selbstverständlichkeit" betrachten müssen und mit ihm eine Art „Ehe eingehen" sollen. Man könnte auch sagen: Empfinde ihn, spüre ihn und verliebe

Dich regelrecht in den Gedanken, wohlhabend zu sein. Du kannst Dich durch Deine schöpferische Vorstellungskraft in jeden erdenklichen Zustand versetzen, den Du Dir ersehnst. Stell Dir vor, ein Magnet der Fülle zu sein, und male Dir bildlich aus, was Du Dir selbst gönnen möchtest und wie viel Gutes Du Dir und anderen mit Deinem Reichtum tun kannst.

Einer meiner Coachingteilnehmer, der als Bürokaufmann tätig war, wurde sich während einer Trance seiner tatsächlichen Möglichkeiten und Fähigkeiten bewusst. In seinem Geist entstand ein Bild davon, wie er erfolgreich Kunden beriet und dadurch so viel Geld verdiente, dass er sich alle seine Wünsche und Ziele erfüllen konnte. Sehr verdutzt erwachte er aus der Trance, denn mit Kundenberatung hatte er davor noch nie etwas zu tun gehabt, geschweige denn verstand er etwas davon. Ich erklärte ihm, dass diese Bilder nicht umsonst aufgestiegen seien und dass er seinen Eingebungen auf alle Fälle folgen solle. Im Anschluss gab ich ihm folgende Affirmation mit auf den Weg:

Ich bin ein Kanal der Inspiration. Ein unaufhörlicher Ideenreichtum durchströmt meinen Geist und führt mich zu meiner Berufung.

Da die Zeichen bei der täglichen Meditation immer deutlicher wurden, begab er sich auf sie Suche nach Jobalternativen im Bereich der Kundenberatung. Wochenlang kam er zu keinem Ergebnis, gab aber nicht auf und arbeitete konsequent mit seiner Affirmation weiter, denn er hatte tiefes Vertrauen darin, dass ihm der richtige „Ein-Fall" zum richtigen Zeitpunkt kommen würde. Ich wies ihn darauf hin, dass er trotzdem nicht zu verbissen suchen dürfe und dass er sich einfach geduldig auf die Dinge freuen solle, die da kommen würden. Einige Zeit verging, und auf einmal erinnerte er sich an ein Gespräch mit einem Bekannten, der ihm ein paar Monaten zuvor ein Jobangebot in der Finanzbranche unterbreitet hatte. Dieses hatte er damals mit der Begründung abgelehnt, dass das kein „Beruf für ihn" sei. Als ihm dieses Gespräch wieder ins Bewusstsein kam, pochte sein Herz und er kontaktierte seinen Bekannten. Nur zwei Monate später kündigte er seinen alten Job. Heute ist er als erfolgreicher Finanzberater tätig und verdient das Fünffache seines bisherigen Gehalts, Tendenz steigend. Für mich war diese Erfahrung nur ein Beweis mehr dafür, dass wir Menschen immer und immer wieder zahlreiche Chance erhalten, unser begrenzter Verstand sie aber nicht wahrnimmt, weil wir unsere eigentlichen Talente und Fähigkeiten nicht erkannt haben.

Also: Verbanne ab sofort jegliches Mangeldenken und werde Dir Deiner phantastischen Möglichkeiten bewusst! Du hast ein natürliches Anrecht auf die gesamte Palette der Fülle. Und vergiss nie, dass Dir das Glück auf die Dauer nur dann gewogen bleiben wird, wenn Du gleichzeitig bereit bist, zu geben. Egal, ob Du im Besitz von Reichtümern oder bettelarm bist, Du musst Dich, bevor Du die Fülle erleben kannst, im Geben üben – im Rahmen Deiner Möglichkeiten natürlich, und das muss nicht immer in monetärer Form sein.! Bevor Du die Fülle der Liebe spüren kannst, musst Du selbst Liebe aussenden! Bevor Du einen Geldregen kommen lassen willst, musst Du freudig von Herzen Dienstleistungen und Waren bezahlen! Werfe auch im Alltag niemals das Geld achtlos einer Verkäuferin hin, achte auch den kleinsten Cent. Denn nur wo dem Geld Liebe entgegengebracht wird, da wollen die anderen Scheine auch hin. Wenn Du Geld ausgibst, entsteht eine Leere, und da die Natur bestrebt ist, alles Leere aufzufüllen, wird schon bald Geld nachfließen. Hör auch auf damit, auf Menschen neidisch zu sein, die große Reichtümer besitzen. Bewundere sie stattdessen und versuche mit ihnen in Kontakt zu treten, um sie nach ihrem „Erfolgsgeheimnis" zu fragen, das ihnen Wohlstand und Glück beschert hat. Sei Dir immer im Klaren darüber, dass Dir nur selber langfristig zuteil werden wird, was Du selbst auch anderen gönnst. Mache es Dir zur Gewohnheit, anderen ihren Erfolg von Herzen zu gönnen, dann wird nämlich Dein Erfolg umso schneller bei Dir sein. Reichtum und Fülle sind etwas Gutes – bejahe sie!

Gleichzeitig möchte ich Dich an dieser Stelle noch einmal darauf hinweisen, dass wir Reichtum und Geld als das ansehen sollten, was sie sind: ein Zahlungsmittel ohne eigene Moral. Deshalb vergöttere nicht das Geld an sich, sonst unterwirfst Du Dich ihm. Der eigentliche Wert der materiellen Fülle liegt darin begründet, was Du aus ihm zu schaffen imstande bist. Du kannst armen Kindern ein Lächeln ins Gesicht zaubern und ihnen ein Zuhause bieten, Du kannst Deinen Mitarbeitern einen Bonus auszahlen und damit die Wirtschaft ankurbeln helfen oder ganz einfach Deiner Familie eine Freude machen.

Ob Du Fülle oder Mangel erfährst, hängt von Deinen Gedanken und den Taten ab, die Du ihnen folgen lässt. Bist Du der Meinung, dass man es nicht leicht hat im Leben oder dass man, um Fülle zu erleben, Glück haben muss? Dann wirst Du Dich weiter nur selbst ausbremsen. Denke und handle schon jetzt, als seist Du reich! Fühle Dich in jeder Sekunde voller Fülle und Reichtum, egal, wie viel oder wenig Du zum jetzigen Zeitpunkt Dein Eigen nennen darfst. Du musst hier und heute Deinen neuen Weg beginnen, genau dort, wo Du Dich derzeit befindest. Alles andere führt wieder in die Gedankenwelt des Mangels, weil Du Dich zu viel mit anderen vergleichen und hoffnungslos übernehmen wirst. Sei zuversichtlich, hab Vertrauen in Deine schöpferischen Fähigkeiten, und Du wirst das Glück in Dein Leben ziehen. Vergiss nicht: Du wurdest als Gewinner geboren!

Lass Deine Berufung zu Deinem Beruf werden

Es heißt: „Lebe nicht, um zu arbeiten, sondern arbeite, um zu leben". Die meisten Menschen glauben, dass harte Arbeit die beste Methode sei, um an viel Geld zu kommen. Richtiger ist aber: Je weniger Konzentration Du *verbissen und ungeduldig* darauf verwendest, Geld zu verdienen, desto leichter und lieber kommt das Geld zu Dir. Damit ist jedoch nicht gemeint, dass man am besten gar nicht arbeiten solle, ganz im Gegenteil! Ein bedeutender Teil des Lebensglücks ist ein Glück des Schaffenden, der sich an seinem Werk erfreut. In diesem Bewusstsein kannst Du durch Deinen vollen Einsatz im Beruf gleich auf zweierlei Art glücklich werden: Du bist zufrieden mit Deiner Leistung und wirst obendrein finanziell dafür entlohnt. Was aber, wenn Du Dich in Deinem Beruf überhaupt nicht wohl fühlst, Deine Anstrengungen nicht anerkannt werden, Du unter- oder überfordert bist oder wenn Du schlimmstenfalls das Gefühl hast, Du hast den falschen Beruf gewählt?

Wir sind an einem Punkt angekommen, der für Dein tägliches Wohlbefinden, Deine Lebensfreude und für die materielle Fülle in Deinem Leben maßgebend ist. Eines der häufigsten Themen in meinen Coaching-

Gesprächen ist die Frage nach der richtigen Berufswahl. Viele Menschen langweilen sich sehr schnell in ihrer Tätigkeit und verspüren den Drang nach einer Veränderung. Andere sind gänzlich unzufrieden und leisten Tag für Tag ihre Arbeit völlig freudlos nach der Stechuhr ab. Viele der Betroffenen bitten mich, ich möge ihnen bei der Suche nach ihrer *wahren Berufung* helfen.

Was aber bedeutet das: *Berufung*? Ich möchte auf diese Frage, da sie in Zeiten sich ständig verändernder Arbeitsmarktbedingungen für viele Menschen immer mehr an Bedeutung gewinnt, ganz konkret eingehen. Willst Du Dir Dein Glück schaffen, wirst Du nicht umhin kommen, Dir einen Beruf zu suchen, der Dich wirklich erfüllt. Ich habe in früheren Kapiteln schon geschrieben, dass wir kein Zufallsprodukt sind und einen ganz bestimmten Zweck auf dieser Welt erfüllen. Die Schöpfung hat sich, als sie uns geschaffen hat, etwas ganz Bestimmtes dabei gedacht. Sie hat uns zwar keine direkte Gebrauchsanleitung mitgegeben, die uns über unsere Berufung klipp und klar Auskunft gibt, aber sie hat uns etwas anderes geschenkt, das wir sehr wohl verstehen können: Sie hat uns individuelle Talente gegeben, und auch *Du* wirst mit Sicherheit ein Talent bei Dir finden, das durch Dich um Einlass in diese Welt bittet. Es ist daher Deine *Pflicht*, Dich auf die Entdeckungsreise zu machen und Deinen eigenen Goldschatz, Deine ureigenen Talente, zu suchen, denn nur durch sie findest Du Deine Berufung. Kommst Du zu dem Ergebnis, dass Du Dir tatsächlich einen neuen Beruf suchen musst, sollte dieser natürlich in einem Bereich liegen, in dem Du Deine neu gefundenen individuellen Talente auch völlig frei entfalten kannst. Die meisten Menschen, die ich frage, warum sie ihren derzeitigen Beruf ausüben, geben mir oft ganz schreckliche Antworten. Entweder sagen sie mir: „Naja, mit irgendwas muss ich ja mein Geld verdienen" oder „Ich tue halt das, was ich gelernt habe. Was soll ich denn sonst machen, für was anderes bräuchte ich diese oder jene Qualifikation und müsste …" Menschen, die mir solche Antworten geben, glauben, dass ihre aktuelle Tätigkeit realistischerweise die einzige Versorgungsquelle für sie sein kann. Wer solche Aussagen macht, hat aber nicht erkannt, dass er über schöpferische Fähigkeiten verfügt, die ihm viele verschiedene Möglichkeiten aufzeigen können, gutes Geld zu verdienen – wenn man sie nur lässt und ihnen Gehör schenkt. In jedem Menschen wartet *etwas* darauf, sich entfalten zu dürfen, damit er einen wichtigen Teil zum *Ganzen* beitragen kann, und dieses Etwas liegt immer im Bereich seiner Talente und Stärken. Du solltest also sehr zielstrebig nach diesen Talenten und Stärken suchen, und zwar so lange, bis Du den Beruf gefunden hast, der Deinen Talenten entspricht. Du solltest auch so oft den Beruf wechseln, bis Du dort angekommen bist, wo Du das Gefühl hast: „Hier bin ich richtig, jeder Tag bereitet mir große Freude."

Um den idealen Beruf zu finden gibt es eine ganz einfache Methode: Wenn Du aufhörst, von beruflichen Verpflichtungen zu reden und Deinen Beruf als Hobby und Erfüllung bezeichnest, dann bist Du auf dem richtigen Weg. Das, was Du gerne machst, machst Du gut, und was Du gut machst, wird Dir auch in Form von materiellen Leistungen honoriert werden. Du solltest also eine Beschäftigung anstreben, die Dich von Herzen erfüllt und nicht etwas tun, das Dich frustriert, traurig oder lustlos macht. Du solltest wissen, dass jeder, der nur mit irgendeinem Job sein Geld verdient, ein trauriger Mensch ist, weil das, was er macht, nicht seiner Berufung, seinen Talenten und seinen Fähigkeiten entspricht. Unterbewusst spürst Du das manchmal auch ganz deutlich, und außerdem verkaufst Du Dich andernfalls absolut „unter Wert".

Jeder, der weniger erreichen möchte, als ihm seine Fähigkeiten gestatten, wird für den Rest seines Lebens unglücklich sein.
(Abraham Maslow)

Nur, weil Du einen bestimmten Beruf erlernt hast oder hoch spezialisiert bist, heißt das noch lange nicht, dass Du diesen Beruf bis ins Rentenalter ausüben musst. *Arbeite, um zu lernen, und wenn Du ausgelernt hast, tu etwas anderes, um weiter zu lernen.* Es gibt unzählige Beispiele dafür, wie erfolgreiche Menschen selbst im hohen Alter noch auf „ein anderes Pferd umgesattelt" und sich in einem neuen Bereich verwirklicht haben. Solltest Du Pläne für eine selbstständige Tätigkeit haben, die Deinen Talenten entspricht, dann kann Dir nur gesagt sein:

Setze alles daran, Deine Pläne umzusetzen!

Du darfst Dich nicht mit einem Arbeitsplatz zufrieden geben, wenn Du an anderer Stelle ein erfolgreiches Unternehmen aufbauen könntest.

Du solltest immer bestrebt sein, „unabhängig" von anderen Deine Brötchen zu verdienen. Die Mehrzahl der Menschen sehnt sich aus zu geringem Selbstvertrauen heraus aber immer nach einem „abhängigen Beschäftigungsverhältnis". Wenn wir im Synonymwörterbuch nachschlagen, finden wir für „abhängig" unter anderen die Umschreibungen: „angewiesen, hörig, unterstellt". Genau diese Bezeichnungen erleben auch die meisten „abhängig" Beschäftigten in ihrem Alltag. Wie geht es Dir in dieser Hinsicht?

Es gilt weder die Ausrede, zu wenig Erfahrung zu haben, zu alt zu sein, zu wenig Startkapital zu besitzen oder sich auf die schlechte Marktlage zu berufen. Einzig und allein der felsenfeste Glaube und die konsequente Arbeit an der eigenen Vision zählen!

Auch Du verfügst über ganz individuelle Fähigkeiten und Talente. Nutze Deine Energie, um Dich auf Deine Stärken zu konzentrieren, anstatt Dich ständig um Deine Schwächen zu sorgen. Setze alles daran, diese Stärken so auszubauen, dass Du in Deinem Bereich „unverzichtbar" wirst. Du wirst entweder Strategien zur selbstständigen Verwirklichung Deiner Ideen entwickeln oder aber Unternehmen finden, in denen Du Dich wie nie zuvor entfalten kannst. Diese werden Dich dann aufgrund Deiner Fähigkeiten und Deiner „Unverzichtbarkeit" außergewöhnlich gut bezahlen und Dir die nötige Freiheit einräumen, damit Du Dein Potential voll ausschöpfen kannst.

Die meisten Menschen trauen sich nicht, ihren sicheren Käfig zu verlassen, um neue Wege zu erkunden. Es herrscht ein falsches Sicherheitsdenken, das wie ein Gefängnis wirkt: „Wenn ich mein zwar ungeliebtes, aber doch sicheres Nest verlasse, besteht die Gefahr, dass ich mich verzettle und Schiffbruch erleide. Wenn ich so weitermache wie bisher und bleibe, wo ich bin, wird es mir zwar weiter schlecht gehen, aber zumindest kann mir nichts passieren."
An dieser Stelle aber liegt Dein Trugschluss: Du riskierst genau dadurch unterzugehen, dass Du Dich Veränderungen entgegenstemmst, Dich weigerst, Dich weiterzuentwickeln, und indem Du einfach weitermachst wie bisher. Um an die Quelle unseres Lebensglücks zu gelangen, müssen wir bereit sein, unsere „Wohlfühlzone" zu verlassen.

Werde eine starke Persönlichkeit

Geht es uns nicht manchmal auch so wie dem kleinen Kind, das einsam auf einer Wiese sitzt und anderen Kindern dabei zuschauen muss, wie sie mit ihren Eltern und Geschwistern einen Drachen steigen lassen? Kennst Du nicht auch Situationen, in denen Du „auf der Wiese sitzt", Pusteblumen bläst und neidischen Blickes auf andere Menschen schaust, die genau das erleben dürfen, was Du so gerne hättest?

Wir verbringen viel zu viel Zeit damit, uns darüber Gedanken zu machen, was wir nicht besitzen, anstatt unseren Fokus darauf zu richten, was wir uns ersehnen und wie wir es erreichen können. Um das aber überhaupt zu schaffen, bedarf es der Entfaltung unserer *wahren* Persönlichkeit, die tief in jedem von uns verborgen ist. Das Nicht-Entfalten dieser Persönlichkeit ist gleichbedeutend mit einer *Versklavung der Seele*, und eine solche „geschwächte", nicht „entfaltete" Persönlichkeit ist sehr anfällig für alle möglichen Formen des Leids.

Eine starke Persönlichkeit hat sich nicht nur eingeredet, dass sie eine ist, sondern sie weiß um ihre Fähigkeiten und glaubt daran, dass sie die Herausforderungen, die das Leben an sie stellt, meistern kann. Sie krempelt die Ärmel hoch und packt neue Aufgaben an. Derjenige, der seine Persönlichkeit noch „auf Halbmast" hängen hat und sich von Ängsten und Zweifeln beherrschen lässt, macht aus einer Mücke einen Elefanten. Der Mensch, dessen Persönlichkeit noch nicht ausgereift ist, spricht ständig von seinen Problemen, und genau diese Angst verstärkt sie dann auch noch. Wenn sich sein negatives Denken schließlich in der Realität manifestiert und alle seine Befürchtungen eintreten, sagt er aus seiner Perspektive mit Fug und Recht: „Siehst Du, ich habe Recht gehabt!" Er merkt aber nicht, dass sein negatives Erleben nur eine selbsterfüllende Prophezeiung ist. Du solltest verstehen, dass es im eigentlichen Sinn keine „Probleme" gibt; es gibt lediglich „Dinge, die zu tun sind". Um also vom Zuschauer zum Gestalter Deines Lebens zu werden, gilt es, Deine Persönlichkeit auszubauen, um das zum Vorschein zu bringen, was schon lange darauf wartet, endlich zum Leben zu erwachen. Die Tendenz zu einer starken Persönlichkeit ist von Geburt an bei jedem

Menschen vorhanden, nur die Erziehung hat in der Regel vieles kaputt gemacht. Deine Persönlichkeit zu entwickeln und völlig ausreifen zu lassen ist auch *Dir* möglich, setzt aber eine kontinuierliche Arbeit gegen Dein Ego voraus, das ständig sagt: „Das bringt doch nichts!" oder andere müde Ausreden findet.

Es gibt bücherweise Affirmationen und Techniken zur Entwicklung einer starken Persönlichkeit, aber eine einzige Affirmation zusammen mit dem Erzeugen bestimmter geistiger Bilder, auf die ich gleich eingehen werde, reicht dafür völlig aus. Ich habe Dir die Affirmation bereits an anderer Stelle mit auf den Weg gegeben:

Ich bin eine starke Persönlichkeit!

Arbeite mit ihr kontinuierlich und lade sie emotional auf, wie ich es im Kapitel über die Bedeutung der Emotionalität beschrieben habe. Sei immer bestrebt, eine starke Persönlichkeit zu sein, denn dieser kann im Gegensatz zum ängstlichen Menschen nicht wirklich etwas Schlimmes passieren. Du musst stets aus der Position der Stärke heraus handeln, und diese erringst Du, indem Du Dir durch regelmäßige und konsequente Affirmation den Glauben schaffst, ihn Dir quasi „einredest". Denn auch das, was Du jetzt bist, hat man Dir eingeredet – oder Du selbst hast es Dir eingeredet – und irgendwann angefangen, tatsächlich daran zu glauben. Diese Form von Arbeit an Dir selbst kostet Mühe – Tag und Nacht. Auch hier gilt, wie so oft im Leben:

Ausdauer ist das Fundament aller Tugenden.
(Honoré de Balzac)

Deine Persönlichkeit ist Dein Schatz, den Du hegen und pflegen solltest. Um eine starke Persönlichkeit zu werden und zu bleiben, solltest Du Dir zusätzlich zu Deiner Affirmation jeden Tag vor Deinem inneren Auge Folgendes vergegenwärtigen:

• *Wie verhält sich eine starke Persönlichkeit?*
• *Wie sieht sie aus?*
• *Was empfindet sie?*
• *Wie reagieren die Menschen auf sie?*

Durch die konsequente Anwendung wird in Deinem Unterbewusstsein eine Datei angelegt, die ganz klar darauf ausgerichtet ist, Deine wahre Persönlichkeit zu erwecken. Bei täglicher Anwendung wirst Du in nur wenigen Tagen eine spürbare Veränderung Deiner inneren Stärke und Deines Selbstbewusstseins erleben. Das ist Deine einzige Aufgabe, mehr ist nicht nötig. Aber den meisten ist selbst das zu viel, und in der Regel bleibt dann auch alles so, wie es vorher war. Wende die Affirmation so lange an, bis Du wirklich Rückenwind verspürst und einen positiven „Automatismus" entwickelt hast. Schrei mit aller Emotionalität, die Du aufbringen kannst, Deine alten Muster nieder und schenke ihnen keine Sekunde mehr Beachtung.

Deine Persönlichkeit ist der entscheidende Faktor in Deinem Leben. Sie ermöglicht es Dir, Dir das Leben zu schaffen, das Du Dir ersehnst. Sei nicht das Kind, das den anderen beim Spielen zusehen muss, während es nachdenklich und lustlos, an einem Grashalm kauend, einsam auf der Wiese sitzt. Du solltest Dir immer wieder vor Deinem Inneren Auge einen Kurzfilm zurechtschneiden, der Dir zeigt, wie Dein Leben mit Deiner neuen und starken Persönlichkeit aussehen soll. Du bist der Autor Deines Lebens, und deshalb musst Du die richtigen Weichen stellen. Glaub daran, dass es Dir gut geht! Stell Dir vor, wie schön das Leben mit all seinen Attraktionen und Sehenswürdigkeiten sein kann.

Du solltest also ganz klar wissen, was Du willst und *felsenfest* zu allem entschlossen sein, damit Du Deine schöpferische Freiheit überhaupt nutzen kannst. Du wirst überhaupt nichts erreichen, wenn Du nicht einmal genau weißt, was Du willst. Wenn es bisher nicht geklappt hat, dann hast Du einfach nicht genug dafür getan. Man spricht davon, dass wir mehrere zehntausend Gedanken am Tag denken. Wenn Du also nur ein einziges Mal am Tag daran denkst, was Du willst, geht dieser Gedanke in Deinem riesigen Gedankenmeer unter und ist für Dein Unterbewusstsein völlig uninteressant. Um eine starke Persönlichkeit zu werden, musst Du jeden Tag immer wieder aufs Neue konsequent Deine großen Ziele verfolgen und vor allem auch den Glauben daran aufbringen, dass es möglich ist, sie zu erreichen.

Willst Du ein glückliches und erfolgreiches Leben führen, musst Du alle Mühen in Kauf nehmen, um eine *emotionale und starke* Persönlichkeit zu werden, die ganz klar weiß, dass sie ein naturgegebenes Recht auf ihr Lebensglück hat und dass sie keinesfalls darauf verzichten wird. Wenn Du weniger Energie einsetzt, also nach dem Motto „Ich denke ja schon, dass es ganz schön wäre und ich ein Recht darauf haben könnte" lebst, dann kann nichts dabei herauskommen. Du musst selbstbewusst sein! Genau das hat man Dir leider aberzogen, und Du musst es wieder lernen!

Glaube an die Zukunft

Wir, und die Welt mit uns, sind im Wandel begriffen. Selbst all die Wirtschaftskrisen, wie wir sie durch die Medien transportiert und hochgeschaukelt als gefühlten Dauerzustand erleben, sollten in Dir keine unnötige Panik aufkommen lassen. Je mehr Panik in der Gesellschaft herrscht, desto mehr Geld verdienen diejenigen, die die Panik schüren. In einer sich ständig wandelnden Welt werden wir in Zukunft noch einige so genannter „Krisen" erleben. Aber was aus einer Krise erwächst, ist meistens etwas Gutes! Bis es gut ist, kann es eben schon ein paar Turbulenzen geben. Sieh in einer schweren Zeit immer die Vorbereitung einer besseren und freue Dich auf sie wie auf den kommenden Frühling. Wir dürfen in einer Krise nicht die Angst haben, dass alles zu Grunde gehen wird. Nein, es wird nur vieles ausgesondert, weil es überaltert ist und Platz für etwas Neues schaffen muss. Für genau dieses Neue müssen wir offen sein. Wir sind „Gewohnheitstiere" und erwarten immer, dass alles so bleiben muss, wie es ist. Das Leben will aber etwas anderes, es will den ständigen Veränderungsprozess, weil dieser uns fordert und dadurch fördert.

Kürzlich zeigte mir ein Freund Tageszeitungen aus den 1970er Jahren. Weißt Du, was dort zu lesen war? Hohe Arbeitslosigkeit, Staatsschulden, Ölkrise und das Ende der globalen Ressourcen. Wer damals in Panik verfallen ist, dürfte im Nachhinein ziemlich verärgert gewesen sein. Denn während der ängstliche Teil der Bevölkerung aus Angst um die Zukunft sein Geld lieber unter dem Kopfkissen versteckte, investierten die Mutigen und verdreifachten ihr Vermögen an den Börsen. Der Schwache bricht in Panik aus, die starke Persönlichkeit informiert sich in aller Ruhe, wie sie eine Krise zum eigenen Vorteil nutzen kann. So einfach ist das! Eine Weisheit besagt: Wer an die Quelle will, muss gegen den Strom schwimmen. Da ist viel Wahres dran, und Du solltest ab sofort nicht mehr „medienkonform" reagieren, sondern Deine Entscheidungen aus eigener Hand, aus der unendlichen Weisheit Deines Geistes treffen. Eine sich ständig verändernde Welt bietet immer genauso viele Chancen wie Risiken. Widme Dich lieber den Chancen! Dazu müssen wir uns nur immer wieder der Zeit anpassen, und das gelingt uns umso besser, je stärker unsere Persönlichkeit ist.

Wie außen, so innen! (Teil 2)

Ich habe im ersten Teil des Buches über den bedeutsamen Zusammenhang zwischen Innen- und Außenwelt geschrieben. Warum sollte ich dieses Thema ausgerechnet in einem Kapitel über Berufung, Erfolg und Reichtum wieder aufgreifen? Nun, einfach deswegen, weil wir uns im beruflichen Bereich extrem mit unserer Außenwelt und unserem eigenen Äußeren beschäftigen. In keinem anderen Zusammenhang betreiben wir so viel Aufwand wie bezüglich unseres Erscheinungsbildes, denn wir alle wissen: Ein gutes und gepflegtes Auftreten ist im Berufsleben ein nicht zu unterschätzender Erfolgsfaktor. Das gilt aber nicht nur deshalb, weil wir auf andere ansprechender und professioneller wirken, sondern insbesondere auch deshalb, weil wir uns selbst in unserer Haut wohler fühlen und *selbst*-bewusster sind, wenn wir das Beste aus den äußeren Attributen machen, die uns die Natur mitgegeben hat. Sind wir mit diesen unzufrieden, helfen wir hier und da auch schon mal künstlich nach. An anderer Stelle habe ich über die große Bedeutung der Selbstliebe gesprochen. Seinen Körper und sein Aussehen lieben zu lernen ist von entscheidender Bedeutung für unseren Erfolg. Nur wenn wir auch äußerlich mit uns im Reinen sind, werden wir uns dauerhaft das Selbstbewusstsein schaffen und erhalten können, das notwendig ist, wenn wir auf Erfolgskurs bleiben wollen. Komplexe bezüglich unseres Aussehens wirken nicht nur schädlich auf unser Unterbewusstsein und boykottieren auf diese Weise unseren Glauben und unseren Erfolgswillen; vielmehr machen sie uns auch abhängig von Meinungen, die andere über uns haben. Nur mit einem gesunden Selbstbewusstsein machen wir uns unabhängig von Fremdbewertungen, und diese Unabhängigkeit ist es wiederum, die uns die Kraft und Zielstrebigkeit sichert, die wir als „Erfolgsmenschen" unbedingt brauchen. Genauso wie die Luft zum Atmen brauchen wir auch die Liebe und Achtung vor unserem Körper und unserer Erscheinung. Dieses Thema ist in unserer Gesellschaft eines der heikelsten überhaupt, denn hier fühlen wir uns extrem angreifbar. Natürlich sind wir uns alle darüber bewusst, wie sehr wir uns von den gesellschaftlichen Schönheitsidealen abhängig machen, aber wir wissen auch, dass das nicht der richtige Weg sein kann und *darf.*

Vergiss nie: Egal wie Du auch aussehen magst, Dein Körper ist der Ort, in dem Du Dein weltliches Leben verbringst. Er ist wie ein heiliger Schrein, in dem Deine Seele ihre Heimat gefunden hat, und unser Schöpfer hat sich etwas dabei gedacht, Dich mit dem auszustatten, was Du im Spiegel betrachten kannst. Jeder, und damit meine ich wirklich *jeder*, hat die Möglichkeit, das Beste aus *sich* herauszuholen. Nicht jeder kann und muss dem medialen Schönheitsideal entsprechen, aber jeder muss das Beste aus sich machen! Gepflegte Menschen haben unzählige Vorteile im Leben. Sie werden beruflich bevorzugt, sie erhalten größere Anerkennung und sie repräsentieren Glück, Freude und Wohlstand. Wenn wir uns erfolgreiche Menschen anschauen, können wir nahezu immer dasselbe beobachten: Sie sind sich ihrer optischen Wirkung bewusst. Sie kleiden sich elegant, sie tragen einen guten Duft, sie achten auf saubere und gepflegte Schuhe und man wird sie nie mit verwachsenem Haarschnitt antreffen. Auf sein Äußeres zu achten, hat wieder einmal etwas mit Selbsterkenntnis und Selbstliebe zu tun. Es gibt kein erfüllenderes Gefühl, als sich im Spiegel zu betrachten und himmelwärts zu schauen, um zu sagen: „Hey, da hast Du Dir echt was

Geniales einfallen lassen, ich könnte mich selbst knutschen." Das ist kein Zeichen von Arroganz, sondern ein Selbstwert, den Du Dir *selbst* geben darfst, ja, *musst*, weil Du von der Schöpfung so gedacht wurdest, wie Du bist. Wir alle kennen die Situation, dass sich Menschen in einer längeren Beziehung ab einem gewissen Zeitpunkt „gehen lassen". Sie haben in ihrer Beziehung das gesamte Pulver verschossen und haben nicht einmal mehr die Motivation, sich für ihren Partner hübsch zu machen. Das Erstaunliche ist, dass genau diese Menschen nach dem Ende einer Beziehung in einen regelrechten „Schönheitswahn" verfallen. Sie kaufen sich neue Kleidung, sie achten wieder auf ihre Haut, ihre Fingernägel und ihre Frisur. Warum ist das so? Weil nach dem Beenden einer alten Beziehung das Ausschauhalten nach einer neuen beginnt. Instinktiv wissen wir dann, dass wir nicht mit Wattebäuschchen auf die Jagd gehen können, sondern mit richtiger Munition. Es brechen wieder die Diätzeiten an und wir gehen wieder ins Fitnessstudio. Und das alles, weil wir tief in unserem Inneren wissen, wie wichtig ein gutes Auftreten ist.

Warum empfinden wir aber gepflegte Menschen als sympathischer, erfolgreicher und zufriedener? Weil sie ganz einfach *Selbstwert* ausstrahlen, und wer Selbstwert ausstrahlt, wird auch von anderen als „wertvoll" empfunden. Man umgibt sich auch lieber mit solchen Menschen. Vor allem Frauen achten auf ihren „Pirschjagden" sehr zielsicher darauf, ein „Alphatier" ausfindig zu machen, weil sie sich bei ihm geborgen, sicher und aufgehoben fühlen. Instinktiv wissen sie aber auch, dass sie von diesem Menschen eine höhere Achtung erfahren werden, weil derjenige, der auf sich selbst achtet, durch seine Wahl auch automatisch seinen eigenen Selbstwert auf den Wert des anderen überträgt – denn ein solcher Mensch wird sich ja auch nur mit Dingen zufrieden geben, die er als seiner Person angemessen empfindet. Wir schreiben einem gepflegten Menschen auch einen guten Beruf zu, und insbesondere Frauen wissen, dass optische Überzeugungskraft auf dem Weg zum Erfolg von entscheidender Bedeutung sein kann.

Natürlich werden nun viele sagen: Na der hat gut reden! Wenn ich genauso hübsch wie diese anderen wäre, würde ich mich auch schöner fühlen und besser auf mich achten. Wer das sagt, hat seinen eigenen Wert vor der Schöpfung noch nicht erkannt und versteht noch nicht, dass Schönheit und Attraktivität nicht nur etwas mit Gesichtszügen und der Figur zu tun hat. Natürlich soll jeder das Beste aus sich machen, es geht aber nicht zuletzt um Ausstrahlung und Charisma, die sich vor allem aus einem gesunden Selbstwertgefühl und Freude am eigenen Ich speisen.

Der 33-jährige Martin R. vertraute mir in einem Coachinggespräch an, dass er tief unglücklich bezüglich seiner optischen Erscheinung sei. Er fühlte sich immer als das fünfte Rad am Wagen, wenn er mit seinen Freunden um die Häuser zog, weil sie nach seiner damaligen Meinung viel „attraktiver" waren als er. Er wünschte sich nichts sehnlicher, als auch vom anderen Geschlecht beachtet zu werden. Ich erklärte ihm, dass er lernen müsse, sich als etwas Einzigartiges und von der Schöpfung genau *so* Gewolltes zu fühlen. Und das können wir glücklicherweise wieder lernen. Ich schreibe ganz gezielt *wieder*, weil wir als Kinder nicht *selbst* die Entscheidung getroffen haben, dass wir nicht attraktiv genug sind. In unserer Kindheit begann ein Teufelskreis, indem irgendjemand zu uns sagte, wir wären zu fett, zu hässlich oder was auch immer. Diese Meinung der *anderen* haben wir dann durch den ständigen Vergleich im Laufe der Jahre zu unserer eigenen Ansicht gemacht. Wir führen das fort, was andere in ihrer verblendeten Sicht an uns wahrgenommen hatten und uns mitteilen zu müssen glaubten, ohne zu ahnen, welch katastrophalen Teufelskreis sie damit in Gang setzen würden. Solche Ereignisse sitzen extrem tief in unserem Unterbewusstsein und müssen unbedingt überspielt werden. Während unseres Coachings gelang es mir, Martin „seiner selbst" bewusst werden zu lassen, und ich gab ihm folgende Affirmation mit nach Hause:

Affirmation:
Ich liebe mich und meinen Körper, denn ich bin ein Ebenbild der Schöpfung. Ich bin ein Magnet für wunderbare Begegnungen und freue mich über mein gutes Aussehen.

Auch ihm habe ich ans Herz gelegt, sich zu dieser Affirmation einen geistigen Film von 5 bis 10 Minuten Länge zu drehen und voller Vertrauen und Glauben zu sein. Bei unserem nächsten Treffen erzählte er mir, dass es unglaublich sei, wie viel sich in seinem Leben verändert hatte, und er konnte seine Freude kaum in Worte fassen. Er war von einem Fest und Festival zum nächsten gepilgert und fühlte sich jetzt wie ein wahrer Frauenmagnet. Er hatte unzählige Bekanntschaften gemacht, und vor einigen Tagen hatte er, wie es das „Schicksal" so will, seine Traumfrau kennengelernt!

Das Leben ist wunderbar, und auch *Du* kannst jederzeit zum Magneten werden, ein Magnet für alles, was Du Dir wünschst! Beginne jetzt sofort damit, Dir Deiner optischen Wirkung bewusst zu werden, und lege alle Minderwertigkeitsgefühle ab. Das kannst Du schaffen, indem Du vor allem damit aufhörst, Dich ständig mit anderen zu vergleichen. Du bist ein wundervolles, einzigartiges Individuum, und es ist Deine Aufgabe, alles aus Dir herauszuholen, was in Dir steckt. Lerne, Dich zu lieben, und trage dieses Gefühl ins „Außen". Kleide Dich wie eine starke Persönlichkeit, aber ohne in Markenzwänge und Modetrends zu verfallen. Die Aussage „Kleider machen Leute" ist zwar oberflächlich, aber sie ist in unserer Gesellschaft einfach maßgebend. Sträube Dich nicht dagegen, sondern fülle sie von innen her mit Deiner eigenen Bedeutung. Erfreue Dich daran, nach außen hin zu zeigen, dass Du Dir *Deiner Selbst* bewusst bist und dass Du dieses Selbstbewusstsein in jeder Hinsicht auch ausstrahlst. Verliere Dich aber nicht in Eitelkeiten, und kümmere Dich nicht um jedes kleine Fältchen. Es geht einzig und allein darum, Deinen *inneren Wert* mit Deinem *äußeren* zu vereinen, beide zu harmonisieren, oder anders ausgedrückt: einfach *ganz* zu werden.

KRANKHEIT UND GESUNDHEIT

Was die Macht der Gedanken vermag

Einem meiner Seminarteilnehmer aus der Nähe von Stuttgart – ich nenne ihn des Datenschutzes wegen Jens – gelang es durch die Macht seiner Gedankenkraft, eine aus ärztlicher Sicht *unmögliche* Genesung zu erfahren. Jens ist Ende dreißig und hatte im Sommer 2007 einen sehr schweren Motorradunfall, bei dem er frontal mit einem PKW zusammenstieß. Dabei erlitt er schwerste Verletzungen: einen Haarriss im 6. und 7. Halswirbel, eine Knochenabsplitterung, mehrere Knochenbrüche und ein traumatisches Auseinanderreißen der Schambeinfuge. Seine Situation schien aussichtslos, und die Ärzte versuchten, ihm schonend beizubringen, dass er für den Rest seines Lebens auf einen Rollstuhl angewiesen sein würde, weil die Chance, dass er jemals wieder laufen könne, gleich null sei.

Nach 2 Monaten im Krankenhaus verspürte Jens während seines Reha-Aufenthalts das Bedürfnis, sich eine Pizza zu holen, weil er das Klinik-essen einfach nicht mehr ertragen konnte. Seine Familie begleitete ihn zu einem nahe gelegenen Italiener, wo etwas Bemerkenswertes geschah. Das erste, was Jens im Restaurant feststellen musste, war, dass er keine Möglichkeit hatte, auf die Toilette zu gehen, weil es keine behindertengerechten Einrichtungen gab. Die Toiletten befanden sich im Untergeschoss und waren nur über eine enge Wendeltreppe erreichbar. In diesem Moment, so sagt er heute, traf er die wichtigste Entscheidung seines Lebens. Er nahm die Hand seiner Frau und sagte: „Egal, was die Ärzte behaupten! Die sollen sich um *ihre* Arbeit kümmern und in *ihrem* Glauben bleiben, dass meine Beine unmöglich geheilt werden können. *Ich* nehme ab jetzt meine Gesundheit selbst in die Hand, und ich werde wieder laufen können!" Jens erzählte mir, dass ihm in jenem Moment in der Pizzeria eine *innere Stimme* so viel Sicherheit gegeben hatte, dass er an seine Gesundung *glauben* konnte. Auf diese Weise verschaffte er sich das so unendlich wichtige Vertrauen und den Glauben an seine Genesung. Jens fing an, täglich mit seinen Beinen zu reden, als wären sie gute Freunde. Unter Anleitung seiner Reha-Therapeuten arbeitete er jeden Tag sehr hart an sich, und er sagte sich täglich aus vollster Überzeugung und in vollstem Vertrauen: „Meine Beine sind gesund, ich kann wieder laufen."

Wochenlang geschah nichts, aber er hörte nicht auf, mit seinen Beinen zu reden und darauf zu vertrauen, dass seine Affirmationen in Erfüllung gehen würden. Und tatsächlich geschah etwas! Jens hatte neuen Mut und Kraft geschöpft. Er schaffte es immer öfter, ohne den Rollstuhl mit Hilfe des Rollators eine kleine Strecke zu gehen. Anfangs nur wenige, unsichere, wackelige und angsterfüllte Schritte, aber es waren *seine* Schritte. Nach und nach wurde die Strecke länger, und er traute sich schon kurze Zeit später zu, den Rollator wegzulassen und nur zwei Gehstöcke zu benutzen. Wieder dasselbe, unsichere Gefühl, aber auch dieser wundervolle Fortschritt gelang von Woche zu Woche besser.

Heute kann Jens wieder auf seinen eigenen Beinen stehen, und auch wenn er zum Gehen noch einen Handstock braucht und Silikonprothesen an beiden Beinen tragen muss: Er kann wieder gehen! Immer wenn er wieder zur Kontrolle ins Krankenhaus oder zur Reha-Einrichtung muss, staunen die Ärzte aufs Neue. Angesichts solch multipler Verletzungen und der beidseitigen hochgradigen peripheren Nervenläsion der Beine sind solch ein Heilungsprozess und die Wiedererlangung der Gehfähigkeit medizinisch nicht zu erklären. Ein medizinisches *Wunder*!

Mein Seminar besuchte Jens zwei Jahre nach seinem Unfall, und zwar aufrecht auf beiden Beinen stehend. Er erzählte, wie *dankbar* er für diese Erfahrung sei, denn er habe durch sie das Leben auf völlig neue Weise schätzen gelernt und außerdem so gut wie alle seine alten Denkmuster abgelegt. Früher hatte sich bei ihm alles nur um Geld, Karriere, Autos und Erfolg gedreht. Heute sagt er: „Ich bin endlich wieder in der Lage, den Moment zu genießen und das Leben wahrzunehmen. Vielleicht sollte das alles passieren, um mich von dem Irrweg, den ich gegangen war, auf die richtige Spur zu bringen."

Ich verstehe diese Geschichte zusammen mit zahlreichen ähnlich gelagerten Fällen als Beweis dafür, dass die tiefe Schöpferkraft in uns existiert und dass sie für jeden Menschen zugänglich ist, egal ob und wie er sie versteht und als was er diese Kraft bezeichnen mag.

Ich möchte mit Dir noch eine andere Erfahrung teilen, die ich während eines mehrtägigen Seminaraufenthalts in Berlin machen durfte. In meinen Mittagspausen ging ich oft in einem dem Hotel nahe gelegenen

Park spazieren. Schon am ersten Tag fiel mir dort eine junge Frau auf einer Parkbank auf. In den beiden darauf folgenden Tagen lief ich ihr wieder und wieder über den Weg, und schließlich war sie es, die das Schweigen brach. Sie lachte mich an und sagte: „Nachdem ich Sie jetzt schon so oft gesehen habe, muss ich Sie doch endlich einmal grüßen." Obwohl ich in dem Moment eigentlich meine Ruhe wollte, ließ ich mich auf ein Gespräch mit ihr ein. Sie verbrachte ihre Mittagspausen ebenfalls in diesem Park und erzählte mir während unseres Gesprächs, dass sie sehr besorgt um ihre zwölfjährige Tochter sei. Diese habe seit Monaten unerträgliche Glieder- und Bauchschmerzen. Unzählige Untersuchungen hätten nichts ergeben, und auch ein Heilpraktiker und Wunderheiler hätte der Tochter nicht helfen können. Sie sei mit ihren Lösungsversuchen am Ende. Das einzige, was die Schmerzen angeblich lindere, sei ein „Heilstein", den sie von einer Bekannten bekommen habe. Dieser sorge dafür, dass die Tochter wenigstens schmerzfrei schlafen könne, wenn sie ihn sich auf den Bauch lege. Ich weiß bis heute nicht, was mich damals dazu gebracht hat, aber ich sagte der Frau, dass ich einen Stein besitze, der unerklärliche Schmerzen nicht nur lindern, sondern auch heilen könne und sie habe Glück, weil ich diesen Stein zufällig im Hotel dabei hätte. Ich verabredete mich für den nächsten Tag mit ihr. Natürlich besaß ich keinen solchen Wunderstein. Auf dem Weg zurück ins Hotel suchte ich im Park nach einem einigermaßen schön aussehenden Exemplar, das ich ihr am nächsten Tag wie versprochen schenkte. Ich sagte ihr, sie solle ihrer Tochter erzählen, dass sie einen Wunderheiler kennengelernt habe, der ihr den „magischen" Stein geschenkt hätte und dass dieser Stein sie heilen würde. Sie müsse sich beim Zubettgehen den Stein nur 5 cm oberhalb des Bauchnabels auf den Bauch legen und bis zum Einschlafen immer wieder sagen: „Ich bin gesund." Ich gab der Frau meine Visitenkarte, damit sie mir über die Ergebnisse berichten konnte. Tatsächlich meldete sie sich einige Zeit später telefonisch bei mir und sagte: „Herr Huber, ich danke ihnen von ganzem Herzen! Der Stein hat meine Tochter tatsächlich geheilt, sie hat seit zwei Wochen keine Schmerzen mehr."

Ist das nicht eine phantastische Geschichte? Denn der Stein, den ich der Frau gab, hat mit hundertprozentiger Sicherheit überhaupt nichts bewirkt. Was aber war es dann? Der sichere „Glaube" an diesen Stein zusammen mit der Affirmation „Ich bin gesund". Weil ich die Mutter in dem Glauben gelassen hatte, der Stein besitze tatsächlich Heilkräfte, konnte sie es ihrer Tochter „glaubhaft" vermitteln, und wie wir bereits festgestellt haben, wird uns „nach unserem Glauben" geschehen. Ich hätte der Frau wahrscheinlich auch ein Stück Kuchen geben können, hätte sie an seine Heilkraft geglaubt, hätte wohl auch das funktioniert. Als ich ihr am Telefon die Wahrheit erzählte, konnte sie es kaum fassen, aber sie dürfte nun in ihrem Glauben um Längen gewachsen sein.

Ich kenne zahlreiche ähnlich gelagerte Fälle, und sie führen mich zu einer für die Medizin ketzerischen Aussage:

Gibt es wirklich unheilbare Krankheiten?

Zahlreiche Beispiele aus der täglichen Praxis haben uns gelehrt, dass dem wahrhaften Glauben alles möglich ist und dass auch der schwächste Körper – selbst der angeblich *unheilbare* – kein hoffnungsloser Fall sein muss. Bei allen Krankheiten, wie schwer sie auch sein mochten, gab es zu allen Zeiten und in allen religiösen Zentren – man denke etwa an die großen Wallfahrtsstätten wie Lourdes – spontane Heilungen. Grund für diese Heilungen war aber nicht das Eingreifen der Heiligen Jungfrau oder irgendeines anderen Heiligen, sondern der felsenfeste Glaube des Kranken, dass er an diesem Ort Heilung erfahren würde. Der rationale Mensch zweifelt an der Möglichkeit einer solchen Heilung. Schaltest Du aber Deinen Dich beherrschenden Verstand ab, wird Dir genau das widerfahren können, an was Du glauben kannst, wenn Du dem Glauben genügend Raum zur Entfaltung gibst. Wenn jemand einen solchen *heiligen* Ort bereist und auch nur im geringsten an der heilenden Wirkung zweifelt, kann er im Prinzip gleich zuhause bleiben. Deshalb werden die meisten Menschen, die an solche Orte reisen, auch nicht geheilt. Einige – oder sogar relativ viele – aber doch! Selbst die Kirche wird angesichts solcher *Wunder* anerkennen müssen, dass Geistheilung existiert. Wenn solch ein Wunder passiert, geschieht das, weil der Gläubige in sich selbst dem Wunder Raum gegeben hat. Er konnte glauben, dass es möglich sei, und weil er felsenfest und unerschütterlich glaubte, wurde das Wunder überhaupt erst möglich. Eine Krankheit ist nur dann tatsächlich unheilbar, wenn sich der Patient selbst aufgibt, indem er vor seinen negativen Energien kapituliert und sie in seinem Körper frei wirken lässt. Wenn diesem Menschen auch noch von den Ärzten gesagt wird, dass er *unheilbar* krank sei, verstärkt das diese wütenden Energien umso mehr. Ich erlebte unzählige *unmögliche Heilungen* bei Menschen, die von den Ärzten aufgegeben worden waren.

Einem Menschen, der im letzten Stadium Krebs hat, könnte man gemäß der Statistik sagen: Es tut uns leid, aber es ist zu spät. Es gibt aber *Ausnahmen*, und es gibt *Wunder*. Wenn man mit der Kraft des Geistes diese vermeintlich aussichtslose Situation besiegen kann, dann ist das ein eindeutiger Beweis dafür, dass es eine Instanz gibt, die, aus menschlicher Sicht betrachtet, Wunder vollbringen kann. Sehr häufig habe ich mit Menschen zu tun, die von Ärzten als hoffnungslose Fälle zum Sterben nach Hause geschickt wurden. Viele dieser Menschen richteten sich aber nicht nach dem Wissen einiger Ärzte, die ihre Möglichkeiten ausgeschöpft hatten. Nein, der Gläubige kann an Wunder glauben – und genau deshalb ist es möglich, dass sie auch geschehen. Kürzlich erzählte mir eine Seminarteilnehmerin mit Krebs im Endstadium, dass ihr Glaube an Gott und das Vertrauen in die Kraft des Unterbewusstseins ihr das Leben gerettet hatten. Neben dem Vertrauen, das sie in eine alternative Behandlungsmethode setzte, begab sie sich mehrmals täglich in eine Art Gebetsmeditation. Sie betete Folgendes: *„Lieber Gott, ich vertraue mich Deiner unendlichen Kraft an. In jeder Zelle meines Körpers findet nun Heilung statt."*

Während sie diese beiden Sätze immer und immer wieder affirmierte, hüllte sie sich in ihrer Vorstellung in ein weißes und warmes Licht ein und stellte sich vor, dass sie dieses Licht heilen würde. Nach ihrem Glauben ist ihr tatsächlich geschehen, und sie wurde, wie so viele andere auch, wirklich geheilt.

Es ist durchaus wahrscheinlich, dass sich Dein Verstand dagegen sträuben wird, mit einem solchen „Humbug" wie Affirmationen und Glauben gegen etwas so Ernstes wie eine schwere Krankheit anzutreten. Glaube aber an das, was *noch nicht* ist, damit es *werde*!

- *Beschäftige Dich nicht mit Deiner Krankheit, sondern kümmere Dich um Deine Gesundheit!*
- *Sieh Dich in freudiger Haltung, voller Glück, Gesundheit und Harmonie.*
- *Geh täglich mehrmals in die Stille, meditiere und lass los!*
- *Biete Deinem Unterbewusstsein keinen Widerstand!*
- *Überlasse es den Ärzten, sich über Deine Krankheit Sorgen zu machen und lass Dich von dem, was sie sagen, nicht beeindrucken.*
- *Suche Dir stattdessen einen Arzt, dem Du wirklich vertraust, und der Dich in Deinem Glauben bestärkt. Es gibt immer mehr Mediziner, die sich nicht nur auf statistische Kennzahlen verlassen, sondern Krankheiten ganzheitlich betrachten und behandeln.*

Jeder kennt den *Placeboeffekt*. Menschen nehmen unwissentlich Medikamente ohne Wirkstoff ein und werden, weil sie an den Wirkstoff glauben, wieder gesund. Die Kraft der Placebowirkung ist schon lange bekannt, und kaum jemand stellt sie in Frage. Dass letztendlich der Geist und der Glaube heilen können, betrachten wir aber sehr skeptisch. Warum dieses beschränkte Denken? Wenn die Placebopillen keinen Wirkstoff enthalten, was soll denn sonst heilen außer der Glaube an ihre Wirksamkeit?

Wir haben die Möglichkeit, über unser Unterbewusstsein körperliche Prozesse zu beeinflussen. US-amerikanische Mediziner machten vor einigen Jahren ein erstaunliches Experiment mit Patienten, die unter einer Kniegelenk-Arthrose litten. Sie täuschten bei Patienten einen chirurgischen Eingriff, eine so genannte arthroskopische Gelenkspülung, vor. Die Patienten wurden überhaupt nicht operiert, aber die Schmerzen waren verschwunden. In den Niederlanden wurden im Rahmen einer Studie bei Patienten mit chronischen Bauchschmerzen ähnliche Schein-operationen durchgeführt. Die Beschwerden der Probanden wurden durch Verwachsungen im Bauchraum hervorgerufen. Auch in diesem Fall wurde nur bei der Hälfte der Patienten tatsächlich eine Operation durchgeführt und die Verwachsungen entfernt. Die Patienten wussten nicht, ob sie zu der Gruppe gehörten, die wirklich operiert worden waren oder zu der Gruppe, bei der nur eine Magenspiegelung durchgeführt wurde. Ein Jahr später zeigte sich zur allgemeinen Verwunderung das

Ergebnis, dass in etwa gleich viele Patienten aus beiden Gruppen von einer Besserung der Beschwerden berichteten.

Wir müssen uns über die Macht unseres Geistes bewusst werden und verstehen, dass es nichts gibt, was mit Hilfe unseres Unterbewusstseins nicht möglich wäre! Die Theorien über die Entstehung von Krankheit sind uferlos. Religiöse Fundamentalisten glauben daran, dass sie wegen irgendwelcher Sünden mit Krankheit gestraft werden; andere reden von schlechtem Karma. Die Wissenschaft sucht erst gar nicht nach einem verborgenen Sinn, sondern konzentriert sich auf biophysikalische Störungen und die Auswirkungen von Umwelteinflüssen. Immerhin sind wir mittlerweile so weit gekommen, dass die Medizin psychosomatische Erkrankungen offiziell anerkennt.

Was, denkst Du, ist Krankheit wirklich? Könnte es vielleicht sinnvoll sein, sich einmal mehr keiner *Theorie* anzuschließen, sondern zu versuchen, die Dinge allumfassend zu betrachten? Oder ist es vielleicht am sinnvollsten, sich darüber gar nicht so viele Gedanken zu machen?
In den letzten Jahrzehnten wurde extrem viel über Krankheit geschrieben und die Buchhandlungen quellen über vor Büchern mit diversen Theorien, Erklärungsmodellen und Patentrezepten. Doch wie steht es um das Thema *Gesundheit*? Wer spricht und schreibt von Gesundheit statt von Krankheit? Wir Menschen sind so einfältig und beschäftigen uns mit diffusen Krankheitsbildern und ihren angeblichen Ursachen, anstatt unseren Geist mit lebensbejahenden Gesundheitsgedanken zu füllen!

Manchmal bedarf es einer *Bewusstseinserweiterung*, die zur Heilung führt. Ich hatte eine Seminarteilnehmerin, die jahrelang unter einer „unheilbaren" Schuppenflechte und zugleich unter Pigmentstörungen der Haut litt. Über die Jahre waren an ihrem ganzen Körper weiße Flecken entstanden, die laut Schulmedizin nicht geheilt werden können. Sie rief mich einige Wochen nach unserem Coaching an, um mit mir einen Termin auszumachen, weil sie mir unbedingt etwas mitteilen müsse. Sie erzählte mir aufgeregt in unserem Gespräch, dass ihre Schuppenflechte völlig verschwunden sei und ihre Pigmentflecken zugewachsen seien. Als ich sie fragte, ob sie sich das erklären könne, antwortete sie: „In dem Selbsterfahrungsprozess der tiefen Trance wurde etwas bei mir ausgelöst, das mein Leben völlig verändert hat. Ich habe ein völlig neues Bewusstsein."

Immer, wenn die Menschen keinen Ausweg aus ihrem Leid mehr sehen, beginnen sie damit, sich mit übergeordneten Fragen zu beschäftigen, vor allem, wenn die Schulmedizin hilflos ist. Viele wenden sich dann in ihrer Verzweiflung an Gott, in der Hoffnung, doch noch geheilt werden zu können. Die meisten Leidenden *hoffen* aber nur, dass sie geheilt werden können. Doch genau hier liegt der Knackpunkt! Krankheit ist kein von der Natur *gewollter* Zustand. Ich kann nicht oft genug wiederholen: Wir sind, was wir *glauben* zu sein, und wenn wir daran glauben, dass wir einer Krankheit ausgeliefert sind, wird es so sein. Wer in dem Glauben verharrt, nicht gesund werden zu können, der verleugnet das *große Ganze* und wird damit auch keine Heilung erfahren. Deine Gedanken und Dein Glaube an Krankheit verhindern Deine Gesundheit! Überlasse sämtliche Sorgen über eine Krankheit den behandelnden Ärzten und kümmere Dich endlich um Deine Genesung! Die kann nämlich nur dann einsetzen, wenn Du den Gedanken an Deine *Gesundheit* Raum gibst, indem Du sie konsequent durch Deinen Glauben stärkst.

PARTNERSCHAFT, SEXUALITÄT UND TRENNUNG

Wenn Du Dir einen Partner wünschst

Die Suche nach dem richtigen Lebenspartner ist für die Menschen die Suche nach der Nadel im Heuhaufen. Das passende Gegenstück zu finden muss aber gar nicht so schwer sein, wie wir es uns immer vorstellen. Allein durch unsere hohe Erwartungshaltung und unsere Ungeduld lassen wir uns zu Kurzschlussreaktionen hinreißen und erleben eine Enttäuschung nach der anderen. Ich betone immer wieder, wie wichtig es ist, nicht einen *bestimmten* Partner auszuwählen – also einen, den wir uns in den Kopf gesetzt haben –, sondern den *richtigen*, der wirklich zu uns passt. Dazu gibt es ein völlig intuitiv nachvollziehbares geistiges Gesetz:

Wenn Du jemanden suchst, so gibt es auch jemanden auf der Welt,
der genau Dich sucht.

Wenn Du suchst, geht ein geistiger Impuls von Dir aus, der niemals ins Leere gehen kann. Egal in welcher Situation Du Dich befindest, ob Du Deiner Meinung nach zu dick oder nicht attraktiv genug bist, ist völlig egal. Genau so, wie Du bist, wirst auch Du gesucht. Aus welchem Grund lässt der ideale Partner aber oft so lange auf sich warten?

Wir Menschen glauben meistens, dass wir alles möglichst sofort haben müssen. Stell Dir vor, es gibt einen Menschen, der wie für Dich geschaffen ist. Dieser Mensch befindet sich aber zur Zeit auf Weltreise, ist völlig im Arbeitsstress oder verdaut gerade noch eine Trennung. Aus welchem Grund auch immer ist der beste Zeitpunkt dafür, ihn oder sie kennen zu lernen, nicht jetzt, sondern vielleicht erst in einem halben Jahr. Was ist Dir lieber: Den Nächstbesten zu nehmen, damit Du nicht weiter alleine bist, oder das halbe Jahr auf Deinen Traumpartner zu warten? Das „Universum" hat seine eigene Zeitrechnung, und Deine göttliche Führung meint es gut mit Dir. Vielleicht musst auch Du selbst erst geistig noch weiter wachsen, um mit Deinem „Zukünftigen" eine harmonische Beziehung führen zu können.

Unser wahres Glück in der Liebe finden wir nur, wenn wir es zu einer *Herzensangelegenheit* machen. Materielle Werte oder ein angeheirateter

Status werden Dich auf Dauer nicht zum wahren Glück führen. Um dieses wahre Glück zu finden, konzentriere Dich vertrauensvoll einzig und allein auf Deine Intuition, auf Deine innere Führung, denn nur mit ihrer Hilfe wird es Dir möglich sein, den Partner zu finden, der *wirklich* zu Dir passt und zu Dir *gehört*. Werde Dir vollkommen darüber bewusst, wer Du bist und was Du zu bieten hast, und denke nicht weiter daran, was Dir an Dir *nicht* gefällt. Du musst Dir über Deine positiven und liebenswerten Eigenschaften unbedingt im Klaren sein, weil Du nur dann auch das ausstrahlen wirst, was Dich einzigartig und besonders macht. Sei es Dein Auftreten, Dein Charme, Deine Treue oder Deine Lebensfreude, werde Dir darüber klar, welches Glück Dein zukünftiger Lebenspartner haben wird, wenn er Dich gefunden hat. Affirmiere jetzt Deine Sehnsucht und füttere Dein Unterbewusstsein. Fühle Dich bereits jetzt geborgen und geliebt, als wäre Dein Traumpartner schon da. Heiße Deinen zukünftigen Partner herzlich willkommen. Du musst dazu allerdings Deinen Verstand überwinden, der wird Dir nämlich sagen, dass das alles nur „Spinnerei" ist. Ist es aber nicht! Ich kenne unzählige Menschen, die auf diesen Rat hin eine wunderbare Partnerschaft in ihr Leben gezogen haben. Sende Deinen Wunsch voller Emotionalität aus, denn Sender und Empfänger gehören zusammen wie Tag und Nacht. Wünsche Dir ab jetzt keinen „bestimmten" Partner mehr, nur weil Du ihn unbedingt haben willst. Stelle Dir den *Richtigen* vor, ohne ihm ein Gesicht zu geben und drehe einen geistigen Kurzfilm darüber, was Du alles mit ihm erleben wirst. Sieh Dich mit ihm an den schönsten Orten der Welt, spüre seine Zärtlichkeit und empfinde das Gefühl einer unbeschreiblichen Geborgenheit. Setze alle Emotionalität hinein, und es ist nur eine Frage der Zeit, bis Dein Wunschpartner Dir über den Weg laufen wird. Imaginiere Dir immer wieder Deinen Lebenspartner und *erschaffe* Dir in Deinem Geist eine vollkommene Beziehung. Vergiss nicht: Die Liebe ist die wichtigste und stärkste Kraft im Universum. Schreibe Deinen eigenen Liebesroman, und die Gesetze des Lebens werden dafür sorgen, dass der Richtige, der wie für Dich geschaffene Mensch, auf Dich aufmerksam wird. Die Erfahrung lehrt, dass zwei Herzen, die sich gerade erst gefunden haben, oft das Gefühl empfinden, sich schon lange zu kennen. Genau so ist es auch, beide kennen sich, weil sie schon lange *geistig* miteinander in Verbindung gestanden haben. Wenn Du anerkennst, dass Du etwas Wunderbares bist und verstehst, dass Du alles Notwendige für Dein Lebensglück in Dir trägst, wird Dich Deine große Liebe schon bald *finden*. Oft stellt man mir die Frage, wie man den richtigen Partner denn *erkennen* kann, wie man also spürt, dass es sich um den Wunschpartner handelt.

Was haben wir gelernt? Richtig: Deine innere Stimme wird es Dir mitteilen. Du wirst ihn oder sie sehen und das Gefühl haben, dass Ihr euch seit Jahren kennt, weil intuitiv eine unglaubliche Vertrautheit und Verbindung zwischen Euch bestehen wird. Du wirst nicht den geringsten Zweifel daran haben, dass diese Person Dein Glück ist, Dein Bauchgefühl wird hundertprozentig „Ja" sagen!

Affirmation:
Ich bin von Liebe umgeben, ich bin begehrt und ein Magnet für wunderbare Begegnungen. Ich bin froh und dankbar, meine große Liebe gefunden zu haben.

Bei der Suche nach dem „perfekten" Gegenstück verhält es sich aber genauso wie mit allen anderen Wünschen. Er wird nicht einfach so vor Deiner Haustür stehen oder vom Himmel in Deinen Schoß fallen, nur weil Du es Dir so sehnlich wünschst und rund um die Uhr affirmierst! Nein, Du musst natürlich aktiv werden! Du musst voller Vertrauen – aber ohne die Erwartungshaltung „Heute muss ich ihn einfach treffen!" – unter Menschen gehen und neue Leute kennenlernen. In der Regel wird Dir die große Chance dann zu einem völlig unerwarteten Zeitpunkt geboten werden. Sei aber sicher: Sie wird Dir geboten! Wenn es soweit ist, wirst Du es wissen, und dann musst Du nur noch die Initiative ergreifen. Ich möchte nicht wissen, wie viele Menschen ihrem eigentlichen Traumpartner schon über den Weg gelaufen sind, sich aber aus Angst vor Ablehnung nicht getraut haben, ihn anzusprechen. Werde die Person, die Du sein kannst, und sei Du selbst! Nur so wirst Du auf denjenigen Menschen, der mit Dir auf „einer Welle schwingt", eine unwiderstehliche Anziehungskraft ausüben.

Deine Verantwortung in einer Beziehung

Viele Menschen, vor allem Frauen, kontaktieren mich mit der Bitte um Rat bezüglich ihrer Beziehungsprobleme. Das erste, was ich Ihnen sage, ist in der Regel, dass Liebesglück, wie alles andere Glück auch, von beiden Partnern „geschaffen" werden muss. Leider hat in den meisten Ehen und Beziehungen die *wahre* Liebe, die für beide Seiten immer ein Gebenwollen bedeutet und ein tatkräftiges Schaffen voraussetzt, kaum mehr Platz, und so gleichen sie eher Zweckgemeinschaften für die gegenseitige Bedürfnisbefriedigung. Eine Beziehung darf niemals eine Last bedeuten, sondern sie sollte für beide Seiten eine Lebens- und Energiequelle sein, die erquickt und erfüllt. Die häufigsten ernsten Beziehungsprobleme haben eine Vorgeschichte und stehen am Ende eines schleichenden Prozesses, in dem beide Partner es immer mehr unterlassen haben, ihren Teil der gegenseitigen Verantwortung beizu- tragen. Sehr gerne neigen wir dazu, dem anderen dann die Schuld für die Probleme zu geben. Lass Dir aber sagen: Die Ursachen für die Probleme, die Du mit Deinem Partner und anderen Menschen hast, sind in erster Linie bei *Dir selbst* zu suchen. Du hast Dir nur für Dein „Theaterstück" den passenden Partner gesucht. Das Leben ist ständig im Wandel begriffen, und was sich nicht wandeln will, zerbricht. Die häufigsten Krisen äußern sich in sexuellem Desinteresse oder einem als langweilig empfundenen Alltag, in dem die Gefühle für den anderen abgestumpft sind oder gar nicht mehr empfunden werden. Wie konnte es aber so weit kommen, und warum passiert uns das immer und immer wieder?

Wenn sich zwei Herzen gefunden haben, „verschießen" sie in der Regel während der ersten Wochen, Monate und Jahre ihr ganzes „Pulver". Der Hormoncocktail im Körper hält uns auf Trab, wir sehen den anderen durch die rosa Brille, und eine „magnetische" Bindung hält uns zusammen, beflügelt Leidenschaft, Sex und Alltag. In dieser ersten Phase der Verliebtheit werden Pläne geschmiedet, oft auch Kinderwünsche ausgesprochen. Vor lauter Hormonen und all der Konzentration auf die gemeinsamen Ziele übersieht man gerne so einiges – oder sagen wir lieber: wir überhören bewusst unsere innere Stimme, die uns vor Fehlern warnen könnte, weil wir uns so sehr darüber freuen, dass wir endlich einen Menschen gefunden haben, mit dem wir vor allem *unsere eigenen Ziele* verwirklichen können. Wie sagt man so schön: *Liebe macht nicht blind, man sieht nur Dinge, die nicht da sind.*

Nach der ersten wilden Zeit, wenn sich die Hormone wieder beruhigt haben, beginnen wir damit, an unserem Partner „Fehler" wahrzunehmen, die wir vorher nicht – oder zumindest nicht in ihrer Gänze – bewusst wahrgenommen haben. Einige haben wir auch einfach lange beschönigt. Kommt es in dieser Phase zum Streit, tun wir etwas sehr Fatales: Wir versuchen, den anderen zu „ändern". Oft sind es zunächst ganz kleine Dinge, die wir dem anderen schon lange einmal sagen wollten. Solche Kleinigkeiten, aber auch der eine oder andere Streit und kleine und größere Enttäuschungen, stauen sich mit der Zeit zu einem „brodelnden Vulkan" an, der nur auf die passende Gelegenheit wartet, auszubrechen. Es entstehen dann Vorwürfe wie: „Du nimmst zu wenig Rücksicht auf mich", „Du bist doch mit Deinem Beruf verheiratet", „Ich will doch nur das Beste für uns beide, aber Du…", „Ich kann ja nichts dafür, Du musst ja immer…" und so weiter.
Womöglich kommen Dir diese Vorwürfe bekannt vor? Die Partnerschaft steckt jetzt in ihrer ersten handfesten Krise. Wir haben zu lange die Augen vor gewissen Wahrheiten über den Partner verschlossen, ihn ab einem gewissen Zeitpunkt zu ändern versucht und müssen nun enttäuscht feststellen, dass der große erhoffte Wandel, den wir bezweckt hatten, nicht stattgefunden hat. Beide Seiten leben immer noch in der Erwartung, dass der andere wieder so wird wie früher in der „Hormoncocktailphase". Wir sind an diesem Punkt angekommen, weil wir nicht sehen konnten und wollten, wer und wie unser Partner wirklich ist, und wir haben die Situation durch unsere dilettantischen Lösungsversuche nur noch zusätzlich verschärft. An diesem Scheideweg angekommen, bleibt uns nichts als das Herunterfahren unseres Egos und der Wille zur Einsicht, weil wir bereits auf dem besten Wege sind, die Beziehung an die Wand zu fahren. Bist Du in einer solchen Situation, werde Dir darüber bewusst: es wird und kann sich nichts ändern, wenn *Du* Dich nicht auch veränderst und den neuen Begebenheiten anpasst. Als ihr Euch kennenlerntet, wolltet ihr vielleicht jeden Abend gemeinsam verbringen und zusammen ins Bett gehen, aber heißt das, dass es zwingend immer

so bleiben muss? Alle Vereinbarungen, Wünsche und Bedürfnisse, die am Anfang Deiner Beziehung getroffen wurden, müssen jetzt auf den Prüfstand gestellt werden. Es ist in dieser Situation nicht das Festhalten an gewohnten Mustern, was die Beziehung festigt, sondern das Zulassen einer natürlichen Entwicklung.

Außerdem müssen wir auch verstehen, dass Männer und Frauen tatsächlich von Grund auf verschiedene Wesen sind. Ein Kabarettist könnte sagen: Sie haben ungefähr so viel gemeinsam wie ein Porsche und ein Fahrrad. Auch wenn es überspitzt klingt, wir kommen nicht umhin, uns diese Erkenntnis zu Herzen zu nehmen und die Unterschiede zwischen Mann und Frau nicht nur beiläufig an uns vorbeiziehen zu lassen. Es lohnt sich für Frauen ebenso wie für Männer, sich mit den besonderen Eigenschaften und Bedürfnissen des anderen Geschlechts intensiv auseinanderzusetzen. Das geht über abgedroschene Beispiele wie „Warum Männer ihre Freiheit brauchen", „Warum es nicht böse gemeint ist, wenn Mann gelegentlich das Fußballspiel am Samstagnachmittag dem romantischen Spaziergang im Park vorzieht" oder „Warum Frau immer alles ausdiskutieren und viel kuscheln will" *weit* hinaus. Es geht um Unterschiede in der Persönlichkeit, der Wahrnehmung, den Bedürfnissen, der Sexualität und vielem mehr! Es heißt: *„Willst Du Prinzessin sein, so musst **Du** Deinen Mann zum König machen. Willst Du König sein, so musst **Du** Deine Frau zur Prinzessin machen."*

Wer damit anfängt, wer also wen zuerst in diese Position hebt, ist egal, am besten beginnst einfach *Du* gleich damit, weil Du dieses Kapitel gerade gelesen hast. Warte nie darauf, dass der andere etwas tut, was Du gerne hättest, er kann ja Deine Gedanken nicht lesen. Beziehungen scheitern oft an zu wenig Anerkennung und Wertschätzung, aber auch einfach an Achtlosigkeit. Gib Deinem Partner immer und immer wieder das Gefühl der Wertschätzung, auch, indem Du ihn akzeptierst, wie er ist. Sei sicher: Du wirst sie von ihm zurückbekommen. Sag ihm schöne Dinge, lass ihn wissen, wie wertvoll er für Dich ist. Geh auch nicht davon aus, dass er weiß, wie sehr Du ihn schätzt, nein, sag es ihm bei jeder Gelegenheit. Wie in allen anderen Lebensbereichen musst Du Dir Dein Liebesglück selbst erschaffen. Sei allzeit ein Schaffender und Du wirst Dich an Deinem „Werk" erfreuen können!

Affirmation:

Meine Partnerschaft ist von Liebe und Harmonie erfüllt. Die Liebe meines Partners gibt mir Kraft, ich bin glücklicher als je zuvor. Ich bin froh und dankbar für die Leidenschaft, die ich mit ihm/ihr erleben darf.

Sexuelle Frustration

Über eines der zentralen Themen in der Partnerschaft wird trotz aller Emanzipation und vieler Aufklärungskampagnen immer noch zu wenig *offen* gesprochen. Ein unerfülltes Sexualleben ist einer der häufigsten Frustrationsgründe in der Beziehung, und falsch oder gar nicht gelebte Sexualität ist oft der Ursprung schwerster Neurosen. Die Ursachen dafür, warum das Thema Sex für viele nach wie vor tabuisiert ist, liegen leider immer noch in unserer Erziehung. Die Zeiten der verkrusteten, kirchlich geprägten und gesellschaftlich erzwungenen „Moralvorstellungen" sind zwar vorbei, aber sie haben die Gesellschaft nach wie vor im Griff. Auch den heutigen jungen Eltern fällt es nicht immer leicht, ihre Kinder aufzuklären und offen mit ihnen über Sexualität zu sprechen. Das gilt leider auch in großem Ausmaß noch immer für das Thema Homosexualität. Viele Jugendliche leiden während ihrer Schulzeit über Jahre hinweg entsetzliche Seelenqualen, wenn sie in ihrem Elternhaus – ihrer einzig sicheren Bastion! – auf Unverständnis und Ablehnung stoßen. An diesen Zuständen haben auch die 68er nicht so viel geändert, wie man immer annehmen möchte, und auch die Freizügigkeit der Medien kann eine richtige Erziehung nie und nimmer ersetzen – leider im Gegenteil! Genau an dieser Stelle werden in der Erziehung aber wichtige Chancen verpasst. Oft werden für ein ganzes Menschenleben falsche Weichen gestellt und Blockaden gesetzt, die sich im Erwachsenenalter in vielerlei Form negativ auf die seelische und körperliche Gesundheit und damit auch auf die zentralen Lebensbereiche im Privat- und Berufsleben auswirken. Ich spreche hier nicht nur von Beziehungsproblemen, sondern von schwersten Depressionen, Manien, Phobien, Sadismus und von einem generell gestörten Verhältnis zum anderen Geschlecht und zum Thema Familie.

Die Tragweite einer fehlgeleiteten Erziehung wird im Allgemeinen weit unterschätzt, obwohl sie spätestens seit Freud in der Psychologie fest verankert ist.

Wie sieht es bei Dir im zwischenmenschlichen Bereich aus? Wie hältst Du es mit der Offenheit und einem liebevollen Umgang mit der Sexualität? Die Schöpfung hat uns die Sexualität nicht nur als einzigartige Quelle der Lust gegeben, damit wir uns fortpflanzen, sondern sie ist im geistigen Sinne Ausdruck tiefster liebevoller Verbundenheit zweier Seelen. Hier liegt auch für Dich der entscheidende Punkt: Wenn Du in Deiner Partnerschaft sexuell unzufrieden bist, musst Du das absolut nicht akzeptieren und unnötig vor Dich hin leiden. Du hast ein Recht darauf, begehrt zu werden und die Freuden der Sexualität erleben zu dürfen. Und das gilt in jedem Alter! Egal, wo Du stehst und wer Du bist: Wenn Du sexuelle Probleme hast, solltest Du zunächst Deine eigene Einstellung zur Sexualität überprüfen. Männer müssen keine Angst davor haben, nicht leistungsfähig genug zu sein. Sex ist kein Leistungssport! Frauen müssen verstehen, dass sie ein ganz klares Recht auf ihre sexuellen Wünsche haben und dass sie diese auch einfordern dürfen. Es gibt keinen schöneren Weg als den der Sexualität, seinen Partner voller Hingabe und Leidenschaft die Liebe spüren zu lassen. Dein Körper ist der *Tempel* Deiner Seele, und indem Du ihm Lust bereitest, strömen auch Deiner Seele positive Energien zu. Akzeptiere ab sofort Deine sexuellen Wünsche, aber öffne Dich genauso für die Wünsche Deines Partners.

Solltest Du in Deiner Partnerschaft sexuelle Probleme haben, kann dem natürlich viel zugrunde liegen. Meistens sind persönliche Ängste und unterschiedliche Vorstellungen die Ursache, oft geht es auch einfach um die Frage der Gewohnheit. Solche Probleme können durch Partnerschaftsübungen in aller Regel leicht behoben werden. Wenn ihr aber nicht füreinander „bestimmt" seid, wird sich das zwangsläufig irgendwann in sexueller Disharmonie äußern. Das umgekehrte Problem entsteht, wenn eine Beziehung nur durch guten Sex zusammengehalten wird. Falls Ihr gerade die Phase der „rosa Brille" hinter Euch habt, werdet Ihr Euch jetzt mit der Frage auseinandersetzen müssen, ob es nur der Sex war, der Euch zusammenführte, oder ob ihr wirklich zueinander gehört. Ihr solltet auf alle Fälle Rat einholen und das Problem nicht auf die leichte Schulter nehmen, denn das Leben ist zu schön, um es mit Sorgen um die schönste Nebensache der Welt zu belasten. Auf jeden Fall gilt: ehrlich wahrnehmen, ehrlich sein und nicht verdrängen!

SOS Beziehungshilfe

Eine in die Krise geratene Beziehung mit Gefühlsverlust, sexuellem Desinteresse und andauernden Streitereien muss nicht zwangsläufig zum Scheitern verurteilt sein.

Während eines Coachings erzählte mir die junge Ärztin Rebecca von ihrer Verzweiflung. Ihre Partnerschaft sei ein reines Trauerspiel, und seit Monaten herrsche gefühlsmäßige Funkstille. Den Sex mit ihrem Freund ließ sie nur noch über sich ergehen und dachte sich insgeheim: „Jedes mal, wenn er in mich eindringt, ist mein erster Gedanke: Hoffentlich ist er bald fertig". Romantische Augenblicke und Glücksgefühle waren bei Rebecca nur noch als Erinnerungen vorhanden. Nichtsdestotrotz bezeichnete sie ihren Freund Markus weiterhin als ihren Traummann. Rebecca entschied sich zu einem zweiten gemeinsamen Coachingtermin zu dritt. Als wir uns zum Beginn des Coachings trafen, war Markus alles andere als aufgeschlossen, und ich sah in seinen Augen, dass er diesen Termin als reine Pflichterfüllung Rebecca gegenüber ansah. Während des Coachings öffnete er sich aber wider Erwarten relativ schnell, weil er sich schlagartig des Ernstes der Lage bewusst geworden war. Ihm war nicht klar gewesen, wie sehr Rebecca unter der Beziehung litt, wusste zugleich aber keinen Ausweg. Beide waren nun an dem Punkt angelangt, an dem sie ihre Beziehung offen in Frage stellten, und Rebecca erzählte von einer Pro- und Contraliste über ihre Beziehung, die sie auf Basis eines Buchtipps angefertigt hatte und die unter dem Strich mehr Punkte gegen als für die Beziehung aufwies. Ich erklärte ihr, dass ich von solchen Dingen nichts halte, da es hier um eine Herzensangelegenheit und nicht um eine Geschäftsanalyse gehe. Wir machten uns auf die Suche nach den wahren Gründen für die Beziehungskrise, und das Ergebnis war schnell ziemlich eindeutig. Rebecca sehnte sich nach Aufmerksamkeit und Zärtlichkeit und hegte außerdem insgeheim den

Wunsch nach außergewöhnlichen Erfahrungen, die einmal über den normalen Alltag hinaus gingen. Markus war sich dessen überhaupt nicht bewusst gewesen und hatte auch nie gelernt, Gefühle zu zeigen. Er war nicht mehr im Stande, die Sehnsüchte von Rebecca zu erkennen, seit die Hormoncocktailphase der anfänglichen Verliebtheit, in der sein männlicher Jagdinstinkt noch intakt gewesen war, abgeflaut war. Eine meiner Mitarbeiterinnen und ich versetzten beide zusammen in Trance, und wir forschten gemeinsam in den Tiefen ihres Unterbewusstseins nach den wahren Gründen für die Blockaden. Noch wichtiger als für Rebecca war diese Erfahrung für Markus, denn wir betrachteten in der Trance seinen Umgang mit Rebecca. Als er sich seiner Fehler bewusst wurde, sagte er völlig aufgelöst: „Oh Gott! Wie gleichgültig und egoistisch habe ich mich eigentlich verhalten?" In ihm waren noch Programme aus seiner Vergangenheit aktiv gewesen, denn Markus war von seiner ersten großen Liebe so schwer verletzt worden, dass er seit diesem Erlebnis eine gefühlsmäßige Sperre in sich trug. Gleichzeitig stellte sich heraus, dass er immer wieder an sexuelle Erlebnisse mit früheren Affären und Freundinnen denken musste, weil er mit diesen größere Freude am Sex empfunden hatte als mit Rebecca. In der Trance machte es plötzlich *klick*, und er realisierte, dass er Rebecca gegenüber nie seine sexuellen Wünsche geäußert, sondern immer nur mit seiner gewohnt kühlen Vorgehensweise neue „Praktiken" versucht hatte und auf Ablehnung gestoßen war. Wir lösten seine negativen Erfahrungen und eingefahrenen Gedankenmuster in Liebe auf und widmeten uns dann dem Zulassen von Gefühlen. Dazu gehörte auch, dass er den Mut aufbrachte, mit ihr offen über das Thema Sex zu sprechen.

Rebecca hatte ihrerseits eine vorbelastete Einstellung zur Sexualität, weil sie in der Vergangenheit mit keinem Partner wirklich die große Erfüllung bei der „schönsten Nebensache der Welt" verspürt hatte. Sie fand während der Trance wieder zu einer gemeinsamen Zukunftsvision, denn nur in diesem losgelösten Zustand konnte sie die Enttäuschungen und Verletzungen der Vergangenheit ausblenden und frei und unvorbelastet reinen Herzens urteilen. Rebecca war jetzt wieder in der Lage, ihre eigene Intuition wahrzunehmen, und diese bestätigte ihr, dass Markus der „Richtige" für sie sei.

Als ich beide zum Abschlussgespräch zu mir bat, lagen sie sich weinend in den Armen, und ich gab den beiden folgende Affirmation mit nach Hause, die sie seither jeden Tag begleitet:
Ich liebe meine/n Frau/Mann, und ich bin mir unserer Glückseligkeit bewusst.

Einige Wochen später kontaktierte mich Markus. Ich werde dieses Telefonat nie vergessen, weil es so amüsant war. Er sagte wörtlich: *„Christian, bei mir hat sich so viel verändert! Meine ganze Einstellung und meine Gefühlslage, alles hat sich komplett gewandelt. Aber was mir bis heute ein Rätsel ist: Was hast Du mit Rebecca gemacht? Sie ist zu einer wahren Liebesgöttin geworden!"* Was sollte ich darauf antworten? Ich musste einfach lachen und sagte: „Ihr seid euch beide Eurer Selbst und Eurer Sehnsüchte bewusst geworden und lebt sie jetzt ohne störende Viren im Unterbewusstsein aus."

So viele Beziehungen sind mit vergleichbaren Problemen belastet, aber wenn beide Partner nicht aufgeben und die Beziehung wirklich retten wollen, kommt es in vielen Geschichten doch zu einem „Happy End". Wenn wir tatsächlich den „richtigen Partner" an unserer Seite haben, können sämtliche Probleme in Liebe aufgelöst werden. Solltest Du Dich in einer ähnlichen Situation befinden, sprich mit Deinem Partner, löse all das Negative durch positive Affirmationen auf und drehe jeden Tag konsequent Deinen „geistigen Kurzfilm", in dem Du Euch in einer wundervollen Zukunft des liebevollen und herzerfüllten Miteinanders siehst. Wenn Du das konsequent tust, können Wunder in Eurer Beziehung geschehen!

Ich erlebe sehr häufig, wie Paare völlig unnötigerweise ihre Beziehung an die Wand fahren, obwohl die Probleme meistens relativ leicht zu beheben wären. Der wichtigste Baustein einer dauerhaft erfüllten Zweisamkeit ist, dass Du den Standpunkt und die Gefühlswelt des anderen wirklich verstehst. Oft meinen wir nur, den anderen wirklich zu verstehen, in Wahrheit öffnen sich vor allem aus Scham die wenigsten ihrem Partner von ganzem Herzen. Sich vollkommen zu öffnen und seine Sehnsüchte zum Ausdruck zu bringen ist aber der „Schlüssel" zu einer harmonischen und erfüllten Beziehung.

Übung

Ich möchte Dir eine wirksame Methode an die Hand geben, mit deren Hilfe Du viele Probleme an der Wurzel packen kannst. Sie bietet Dir und Deinem Partner die Möglichkeit, Euch Eure Sehnsüchte mitzuteilen, ohne dass Ihr Euch in einem direkten Gespräch in langwierige Diskussionen verstrickt.

Legt einen gemütlichen Teppich oder eine Decke aus, zündet ein paar Kerzen an, und setzt Euch Rücken an Rücken. Schließt beide die Augen. Einer von Euch beiden bekommt an diesem Abend das Wort und darf dem anderen mitteilen, was er fühlt, sich vorstellt, was ihn belastet, stört, beschäftigt und welche Sehnsüchte er hat.

Wichtig! Es spricht nur eine Person! Der Partner bleibt vollkommen still und hört sich das Anliegen des anderen einfach an. Weder in diesem Moment noch danach wird aber über das Gesagte diskutiert. Die Person, die an diesem Abend nur zuhören durfte, sollte sich dann bis zum nächsten Tag in aller Ruhe Gedanken machen. Am nächsten Abend macht Ihr dieselbe Übung wieder, nur darf diesmal die andere Person sprechen. Sie darf zuerst auf das am Vorabend vom Partner Gesagte antworten und im Anschluss die eigenen Bedürfnisse mitteilen. Wieder spricht nur eine Person, die andere bleibt völlig stumm und hört aufmerksam zu.

Diese Übung könnt Ihr abwechselnd über mehrere Tage hinweg wiederholen.

Wichtig! Niemals dürft Ihr Euch gegenseitig Vorwürfe machen oder Euch beim anderen beschweren! Sagt also nicht, dass Ihr etwas unmöglich findet, sondern äußert, was Euch belastet und wonach Ihr Euch sehnt. Und es findet zu keinem Zeitpunkt eine Diskussion statt! Wenn Ihr sie konsequent und richtig macht, werdet Ihr beide über die unglaubliche Wirkung dieser Übung staunen!

Mache Deinen Partner
nicht zum Lückenbüßer!

Natürlich wird im ersten Moment jeder sagen: „Ich mache meinen Partner doch nicht zum Lückenbüßer, das wäre ja total unfair!" Ich bin mir sicher, dass Du das ehrlich glaubst. Tatsache ist aber: Wir bringen unseren Partner viel öfter unbewusst in eine Lückenbüßerposition als wir denken. Es geht hier nämlich nicht nur um den klassischen Fall, dass wir nur bei jemandem bleiben, weil eben gerade kein Besserer da ist. In diesen Bereich fallen vielmehr zahlreiche bewusste und unterbewusste Denk- und Handlungsmuster, mit denen wir unseren Partner für unsere Zwecke „missbrauchen", weil wir selbst ein Defizit haben. Bleibst Du zum Beispiel nur deshalb bei Deinem gut betuchten Partner, weil Du selbst nicht viel Geld, aber hohe Ansprüche hast? Ist Dein Partner ein „Gott" im Bett und bleibst Du nur deshalb bei ihm, obwohl ihr sonst nicht das Geringste gemeinsam habt? Es gibt viele solcher Nutzenbeziehungen. Selbst wenn wir endlich unseren wirklichen Traumpartner gefunden haben, müssen wir immer noch vollkommen ehrlich zu uns sein und verstehen, dass wir unseren geliebten Partner immer dann in eine Lückenbüßerposition bringen, wenn wir durch ihn etwas ersetzen, wovon wir selbst zu wenig haben oder was uns für unser Empfinden fehlt. Fühlst Du Dich beispielsweise einsam, weil Du zu wenige Freunde hast, muss Dein Partner diese Freunde ersetzen. Bist Du selbst ein unsicherer Typ und hast zu wenig Selbstvertrauen, soll Dein Partner diese Defizite ausgleichen. Hast Du ein schlechtes Verhältnis zu Deiner Familie, suchst Du einen Familienersatz. Achte darauf, niemals *„nicht ohne"* einen Menschen zu können und eine Liebesbeziehung immer als Ergänzung und zusätzliche Erfüllung zu Deinem eigenen Leben zu sehen.

Erst wenn wir mit beiden Beinen fest auf der Erde stehen, sind wir auch tatsächlich bereit für eine *wirkliche* Partnerschaft. Die Kunst der Liebe besteht nämlich immer darin, *„eins* zu werden, aber *zwei* zu bleiben". Das erreichen wir aber nur, wenn jeder für sich weiterhin sein eigenes Leben mit genügend Platz zur Selbstverwirklichung führen kann. Achte also darauf, dass Du nie mehr sagen musst: Wegen meiner Partnerschaft habe ich für dieses und jenes keine Zeit mehr oder musste es ganz aufgeben. Du wirst mehr denn je Zuwendung und Wertschätzung erfahren, wenn Du Deinen Partner dazu ermutigst, dass er auch ohne Dich regelmäßig das tut, was ihm Spaß macht und ihn erfüllt.

Kommst Du aber nach allem Abwägen und In-Dich-Hinein-Fühlen zu der Erkenntnis, dass Dein Partner wirklich ein Lückenbüßer oder tatsächlich der „Falsche" ist, musst Du vielleicht folgende Realität akzeptieren:

Eine Trennung ist (nur) manchmal der bessere Weg

In der Bibel heißt es: *„Was Gott zusammengefügt hat, soll der Mensch nicht scheiden"* (Markus 10.9). Über Jahrhunderte hinweg haben uns Theologen deshalb vermittelt, dass eine Auflösung der Ehe nicht dem Willen Gottes entspreche und eine „Sünde" sei. Ich bin ebenfalls der absoluten Überzeugung, dass der Mensch nicht trennen soll, was Gott zusammengefügt hat. Aber hat denn da in jedem Fall wirklich „Gott" etwas zusammengefügt?

Betrachten wir die Bibelstelle doch einmal aus folgendem Blinkwinkel: Was Gott zusammengeführt hat, also zwei Menschen, die sich finden *mussten*, weil sie füreinander *bestimmt* sind und nur deshalb absolute Erfüllung in der Liebe finden *können*, das soll der Mensch nicht scheiden – und zwar deshalb, weil beide mit einem anderen Partner nicht glücklicher oder sogar unglücklich werden könnten. Wenn wir das Perfekte gefunden haben, sollen wir es hegen, pflegen und fördern und um Gottes Willen nicht scheiden, selbst wenn uns unser Verstand unter Anführen diverser Gründe etwas anderes vorgaukeln möchte. Doch wie viele Ehen sind wirklich die „richtigen"? Wie viele Ehen werden vorrangig aus sexuellem Begehren oder aus Sicherheits- und Statusdenken geschlossen? Wie viele Menschen lassen aufgrund gemeinsamer Kinder – und oft zu deren Leid – eine unerfüllte Ehe über sich ergehen? Wenn wir wirklich ehrlich zu uns sind und nicht verlernt haben, auf unsere Intuition zu vertrauen, sagt uns unser Gefühl schon in der ersten Minute eines Kennenlernens, ob jemand der oder die

„Richtige" für uns ist. Diese innere Stimme ignorieren wir aber oft, weil wir viel zu sehr damit beschäftigt sind, unser Gegenüber zu erobern, weil wir sie oder ihn als besonders schön, attraktiv oder begehrenswert empfinden. In dem Moment, als uns unsere innere Stimme warnte, lag schon das Ende der Beziehung begründet. Es kann durchaus sein, dass wir eine glückliche Zeit verbringen, ja, vielleicht sogar heiraten, aber was passiert fünf oder zehn Jahre später? Genau das, was uns unser Bauchgefühl schon am ersten Tag mitteilen wollte. Eine solche Ehe wurde nicht von Gott zusammengeführt, sondern von unserem Ego, und in solchen Fällen ist die Forderung „Was Gott zusammengeführt hat, soll der Mensch nicht trennen" zu relativieren.

Du wirst nicht mit jedem Menschen in Einklang sein können, und nicht jeder Deckel ist der richtige für Deinen wertvollen Topf. Wenn Du wirklich unglücklich und falsch aufgehoben bist und mit Deinem Partner nicht auf derselben „Frequenz" schwingst, kann eine Trennung sinnvoll sein. Es gibt manchmal auch Situationen, in denen eine Partnerschaft einfach nicht sein *soll*, oder zumindest zum gegebenen Zeitpunkt nicht. Warum das so ist, kann keiner genau sagen, und hier bist Du am besten beraten, wenn Du in Ruhe tief in Dich hineinhörst und auf Deine Intuition vertraust.
Natürlich möchte ich nicht zu vorschnellen Entscheidungen ermuntern. Zunächst ist immer der erste Schritt, die Ursachen für das Problem zu suchen und durchaus auch professionelle Hilfe in Anspruch zu nehmen. In vielen Fällen hat man nämlich seinen Traumpartner eigentlich schon an seiner Seite und kämpft nur mit typischen Verschleißerscheinungen. Wenn Du Dich aber aus innerster Einsicht zu einer Trennung entschließt, sollte es in Deinem Inneren auch nur eine einzige Reaktion darauf geben: Du musst Dich über diesen Entschluss freuen können! Die vergangene gemeinsame Zeit der Gemeinsamkeit hat Dich und Deinen Partner aneinander wachsen lassen. Ihr habt Euch viel gegeben, und Ihr solltet einander dankbar für all das Gegebene sein und in Freundschaft auseinander gehen oder Euch zumindest vergeben. Eine Trennung muss immer in Liebe stattfinden, so schwer es für den Einzelnen auch sein mag. Man sollte das Wunderbare und Schöne der gemeinsamen Zeit wertschätzen und in Liebe entlassen. Natürlich dürfen wir traurig sein, aber das Glück des anderen sollte über unserem Ego stehen. Wer nach

einer Trennung im Streit lebt, muss sich fragen, ob er überhaupt im *höheren Sinne* geliebt hat. Wer im Hass verharrt, gibt damit nur zu, dass sein Ego zu groß ist und er die eigene Enttäuschung über das Wohl des anderen stellt. Zu lieben heißt manchmal auch, den anderen gehen zu lassen, obwohl das vielleicht sehr schwer ist.

Eine Trennung ist immer eine schwere Entscheidung, aber bevor Du Deinen Partner betrügst oder selbst verzweifelst, solltest Du die Reißleine ziehen. Denk an dieser Stelle auch einmal über Folgendes nach: Wenn wir selbst unseren Partner nicht als *optimal* bezeichnen, so sind wir auch nicht der optimale Partner für *ihn* und nehmen ihm und uns gleichermaßen die Chance, den richtigen zu finden! Das Loslassen fällt uns Menschen unheimlich schwer und wir neigen dazu, uns krampfhaft an den Dingen festzuhalten, weil wir Angst vor einer ungewissen Zukunft haben. Hast Du die Botschaften dieses Buches wirklich verinnerlicht, dann weißt Du aber auch, dass es keinen Grund gibt, solche Ängste zu haben, denn die geistigen Gesetze gelten auch für die Partnerschaft. Ignoriere lächelnd alle Gedanken, die Dir einreden wollen, Du könntest ohne den anderen nicht leben. Freu Dich, dass Du wieder frei sein darfst! Du bist in Wahrheit weder auf Deinen Partner noch auf irgendjemand anderen angewiesen. Eine Trennung darf für Dich nur bedeuten, dass etwas Neues, Schöneres und ein Partner auf Dich wartet, der besser zu Dir passt als der vorherige. Wir finden unser Glück meistens erst wieder, wenn wir unserem Leben eine Richtungsänderung gestatten.

Affirmation:
Ich bin dankbar für die guten und auch für die weniger guten Erfahrungen, die mich haben wachsen lassen. Ich entlasse meinen Partner jetzt in vollkommener Liebe, und ich bin offen für all das neue wunderbare Glück, das mich erwartet.

LEBENSSTATIONEN UND WEGKREUZUNGEN

Vor allem im fortgeschrittenen Alter schauen wir auf unser Leben zurück und fragen uns, ob wir alles richtig gemacht haben und ob wir alles noch einmal so machen würden, wie wir es eben getan haben. Denken wir an dieser Stelle noch einmal an die Geschichte von Werner.

Es gibt in unserem Leben Grenzsituationen, in denen sich Probleme wie Berge vor uns auftürmen. Meistens entpuppen sich solche Problemzeiten als Wegkreuzungen, an denen wir vor die Wahl gestellt werden, welchen Weg wir in unserem weiteren Leben einschlagen wollen. Die Psychologie unterscheidet verschiedene solcher Lebensphasen, die uns vor komplexe Herausforderungen stellen. Dazu gehört sicher das Teenageralter, aber auch die Midlife Crisis und die Probleme im höheren Alter, wenn wir aus dem Arbeitsleben ausscheiden, uns mit schwereren Krankheiten und damit auch mit unserer eigenen Sterblichkeit auseinandersetzen müssen. Ich kann in diesem Kapitel nur ein paar typische Beispiele für diese Wegkreuzungen aufgreifen, aber alle haben mit den vielen anderen, die unerwähnt bleiben müssen, eines gemeinsam: Wir können sie meistern!

Erziehung

Die enorme Bedeutung der Kindheit

Wenn Du in Kinderaugen schaust, was siehst Du? Ich sehe vor allem Unschuld. Kinder sind ohne Vorurteile auf diese Welt gekommen, sie sind noch unvorbelastet und verkörpern die Reinheit der Schöpfung, die wir Erwachsenen längst verloren haben. Kleine Kinder zeigen uns durch ihre Vertrauensseligkeit und Lebensfreude, wie jeder Tag zu einem Erlebnis werden kann, der unser ganzes Sein erfüllt. Jeder, der direkt von Kindern umgeben ist, weiß, wie bedeutungslos alles andere wird, wenn unser Herz vom Ausdruck dieser strahlenden Kinderaugen erfüllt wird. Sie haben wahrhaftig eine *läuternde* Wirkung auf uns.

Das Entdecken der Welt von ihrer schönsten Seite war in der Kindheit aber den wenigsten von uns gestattet, und daran hat sich bis in die heutige Kindergeneration leider nicht viel geändert. So gut wie alles

Schlechte und Zerstörerische im Menschen findet seinen Ursprung in der Kindheit. Alles, was wir heute sind, ist letzten Endes Ausdruck der Liebe, die wir als Kinder erfahren oder nicht erfahren haben. Wuchsen wir mit wenig Liebe auf, wurde es uns sehr schwer gemacht, uns zu liebenden und gleichzeitig auch positiv denkenden Menschen zu entwickeln. Viele Menschen, die auf diese Weise lieblos aufgewachsen sind, sind für ihr ganzes Leben nachhaltig geschädigt und nur mit viel Mühe wieder für die Liebe zu gewinnen.

Stellen wir uns wieder vor, wie unsere Festplatte Unterbewusstsein alles genau so abspeichert, wie es ihr eingegeben wird und dass dieser Input als Programm in uns wirksam wird. Als Erwachsene haben wir die Fähigkeit, Sachverhalte zu beurteilen. Wir können entscheiden, welchen Gedanken wir Raum geben und welche Informationen wir mit Emotionen besetzen wollen. Wie verhält es sich aber bei unseren Kindern? Kann ein 5-jähriges Kind die Einflüsse, denen es ausgesetzt ist, wirklich schon erfassen, geschweige denn, sich ein eigenes Urteil über sie bilden? Ein Kind hat sehr wohl ein eigenes Urteilsvermögen, allerdings noch kein ausgereiftes, das es vor schlechten Einflüssen von außen schützen könnte. Sein Unterbewusstsein ist viel einfacher gestrickt als das eines Erwachsenen. Geht es um die Glaubensfähigkeit, ist uns das Kind dadurch meilenweit überlegen, denn es wird noch nicht von einem übermächtigen Verstand beherrscht, der seine Glaubenskräfte blockiert. Was den Eigenschutz betrifft, ist die Einfachheit des kindlichen Verstandes aber eine große Gefahr, denn es ist guten wie schlechten äußeren Einflüssen nahezu schutzlos ausgeliefert, weil es sie noch nicht richtig bewerten kann. Was glaubst Du, denkt ein 3- bis 6-jähriges Kind, wenn Du als Vater oder Mutter zu ihm sagst, dass der Nachbar ein Idiot ist? Richtig, das Kind wird – sofern es die Bedeutung des Wortes schon kennt – diesen Nachbarn auch für einen Idioten halten, denn es übernimmt unreflektiert die Meinungen seiner obersten Instanz, der Eltern. Was passiert aber, wenn derartige Aussagen sich nicht gegen eine außenstehende Person wie den Nachbarn richten, sondern gegen das Kind selbst?

Kinder sind noch nicht in der Lage, Wahrheit von Scherz zu unterscheiden. Das Verständnis für Übertreibung und Ironie entwickelt sich erst allmählich im fortgeschrittenen Kindesalter. Ein Kind nimmt daher das meiste, was man ihm sagt, für bare Münze, und es ist aufgrund seiner starken Glaubenskräfte hochgradig gefährdet, unter den Folgen krankmachender Denk- und Glaubensmuster zu leiden. Das gilt vor allem dann, wenn es ihnen durch Menschen ausgesetzt wird, die ihm nahe stehen und denen es blind vertraut. Die kindliche Naivität verlagert sich mit zunehmendem Alter immer mehr vom Bewusstsein ins Unterbewusstsein, letzteres bleibt aber auch beim Erwachsenen noch „naiv". Der Vorteil des Erwachsenen liegt nur darin, dass er bewusste Filtermechanismen entwickelt hat, die ihm dabei helfen, schädliche Einflüsse leichter abzuwehren. Bei den einen ist dieser Schutzmechanismus stärker, bei den anderen schwächer ausgeprägt, aber letztlich kann auch er nicht verhindern, dass unser Unterbewusstsein immer noch von zahlreichen negativen Einflüssen vergiftet wird. Für die zarte Kinderseele sind verbale „Ausrutscher" aber wie Peitschenhiebe, die das noch zerbrechliche Selbstwertgefühl des Kindes nachhaltig schädigen können. Das Schlimmste ist, dass sie letzten Endes wie Suggestionen wirken und dauerhaft in den Tiefen des Unterbewusstseins gespeichert werden. In meinen Coachings stellt sich immer wieder heraus, dass die meisten unserer Probleme und Leiden im Erwachsenenalter auf solche ungewollten Suggestionen und schlimme Kindheitserlebnisse zurückzuführen sind. Die negativen Eindrücke, auch wenn sie Jahre oder Jahrzehnte zurückliegen, wirken immer noch als schädliche Dateien in unserem Unterbewusstsein weiter. Als Erwachsene wundern wir uns dann, warum wir unser Leben nicht regeln können und warum so viele unserer Mitmenschen entgleisen.

Nur wenige Eltern sind sich dieses Teufelskreises bewusst, und sie konzentrieren sich auf alle möglichen Erziehungsratschläge, worüber sie ganz vergessen, ihrem Kind das zu geben, was es am dringendsten braucht: Liebe, Verständnis, die Stärkung seines Glaubens und die Freiheit, sich individuell entfalten zu dürfen. Damit meine ich natürlich nicht, dass man seinem Kind alles erlauben soll. Es ist aber ein großer Unterschied, ob man ein Kind nach seinen Moralvorstellungen gewaltsam „zurechtstutzt" oder ob man es unter sicherer, liebevoller Führung selbst Erfahrungen machen und experimentieren lässt. Wir vermessen uns zu oft – wenn auch in gutem Glauben –, unseren Kindern unsere eigenen Sichtweisen aufzudrängen und töten damit einen Teil ihrer Individualität, die sie von Natur aus mitbringen und die sie einzigartig macht. Unsere vorrangige Aufgabe muss sein, ihnen ein gesundes Fundament zu bieten, auf dessen Basis sie sich voll und ganz gemäß ihrer eigenen Anlagen entfalten können. *Das größte Geschenk, das man seinen Kindern mitgeben kann, sind Wurzeln und Flügel. (Mark Twain)*

Jetzt bist Du an der Reihe!

Wie war Deine Kindheit? Wurden Dir Wurzeln und Flügel mitgegeben? Welche Glaubenssätze Deiner Eltern und Vorbilder beeinflussen heute noch Dein Leben? Haben Dich Aussagen und typische Muster geprägt, die Deine Eltern ständig wiederholt haben? Oder die anderer Familienmitglieder? Oder Deiner Lehrer und Mitschüler? Hast Du vielleicht Glaubensmuster aus Büchern, Filmen oder Liedern gespeichert, mit denen Du Dich in schlimmen Lebensphasen getröstet hast?

Nimm Dir alle Zeit, die Du brauchst, um für Dich Antworten auf diese Fragen zu finden, denn Du wirst bei dieser Recherche viele Ursachen für Deine heutigen Probleme und Verhaltensmuster finden!

Liebet Eure Kinder

Kinder, die nicht von Herzen geliebt werden, sind später Erwachsene, die es schwer haben, selbst aus reinstem, tiefstem Herzen lieben zu können. Unsere Kindheit ist die Zeit, in der auf unserer Festplatte Unterbewusstsein die Betriebssystemdateien angelegt werden. Außerdem gibt uns diese wertvollste aller Lebenszeiten die Chance, dass wir uns nachhaltige Energie- und Liebesreserven zulegen, von denen wir ein Leben lang zehren können. Doch wieviel Energie haben wir in unserer Kindheit selbst mitbekommen, und wie sehr fehlt sie uns in unserem täglichen Leben heute? Traust Du Dir beispielsweise zu wenig zu, so wurde in Deiner Kindheit wahrscheinlich zu wenig an Dich geglaubt. Die wenigsten Eltern und all die anderen Menschen, die an der

Erziehung eines Kindes beteiligt sind, sind sich darüber bewusst, welchen Schaden sie ungewollt an der Kinderseele anrichten können. Als Kinder speichern wir jeden Eindruck und jedes Erlebnis tief in unserem Unterbewusstsein ab. Jeglicher Ballast, der Kindern eingetrichtert wird, beeinträchtigt ihre Entwicklung. Erziehungsmodelle, die auf Strenge, Belehrung, Lieblosigkeit und Vernachlässigung – ja, womöglich sogar Gewalt – aufgebaut sind, füllen später die Praxen mit jugendlichen und erwachsenen Depressionspatienten und mit Gewalttätern jeden Alters.

Ein Herz, das *rein* auf diese Welt gekommen ist, benötigt *Liebe, Liebe und nochmals Liebe*! Zuspruch und Anerkennung sind seelische Mahlzeiten, die ein Kind genauso braucht wie gesundes Essen. Jegliches „klein machen" der Kinder verschafft den Eltern vielleicht für den Moment Ruhe, aber jeder Fehltritt wird zu irgendeinem späteren Zeitpunkt in geballter Ladung auf sie zurückfallen. Wer sein Kind lieber vor den Fernseher setzt, anstatt mit ihm zu spielen, sollte sich die Frage stellen, ob es überhaupt richtig war, Kinder zu bekommen. Es ist verantwortungslos, ein Kind in die Welt zu setzen und es danach sich selbst zu überlassen, ohne es mit allem ausgestattet zu haben, was es für das Leben benötigt. Kindern wird gesagt: „Du bist doch zu doof für alles!", „Mach das sofort, sonst passiert etwas!" – oder noch schlimmer: „Der liebe Gott wird Dich bestrafen!"–, „Eigentlich warst Du ein Unfall!", „Sei froh, ein Dach über dem Kopf zu haben, und gib Dich mal mit dem zufrieden, was Du hast!", … diese Liste ist unendlich fortführbar. Wer gegenüber seinen Kindern solche Aussagen macht, ist Brandstifter an der vertrauensvollen Seele des Kindes. Natürlich möchte niemand seinem Kind bewusst Schaden zufügen, aber nach allem, was wir über die Wirkungsweise des Unterbewusstseins wissen, ist es umso wichtiger, sich der unsagbaren Tragweite seines Sagens und Tuns für das spätere Leben des Kindes bewusst zu sein.

Stefan, ein ehemaliger Coachingteilnehmer, kontaktierte mich, weil er eine unsagbare Panik davor hatte, Vorträge vor großen Gruppen halten zu müssen. Er hatte gerade den Vertrag für eine Führungsposition in einer renommierten Firma unterzeichnet und war für die Durchführung von Team-Meetings und die Präsentation von Projekten bei Neukunden verantwortlich. Verzweifelt bat er mich um Hilfe, weil er bei jedem

Vortrag Kreislaufprobleme, feuchte Hände und Herzflattern bekam. Während des Gesprächs stellte sich heraus, dass er früher von seinem Vater nach allen Regeln der Kunst unterdrückt worden war. Sobald jemand zu Besuch kam, war es „unangebracht", sich am Tisch zu äußern. Egal, was er sagte, dem Vater war es nie Recht, und dieser vermittelte ihm das Gefühl, immer das Falsche zu sagen. Stefan fand sich schließlich damit ab, einfach den Mund zu halten und speicherte das auf seiner Festplatte als folgendes Programm ab: „Egal was ich sage, nie ist es Recht, und nie werde ich ernst genommen".

Solange ein solches Programm in unserem Unterbewusstsein sein Unwesen treibt, ist an eine völlige Selbstentfaltung nicht zu denken. Kindheitserlebnisse dieser Art schrauben unser Selbstwertgefühl herab und halten es auf Sparflamme. Wer aber ein Sparflämmchen in sich hat, kann im Außenleben kein Feuer entzünden; immer werden ihn Zweifel und Ängste an seiner freien Entfaltung hindern. In Stefans Fall löschten wir das selbstzerstörerische Programm von seiner Festplatte, indem wir im ersten Schritt seinem Vater verziehen, weil dieser sich seines Tuns ja nicht bewusst gewesen war. Im zweiten Schritt öffneten wir in Stefans Unterbewusstsein eine neue Datei, die ich gerne als das „wahre ICH" bezeichne. Damit meine ich, dass wir entdecken, wer wir *wirklich* sind, was wir *wirklich* können und wozu wir *wahrhaftig* imstande sind. Im völlig unbelasteten Zustand der Trance ist es möglich, unseren innersten Wesenskern und den Glauben an das Besondere und Einzigartige in uns zu öffnen und zu entfalten. Mittlerweile spricht Stefan befreit von jeglichen Ängsten und voller Leidenschaft vor anderen Menschen, und er kann gar nicht mehr fassen, wie lange ihn sein unterbewusster Glaubenssatz am Erfolg hindern konnte. Er hat endlich im wahrsten Sinne des Wortes „verinnerlicht", dass er sich nicht vor anderen verstecken muss! In seinem *Denken* war ihm das ja auch früher schon bewusst gewesen, aber *unterbewusst* war in ihm immer noch dieses zerstörerische Programm gespeichert gewesen, das ihm sagte: „Halt den Mund, sonst sagst Du was Falsches."

Solche unterbewussten Programme können sogar unsere Körperfunktionen steuern, ohne dass wir nur im Geringsten gegen sie ankommen, selbst wenn wir rational genau wissen, dass sie eigentlich vollkommen unnötig und unsinnig sind. Es gibt für keines dieser Probleme eine Pauschallösung, denn jeder Fall ist individuell und hat unterschiedliche Ursachen. Es ist aber gut zu wissen, dass durch gezielte Arbeit mit Affirmationen sämtliche Angstzustände behoben werden können.

Kinder benötigen von klein auf Zuspruch und Hilfestellung, wenn es darum geht, dass sie an sich selbst und ihre Ziele *wahrhaft* glauben können sollen – ich erinnere an dieser Stelle gerne noch einmal an die Geschichte des Fußballprofis Markus P. Doch was machen die Erwachsenen, sobald ein Kind seinen ersten, meist noch „unrealistischen" Berufswunsch hat? Sie sagen: „Ach, spinn doch nicht rum, konzentrier Dich auf Deine Schule und lerne was Anständiges." Dadurch installieren wir in unseren Kindern ein Programm, das ihnen unterbewusst sagt, es lohne sich nicht, an seine Ziele zu glauben, denn die Erwachsenen müssen es ja besser wissen.

Aber die Erwachsenen wissen in Wahrheit überhaupt nichts besser! Nur, weil sie selbst ihre Träume nicht verwirklichen konnten und sich selbst ein Leben in Mittelmäßigkeit geschaffen haben, haben sie noch lange nicht das Recht, ihren Kindern dasselbe Mangeldenken einzureden! Natürlich will jedes Kind Feuerwehrmann, Polizist oder Sportprofi werden, und diese Wünsche werden sich in den meisten Fällen im Verlauf des Erwachsenwerdens noch mehrmals ändern. Es ist aber unsere Aufgabe, unserem Kind die *grundlegenden* Lebensregeln zu vermitteln, die es zum Überleben und zum Erfolg braucht. Wir müssen es immer in seinen Vorstellungen unterstützen, weil wir ihm nur so dabei helfen, den *Glauben* zu entwickeln, der es in seinem Leben auch *wirklich* erfolgreich und glücklich machen wird. Was spricht denn dagegen, sein Kind in dem zu unterstützen, was ihm wirklich Freude bereitet? Hinter dem, was Kindern Spaß macht, verbergen sich oft ihre größten Talente. Wenn ein Kind Sänger oder Musiker werden will, was spricht dagegen, es zum Musikunterricht anzumelden? Wenn ein Kind danach strebt, Fußballprofi zu werden, was spricht dagegen, es in diesem Bereich zu fördern? Es ist doch völlig egal, ob daraus später eine Karriere wird oder nicht oder ob sich seine Wünsche noch ein paar Mal ändern werden. Das Kind hat Freude an seiner Selbstverwirklichung und lernt, an seinen Erfolg zu glauben, und dass dieser nicht ohne Einsatz zu haben ist. Vor allem bedeutet es Kindern unheimlich viel, wenn sich ihre Eltern für ihr Lieblingshobby interessieren und immer dabei sind. Kann ein Kind treuere Fans haben als die eigenen Eltern? Was Kinder außerdem beim Sport oder im Musikverein spielerisch ganz nebenbei lernen sind Werte wie Teamfähigkeit, der respektvolle Umgang miteinander und Selbstdisziplin.

Kinder, die in ihren Vorhaben Zuspruch erfahren, werden Erwachsene, die an die Realisierung ihrer Projekte glauben können. Wenn ein Kind zu den Besten im Sportverein zählt, wird es vermutlich später auch zu den besten Mitarbeitern einer Firma gehören. Wir müssen Kindern erklären, dass sie ein Anrecht darauf haben, ihr Leben nach ihren Wünschen gestalten zu dürfen. Sie *dürfen* und *sollen* die Sehnsucht nach einem besseren und harmonischeren Leben haben und vor allem: daran *glauben* können.

Auf einer Veranstaltung lernte ich einen etwa vierzigjährigen Mann und seinen achtjährigen Sohn kennen. In unserem Gespräch ging es eigentlich um die Ziele des Vaters, aus purem Interesse fragte ich aber auch den kleinen Jungen nach seinen Zukunftswünschen. Seine Antwort verblüffte mich gehörig: „Ich werde einmal eine eigene Firma haben, aber zuerst muss ich ja gute Noten schreiben. Papa hat mir gesagt, dass ich der geborene Geschäftsführer bin und dass er mich dabei unterstützt, wenn ich meine Ziele selbst ernst nehme. Um ihm zu zeigen, dass ich es ernst meine, strenge ich mich in der Schule an, damit ich später auch das Leben haben werde, dass ich mir wünsche, weil ich will einmal ein Haus in Italien und einen Ferrari fahren."

Ich klopfte beiden auf die Schulter und sagte dem kleinen Zwerg, dass er stolz sein könne, solch einen Papa zu haben und dass es von der Sorte nur ganz wenige gäbe. Wieso soll der kleine Junge auch nicht von einer eigenen Firma und einem Ferrari träumen dürfen? Durch den Zuspruch seines Vaters nimmt er die Schule ernst und hat schon in ganz jungen Jahren gelernt, dass man fest an seine Ziele glauben und etwas dafür tun muss. Damit ist er den meisten anderen seines Alters weit voraus, denn die lernen diese Regeln meistens erst, wenn sie erwachsen sind, und oft leider überhaupt nicht.

Vater und Mutter

Ein Kind ist immer voller Erwartung, Neues lernen zu dürfen. Ständig will es über sich selbst hinauswachsen. Für das gesunde Reifen dieser kleinen Seele ist es von extrem großer Bedeutung, dass das Kind in einem liebevollen Elternhaus aufwächst. Es gibt zwar keine stärkere Bindung als die zwischen Mutter und Kind, aber auch die liebevollste Mutter kann ihm den Vater nicht ersetzen. In den ersten Lebensjahren sind Vater und Mutter ihren Kindern gemeinsam die höchste Instanz, sie stehen für Führung, Schutz und oberste Gerichtsbarkeit – ähnlich einer allmächtigen Gottheit. Nichts ist für das kleine Kind wichtiger als seine Eltern. Leider zerstreiten sich aber genau diese zwei Menschen, die dem Kind so wichtig sind, sehr häufig. Kinder kommen in absolutem Vertrauen zu ihren Eltern auf die Welt, und um sich gut entwickeln zu können, brauchen sie Eltern, die dieses Vertrauen nicht enttäuschen. Viele Kinder werden sehr früh mit Ehekrisen konfrontiert, und diese hinterlassen ihre Spuren. Kinder brauchen eine von Herzen liebende Mutter und einen liebevollen Vater. Viele Männer sind ihren Kindern aber nicht Vater, sondern lediglich Erzeuger und Versorger. Ich wähle bewusst diese Ausdrucksweise, damit sich jeder Betroffene einmal an die eigene Nase fassen möge. „Geh auf Dein Zimmer und störe Papa nicht, der muss sich ausruhen, weil er einen harten Tag in der Arbeit hatte." Deutlicher kann man einem Kind nicht das Gefühl geben, dass es nicht „erwünscht" ist. Wie soll ein Kind begreifen, geschweige denn, was kann ein Kind dafür, dass Papa hart arbeiten muss? Mit jeder Aussage in dieser Richtung wird ein neues negatives Programm im Unterbewusstsein des Kindes installiert, das sich bis ins Erwachsenenleben fortschreibt. Natürlich braucht ein Vater, der hart arbeiten muss, seine Ruhezeiten. Zumindest sollten sich Mama und Papa aber sehr gut überlegen, wie sie ihrem Sprössling schonend und kindgerecht erklären können, warum Papa keine Zeit hat, ohne dass es daraus den Schluss ziehen muss, dass es nicht erwünscht ist. Es liegt mir fern, belehren oder weise Ratschläge geben zu wollen. Ich will einfach nur aufzeigen, was für schädliche Programme wir, ohne es zu wollen, durch unser Verhalten im Unterbewusstsein unserer Kinder anlegen können. „Du musst Deinen Teller aufessen, auch wenn es Dir nicht schmeckt oder Du keinen Hunger mehr hast!" Damit wird der Grundstein gelegt, dass bis ins Erwachsenalter unkontrolliert gegessen wird. Übergewicht und Fettleibigkeit oder ein anderes gestörtes Essverhalten wie Magersucht können die Folge sein. Natürlich will man mit seinem Verhalten dem Kind nichts Böses, vielleicht möchte der eine oder andere seinem Schützling beibringen, wie sehr er das Essen schätzen muss, weil die Kinder in der dritten Welt ja nichts zu essen haben. Wie aber soll ein Kind das verstehen? Außerdem kann es nichts dafür, dass andere nichts zu essen haben, und sicherlich werden betroffene Kinder in anderen Erdteilen nicht mehr zu essen bekommen, nur weil das Kind am anderen Ende der Welt brav seinen Teller aufisst.

Es gibt so unendlich viele dieser unterbewussten Muster in uns. Warum haben wir zum Beispiel das Gefühl, immer etwas leisten zu müssen, bevor wir uns etwas gönnen dürfen? Vielleicht ist uns ja früher immer gesagt worden: „Du darfst erst zu Deinen Freunden, wenn Du Dein Zimmer aufgeräumt hast!" Oder weshalb haben wir vielleicht ein Programm in uns, das uns sagt: „Du musst immer erst etwas geben, bevor Du geliebt wirst!"? Kann es sein, dass wir früher immer „lieb" sein mussten, damit unsere Eltern uns einen bestimmten Wunsch erfüllten? Weshalb wird in Restaurants oder bei All-Inclusive-Angeboten wortwörtlich über den Hunger hinaus „gefressen", obwohl es einem dabei schlecht wird? Kann es sein, dass es damit zusammenhängt, dass in der Kindheit alles aufgegessen werden musste und dass man heute erst recht so viel wie möglich essen zu müssen glaubt, weil ja alles weg muss, wofür man bezahlt hat?

Aus einer Spirale falsch verstandener Erziehungspflicht und Kinderliebe heraus entwickeln wir bei unseren *Kindern* beispielsweise auch das *lieb sein*, über das ich an anderer Stelle schon geschrieben habe. Lieb sein ist letztlich nichts anderes als eine bewusst oder unbewusst eingesetzte Taktik, die wir einsetzen, weil wir gelernt haben, dass sie uns einen Nutzen bringt. Wir müssen dieses Programm aber updaten und lernen, dass wir statt lieb *liebevoll* sein müssen und unendlich viel mehr bekommen, wenn wir uns die Dinge zu einer *Herzensangelegenheit* machen.

Mitten im Leben

Raus aus der Krise

Kommen wir zum Prototypen einer Krise im mittleren Lebensalter, die ich stellvertretend für all die möglichen anderen Krisen behandeln möchte, mit denen uns das Leben konfrontiert. Für die einen ist sie nur eine kurze Phase, andere stürzt sie tatsächlich in eine tiefe *Lebenskrise*, aus der keiner wieder so hinausgeht, wie er hineingegangen ist. Wir bezeichnen sie landläufig als „Midlife Crisis".

Die Midlife Crisis äußert sich auf vielfältige Weise, aber alle Fragen, die sie aufwirft, kreisen um ein Zentrum. Der oder die Betroffene fragt sich: „Soll das jetzt alles gewesen sein in meinem Leben?", und viele geraten in eine Art Torschlusspanik. Er oder sie hat das Gefühl, dass irgendwie „die Luft raus ist", nachdem man dies und jenes erlebt und im Leben erreicht hat – oder eben auch nicht. Oft erinnert man sich an Kindheits- und Jugendträume, die man nicht verwirklicht hat, kurz: Irgendwie ist man mit nichts mehr wirklich zufrieden. Wenn dann auch die Partnerschaft oder Ehe eingefahren ist, hat man das Gefühl, den „Kick" zu brauchen, endlich wieder das Gefühl zu haben, zu *leben*, nachdem man früher immer nur Kompromisse eingegangen war und zu vieles geschluckt hatte. Nein, es ist Zeit, sich noch einmal aufzubäumen, wie in der Jugend zu rebellieren: „Kompromisse waren gestern, ich will jetzt endlich wieder spontan entscheiden, was der Tag mir bringt, nur noch machen, worauf ich wirklich Lust habe und mich vor keinem dafür rechtfertigen müssen." Es ist also die Zeit, in der man sich noch einmal von allen Zwängen befreien will, die einen einengen – ein innerer und äußerer Befreiungsakt. Die Midlife Crisis ist schwer fassbar, jedoch wird sie gerne auf biologische Faktoren zurückgeführt; bei Männern etwa darauf, dass sich mit zunehmendem Alter der Testosteronspiegel senkt. Bei Frauen lassen sich ähnliche hormonelle Gründe anführen. Woran ist es aber *tatsächlich* fest zu machen, dass diese Lebenskrise so viele Menschen trifft? Sie ist definitiv nicht anhand rein biologischer Vorgänge zu erklären, vielmehr geht es um Fragen der persönlichen Reife, der mangelnden Selbsterkenntnis und der fehlenden oder ungenügenden geistigen Entwicklung.

Die häufigsten Krisen entstehen nach zwei typischen Mustern, ordnen wir die Betroffenen einem Typ A und einem Typ B zu. Typ A hat alles erreicht, was er sich vorgenommen hatte: Er ist verheiratet, hat Kinder und Wohneigentum, und auf der Karriereleiter ist er im Rahmen seiner Möglichkeiten meist ganz oben angelangt. Das Leben ist zur Routine geworden, Tag für Tag dreht sich alles um dieselben Themen, und Typ A stellt sich die berechtigte Frage: „Soll das jetzt alles gewesen sein?" Anstatt auf seine Gefühle zu reagieren und sein „Sein" wirklich auch geistig zu hinterfragen, frisst er seine Gefühle erst einmal in sich hinein. Die zwischenmenschlichen Beziehungen – vor allem die eingefahrene Partnerschaft – werden zum Spannungsfeld, und eine wirkliche Neuorientierung im Beruf erscheint zu anstrengend und wenig aussichtsreich. Es reiht sich ein Auslöser von Unzufriedenheit an den nächsten, und Typ A fällt in eine Spirale der Unzufriedenheit, in der er sich im Kreis dreht.

Typ B ist das Gegenstück zu Typ A und hat Panik vor der Zukunft, weil er glaubt, noch zu wenig zustande gebracht zu haben, während seine „Uhr" schon abläuft. Er mag ein vierzigjähriger Karrieremensch sein, der noch alleinstehend ist und noch keine Zeit für die Gründung einer Familie hatte, weil sein ganzes Leben bisher aus Arbeit und vielleicht auch einem regen Frauenwechsel bestand. Vielleicht hatte er aber nicht einmal die Zeit oder das Glück, überhaupt sexuelle Abenteuer zu genießen und verfällt in Torschlusspanik, weil er sich einredet, es sei aussichtslos, die Richtige noch zu finden. Frauen trifft diese Art von Torschlusspanik besonders hart, wenn sie kurz vor vierzig immer noch keinen passenden Mann gefunden und keine Kinder bekommen haben. Sie haben das Gefühl, von Tag zu Tag an „Marktwert" zu verlieren, und der Kinderwunsch zermürbt sie innerlich und wird zum alles bestimmenden Thema, je näher sie an ihre „biologische" Grenze gelangen. Es muss jetzt dringend ein potentieller Vater her, egal wie. Ähnliche Muster laufen bei Typ B ab, wenn er beruflich seine Ziele noch nicht erreicht hat oder seine Berufswahl in Frage stellt.

Natürlich gibt es zwischen den Typen A und B fließende Übergänge und daneben auch noch weitere Typen, und es versteht sich von selbst, dass die Lösung der Probleme nicht in der Empfehlung einer Seitensprungagentur für Menschen im zweiten Frühling liegen kann.

Aber egal zu welcher Personengruppe jemand gehört, und in welcher Art von Krise er steckt: Es gilt immer derselbe Lösungsansatz. Ob sich eine Krise in Partnerschafts- oder sonstigen Problemen äußert, wir befinden uns immer in einer Lebensphase, in der es gilt, „Bewusstsein" zu schaffen.

Steckst Du mitten in einer Krise, bringen Dir gute Zusprüche und gut gemeinte Ratschläge nicht besonders viel. Wenn Du die Botschaft dieses Buches verinnerlicht hast, haben wir aber schon einen ganz großen Teil erreicht. Fang *jetzt* sofort damit an, *wirklich* bewusst „in Dich" zu gehen, zieh aus Deinem Leben Bilanz und werde Dir zuallererst ganz konkret „Deiner Selbst" bewusst. Du solltest Dich auch nicht bemühen, wieder die „alte" Person zu werden, die Du vor Deiner Krise warst, denn genau Dein vorheriger Lebensstil hat Dich in Deine Krise geführt! Das Leben ist ein beständiger Aufruf zur Weiterentwicklung, und Du musst hier und heute damit beginnen, Dich wieder in den „Fluss" zu bringen. Es ist Dir erlaubt, aus der Routine auszubrechen – nimm Dir die Freiheit und tu, was Dir Spaß macht. Konzentriere Dich in nächster Zeit nur auf Dich, denn *Du* bist der wichtigste Mensch in Deinem Leben. Natürlich solltest Du Dein Vorhaben auch mit Deinen Lieben besprechen. Sollte Dir eine nahestehende Person Deinen Freiraum aber nicht geben wollen, schenke ihr dieses Buch. Lass Dich nicht beirren. Wir Menschen haben Angst vor Veränderungen, weshalb Dein Umfeld im ersten Moment auch ängstlich und mit Unverständnis reagieren könnte. Viele hätten Dich natürlich gerne weiterhin so, wie Du vorher warst. Du musst Dir aber darüber im Klaren sein, dass es, wenn Dich Dein bisheriges Leben unglücklich gemacht hat, kein Zurück gibt. Höre tief in Dich hinein, meditiere darüber, was Du brauchst. Erstelle eine Liste mit Dingen, die Dich glücklich machen, und tu diese Dinge auch! Achte aber immer darauf, Deinen Lieben nicht weh zu tun und auf Deinem „Ego-Trip" nicht einfach alles stehen und liegen zu lassen. Vergiss nicht: Keiner kann etwas für Deine Probleme! Steh also zu Deiner Verantwortung in allen Lebensbereichen und fang damit an, Dein Innenleben zu kontrollieren. Die schlechten Gefühle, die Du derzeit in Dir hast, kannst Du weder auf andere Bahnen lenken noch beseitigen, indem Du sie unterdrückst und Dich in der Opferrolle siehst. Wenn Du nicht damit anfängst, Deine Stimmungen und Gefühle zu kontrollieren, staut sich diese negative Energie in Deinem Unterbewusstsein an. Dieser Stau wächst mit jeder negativen Emotion immer mehr an und wird zu einem explosiven Brennstoffdepot, so dass es nur eine Frage der Zeit ist, bis alles plötzlich unkontrollierbar aus Dir herausbricht und Du beginnst, alles zu verlieren, was Du Dir mühsam aufgebaut hast. Ja, Du hast in der Vergangenheit Fehler gemacht. Dein Leben verlangt jetzt aber von Dir, diese zu verstehen und auf Deinem Lebensweg eine Korrektur vorzunehmen. Beseitige, was Dich unglücklich macht: Frustriert Dich Deine Arbeit, dann verschwende keine Zeit und wünsche Dir eine gut bezahlte neue Chance, die Dich erfüllt, oder werde Dir in der Meditation darüber bewusst, was Deine eigentliche Berufung ist und wo Deine Stärken liegen, denn dort liegt auch Deine Erfüllung. Bist Du in Deiner Partnerschaft unglücklich, dann besteht auch hier Handlungsbedarf. Allerdings gibt es in diesem Bereich keine Pauschallösung. Mit Sicherheit solltest Du nicht überstürzt den Ausweg in einer Scheidung oder Trennung suchen. Werde Dir darüber bewusst, welchen Stellenwert Dein Partner für Dich hat. Stehst Du uneingeschränkt zu ihm und willst Du Dein Leben wirklich mit ihm verbringen? Wenn Du diese Frage innerlich bejahen kannst, dann solltest Du Deinen Liebsten oder Deine Liebste in Deine Krise und Dein Konfliktmanagement mit einbinden, so dass ihr gemeinsam Lösungen finden könnt. Sei auf alle Fälle offen und sprich Deine Gefühle aus. Wenn Dein Partner Dich aufrichtig liebt, wird er für Deine Situation Verständnis haben und Dich für eine gewisse Zeit ein Stück loslassen können, damit Du Gelegenheit hast, Dein neues Leben zu finden und wieder positive Lebensenergie zu tanken. Sollte aber gerade Deine Beziehung die Krise ausgelöst haben, und Du führst die Partnerschaft nur noch aus Pflichtgefühl, dann mag eine Trennung womöglich auch eine Alternative sein. Es gibt Fälle, in denen von Anfang an keine wirkliche Beziehung geführt wird und von wahrer Liebe nicht die Rede sein kann.

Ich möchte den Fall einer jungen Frau aufgreifen, die wie gelähmt inmitten einer wirklich katastrophalen Beziehung verharrte und keinen Ausweg fand. Sie bat mich um Hilfe, weil sie eine unbeteiligte Person an ihrer Seite brauchte. Diese Frau führte bereits seit Jahren eine unglückliche Beziehung; nur die gemeinsame Tochter war der Grund, warum sie sich nicht trennte. Ihr ganzes Selbstwertgefühl war am Boden, und sie fühlte sich von ihrem Mann unerträglich abhängig. Auf meine Frage, was sie sich wünsche, antwortete sie nur:

„Christian, ich will einfach nur glücklich sein, geachtet, geschätzt und anerkannt werden, und mit diesem Mann will und kann ich das nicht. Es geht schon seit Jahren so. Aber was würden Eltern und Freunde denken, und was ist mit unserer kleinen Tochter?" Ihr Selbstbewusstseinsproblem kam daher, dass sie sich „ihrer Selbst" und ihrer eigenen Stärke nicht bewusst war. Zum einen ist es nicht unsere Aufgabe, unser Leben so zu leben, dass es unseren Eltern und Freunden in *ihr* Lebenskonzept passt. Es ist nicht das unsere, und unser Ziel muss unser *eigenes* Glück sein. Dieses können wir aber nur erreichen, wenn wir unser eigenes Lebenskonzept finden und unser Leben konsequent nach ihm ausrichten. Außerdem ist es für ein Kind viel besser, mit getrennten Eltern aufzuwachsen, die sich wieder auf die Liebe zu ihm konzentrieren und um die Erziehung kümmern können, weil sie nicht durch ihre eigenen Probleme ständig abgelenkt sind. Es ist für ein Kind viel schlimmer, wenn es den ständigen Streitereien, der angestauten Wut und den Hassgefühlen der Eheleute ausgesetzt ist, als wenn es eine Trennung verarbeiten muss. In einem Haus, in dem keine Atmosphäre der Liebe herrscht, kann ein Kind niemals glücklich sein und ohne „Mülleinlagerung" im Unterbewusstsein aufwachsen. Eine Partnerschaft ohne aufrichtige Wertschätzung ist ein Betrugsverhältnis für *alle* Beteiligten. Ich riet meiner Klientin, in sich zu gehen und sich ihrer Stärken bewusst zu werden, und dass sie, wenn ihre innere Stimme ihr sagte, dass sie mit ihrem Mann keinesfalls ihr Glück finden würde, den Mut aufbringen müsse, sich zu trennen. Wenn ihr Leben nämlich weiterhin nur aus Sorgen bestünde, würden sich diese wie eine Seuche in ihrem Unterbewusstsein ausbreiten, festsetzen und ihr ganzes Sein blockieren. Zusätzlich gab ich ihr die folgende Affirmation mit auf den Weg:

Affirmation:
Ich bin von purer Lebensenergie erfüllt und ein Magnet für alles Gute. Ich lasse in Liebe alles los, was mich belastet und bin von Zuneigung, Wertschätzung und Harmonie umgeben. Ich schaffe nun Raum für neue Begegnungen, Erkenntnisse und geistigen Fortschritt.

Einige Wochen später rief sie mich völlig begeistert an und erzählte mir, dass sie sich in Liebe von ihrem Mann getrennt habe und alles so verlaufen sei, wie sie es sich gewünscht hatte. Sie habe jetzt ein so gutes Verhältnis zu ihrem Ex-Mann, wie sie es zuvor nicht für möglich gehalten hatte, und insgesamt ginge es mit allem wieder bergauf. Es gibt Situationen im Leben, in denen drastische Schritte nötig sind, um das Glück aller Beteiligten nicht dauerhaft zu gefährden.

Trauer

Der Tod

Um kein anderes Thema machen wir Menschen einen so großen Bogen wie um das Sterben. Gleichzeitig gibt es aber auch nichts, das bedeutsamer für uns wäre, als die Frage: „Was geschieht danach, und wie gehe ich damit um, wenn ich einen geliebten Menschen verliere oder gar selbst sterben muss?" Der Tod ist die größte „Krise" von allen. Die Auseinandersetzung mit unserer Sterblichkeit zwingt uns nämlich dazu, uns über den globalen Sinn unseres Daseins Gedanken zu machen. Damit meine ich, dass es nicht nur um eine Richtungsänderung wie etwa in der Midlife Crisis geht, sondern um Fragen, die weit über unser gesamtes irdisches Leben hinausreichen.

Du wirst keinen Weg finden, der es Dir ermöglicht, ewig auf dieser Welt zu leben, auch *Du* wirst eines Tages sterben müssen. Die Frage ist nur, hast Du eine „Überzeugung", wie es danach weitergehen wird? Es gibt im gesamten Universum kein endgültiges Ende, das Leben besteht nur aus Umwandlungen und Übergängen. Es kann überhaupt nicht anders sein, als dass der Tod ein Schritt in eine neue Daseinsform ist. Es ist ausgeschlossen, dass es ein „Nichts" im Sinne einer absoluten Auslöschung unseres Seins gibt, denn wie Du weißt, bestehen wir aus Energie, und Energie kann sich nicht in *NICHTS* auflösen; sie kann nur ihre Form und ihren Zustand ändern. Lebensenergie kann durch das Absterben des Körpers ebenso wenig „verschwinden" wie Wasser, wenn es bis zum Siedepunkt erhitzt wird und sich in Dampf verwandelt.

Dass der Tod das Tor zu einem neuen Leben ist, wirst Du spätestens dann verstehen, wenn Du erkannt hast, dass der *wirkliche* Mensch – oder unser Geist – nicht der physikalisch mit unseren Sinnen wahrnehmbare Körper ist. Über die Frage, was „danach" kommt, gibt es unzählige Ansichten aus Religion, Philosophie und einer unüberschaubaren Masse anderer Welterklärungsmodelle. Meiner Meinung nach gibt es bislang keine endgültige Erklärung, der man zu hundert Prozent Glauben schenken kann. Ich empfinde es aber als sehr bedeutsam, dass Du Dich mit dieser Frage beschäftigst und Deine eigenen Antworten findest. Dadurch wirst Du eine Deiner Urängste besiegen können und sehr viel Lebensglück gewinnen! Betrachte den Tod als einen wunderschönen Übergang in eine höhere Lebensform, in der Du einfach nur Deine körperliche Hülle zurücklässt. Hier sind wir aber schon am springenden Punkt angelangt. Ich habe gerade geschrieben, dass der Tod ein „wunderschöner Übergang" ist. „Ja, wenn es so einfach wäre, das so annehmen zu können!", denkst Du jetzt sicherlich. Ich möchte Dir die Frage gleich zurückwerfen: Aus welchem Grund machst Du es Dir denn so schwer, es annehmen zu können? Die Frage ist doch, warum wir Menschen so große Angst vor dem Sterben haben. Es gibt dazu zwei schlüssige Antworten: Zum einen leben wir in der quälenden Ungewissheit, was *tatsächlich* danach kommen wird. Der eine oder andere mag vielleicht noch den von der Kirche propagierten Glauben an Himmel und Hölle haben, der andere hat einfach Angst vor dem Unbekannten; er will am liebsten, dass alles so bleibt, wie es ist. Wieder ein anderer hat Angst, im nächsten Leben als Kuh geboren zu werden. Und außerdem ist da diese schreckliche Angst vor dem „Loslassen-Müssen", vor dem Verlust unseres irdischen Lebens. Wir klammern uns gerne an dem fest, was wir unser „Eigen" nennen, obwohl es uns nur zeitweilig zur getreuen Verwaltung anvertraut ist. Nie haben wir richtig gelernt, uns von Dingen trennen zu können. Egal, ob es sich um die Trennung von einem Menschen, von einem Wohnort oder von einer Arbeitsstelle handelt – Trennung fällt uns einfach schwer, denn sie bedeutet Unsicherheit und Kontrollverlust. Im irdischen Leben zieht eine Trennung, so hart sie auch sein mag, immer etwas Besseres nach sich. Genauso verhält es sich beim Übergang in eine höhere Lebensform. Je weiter Du Dich auf Deinem spirituellen Weg entwickelst, desto einfacher wird Dir der Umgang mit dem Sterben fallen. Du wirst erkennen, dass der Tod nur der krönende Abschluss einer wunderbaren

Erfahrung ist. Er ist der Übergang zu einer rein geistigen Existenz, die aber auch schon wieder das Ende in sich trägt, weil danach wieder der Übergang zu weiteren Daseinsformen folgt. Denn alles befindet sich in einem ständigen Wandel, und nichts wird jemals so bleiben, wie es ist, auch wenn das schwer zu verstehen ist.

Eine der schmerzlichsten Situationen, die das Leben mit sich bringt, ist der Verlust eines geliebten Menschen. Ich weiß, wie hart diese Erfahrung ist und welch emotionales Leid sie verursacht. Trotzdem hat dieses Leid immer etwas mit Selbstmitleid zu tun. Wir trauern eigentlich nicht um den Menschen an sich und um sein Leben, sondern wir weinen um uns, weil der geliebte Mensch uns verlassen und eine Leere hinterlassen hat. Wir fühlen uns einsam, im Stich gelassen und müssen akzeptieren, dass wir diesen Menschen in unserem irdischen Dasein nicht mehr sehen werden. Lass den Menschen, den Du geliebt hast, los, denn alles andere hat keinen Sinn. Du kannst Deine restliche Lebenszeit in Trauer verbringen oder Deine eigene Aufgabe erfüllen: Dich weiterentwickeln und vervollkommnen, bis Du selbst eines Tages reich an Erfahrungsschatz dieses Leben verlassen wirst. Am Ende werden wir alle gehen, ja, wir werden immer wieder gehen müssen, um auf unserem ewigen Pfad der Vollendung weiterzuschreiten. Die Vollkommenheit der Existenz liegt darin, dass jede Begegnung schon den Abschied in sich trägt. Sieh dem Verstorbenen nach Deiner Trauerzeit mit einem lachenden Auge hinterher und freu Dich für ihn, dass er schon jetzt die Vollkommenheit des „Neuen" erleben darf. Er ist weder „weg", noch auf Ewigkeit verschwunden. Du wirst ihm folgen. Plane schon jetzt das Fest bei Eurem Wiedersehen. Versteh, dass ohne Trennung und Sterben keine Weiterentwicklung möglich wäre. Für Dich ist nur von Bedeutung, dass Du weiter Deinen Weg gehst und offen bist für neue und wunderschöne Erlebnisse und Begegnungen.

Was kannst Du aber tun, um Deine Trauer zu lindern, wenn es noch ganz akut ist? Es gibt viele verschiedene Meinungen dazu, wie wir am besten mit dem Tod eines geliebten Menschen umgehen sollen. Ich habe die Erfahrung gemacht, dass ein wirkliches Loslassen erst dann möglich ist, wenn wir den Verstorbenen tatsächlich im tiefen „Frieden" verabschieden konnten. Dieses Verabschieden beziehe ich aber auf unsere Innenwelt, denn letzten Endes hat der Verlust eines Menschen einen tiefen Schmerz in unserem Geist verursacht. Genau dieses „Loch" in uns, das durch den Schmerz entstanden ist, können wir nur durch Liebe und Frieden schließen.

Übung

Geh wie im Kapitel „Wege zur Entspannung und Körperübungen" in einen Zustand der absoluten Ruhe und schließe dabei die Fenster Deines Verstandes. Stell Dir jetzt so bildgetreu wie möglich vor, entweder auf einer schönen Frühlingswiese zu sitzen oder an irgendeinem anderen kraftvollen Ort in der Natur, zu dem Du eine enge Beziehung hast. Lade dann in Deiner Vorstellung den Verstorbenen an diesen Ort ein. Nimm ihn in den Arm und umhülle Euch beide mit einem weißen, sanften Licht und verabschiede Dich von ihm. Sag der Person alles, was Dir auf dem Herzen liegt. Erlebe dabei, wie gut es der Person geht und spüre, dass Dein Schmerz nach und nach vollkommen verschwindet, indem Du emotional in Dich hineinspürst und Dir immer wieder sagst:

Frieden ist in meinem Herzen und Frieden ist in meiner Seele.

Sobald Du diesen Frieden in Dir spürst, lass die Person in Liebe gehen und freue Dich auf Euer Wiedersehen. Du wirst körperlich spüren, wie es Dir danach besser geht.

Zusammenfassung:
Dein Verhalten in einer Krise

Jede Krise, egal wie groß sie sein mag, ist für uns nur ein Wegweiser, den es als solchen zu erkennen gilt. Wir müssen uns selbst gegenüber absolut ehrlich sein und unser Leben objektiv betrachten, und es ist auch keine Schande, wenn man sich dazu entschließt, sich zu diesem Zweck professionelle Hilfe zu suchen. Krisen und Depressionen entstehen letztlich aus unterdrückten Gefühlen, Ängsten und Aggressionen. Diese müssen wir in Liebe loslassen lernen, sonst kommt es zu einer „geistigen Explosion". Denk an dieser Stelle an die Affirmationsübung mit dem kleinen Päckchen, in das Du alle Deine Sorgen, Ängste und Nöte hineingibst, um es anschließend im Feuer der Liebe zu verbrennen (Kapitel „Dein Recht auf Wohlstand"). Vergiss nie: Der Weg zu einem glücklichen Leben führt immer über den Pfad der Liebe!

Beginne damit, aus Deinem Alltag auszubrechen. Du hast ein Recht darauf, die Dinge zu tun, die Dir Freude bereiten, denn nur wenn Du wieder voller Freude bist, kannst Du sie auch an andere weitergeben. Versuche, aus jeglicher Form von Routine auszubrechen, die Dich in Deinem alten Leben gefangen hält. Lerne, NEIN zu Dingen zu sagen, die Dir nicht gut tun. Sprich mit Deinem Partner, einem engen Vertrauten und gegebenenfalls einem Coach darüber. Vertraue Dich auf jeden Fall einem Menschen an, beziehe Deine Lieben in diesen Prozess mit ein, und unternimm alles dafür, dass Du bald wieder durchatmen kannst, damit Dir der große Befreiungsschlag gelingen wird. Setze ganz klare Prioritäten, und werde Dir über Deine Ziele bewusst. Schreibe sie auf und vertraue felsenfest darauf, dass Dir zum richtigen Zeitpunkt alles Nötige zufließen wird, was Du zur Lösung Deiner Probleme und zum Erreichen Deiner Ziele brauchst. Alles hat seine Ordnung und seinen Sinn, Du musst nur lernen zu erkennen, auf welchem Pfad Du gehen musst, um wieder zu Deinem Glück zu finden. Affirmiere täglich – und wenn es sein muss tausend Mal:

Ich bin eine starke Persönlichkeit!

Eine starke Persönlichkeit wird automatisch zu Selbsterkenntnis und Selbstwert finden. Sie trifft Entscheidungen – auch wenn es nur die eine ist, ab sofort für sich selbst im Leben die Verantwortung zu übernehmen.

IX

UNTERSTÜTZUNG IM ALLTAG

Auch aus Steinen, die einem in den Weg gelegt werden,
kann man Schönes bauen.
(Goethe)

Wer rastet, der rostet: Die Herausforderung, niemals stehen zu bleiben

Wir können unseren Lebensweg sehr gut mit einem Fluss verglei-chen. Wir müssen ebenso ständig *fließen*, auf dem Weg sein, ohne lange stehen zu bleiben und „einzurosten". Solange wir auf der Wiese liegen und dösen, ist keine Entwicklung möglich. Das Wasser staut sich und ist für Verunreinigungen anfällig, und langfristig leiden wir unter uns selbst, weil wir aufgehört haben, uns weiterzuentwickeln. Stillstand ist gleichbedeutend mit Selbstaufgabe. Wir alle haben insgeheim die Sehnsucht nach Entwicklung und spüren das Glücksgefühl, wenn wir Ziele erreicht und wirklich etwas geschafft haben. Das gilt für die kleinen Ziele wie eine frisch geputzte Wohnung ebenso wie für die ganz großen Ziele, auf die wir lange hingearbeitet haben, etwa ein Vertragsabschluss oder eine geglückte Firmenfusion. Egal, in welchem Lebensbereich, Stillstand schafft Blockaden, und er führt langfristig zu Verlusten. Wenn wir uns dem natürlichen Fluss widersetzen und uns weigern, wichtige Entscheidungen zu treffen, unsere Aufgaben zu erfüllen und ständig im Schaffensprozess zu bleiben, plagen uns schon nach kurzer Zeit ein schlechtes Gewissen und Schuldgefühle, und die reichern sich wiederum als Giftstoffe in unserem Unterbewusstsein an. Wir haben gesehen, wie wichtig die konsequente seelische Hygiene für unser äußeres Leben ist – ich erinnere nur an das Beispiel mit der Pent-house-Wohnung (Kapitel „Die Kraftquelle in Dir"). Ebenso wissen wir, wie wichtig die Balance zwischen Innen- und Außenleben ist, weil sich beide durchdringen und ständig im Fluss sind.

Was für einzelne Aufgaben gilt, gilt also in noch stärkerem Maße für unser ganzes Leben. Wir wissen, das Leben ist im ständigen Wandel be-griffen, *alles* verändert sich, ständig. Wir alle unterliegen dem Prozess der Fortentwicklung, körperlich ebenso wie geistig, und wir wissen, dass wir immer Schritt halten und uns Neuerungen anpassen müssen, um nicht abgehängt zu werden. Wir müssen beruflich fit und auf dem aktuellsten Stand sein, wir müssen mit der Entwicklung unseres Partners und unserer Kinder Schritt halten, wir müssen mit unerwarteten Ereig-nissen zurechtkommen und uns mit dem eigenen Alterungsprozess auseinandersetzen, kurz: wir müssen uns darüber im Klaren sein, dass wir einfach nicht davonkommen, selbst wenn wir manchmal am liebsten „STOP!" schreien würden, weil uns alles über den Kopf wächst. Nicht umsonst reden wir heute alle von der Work-Life-Balance, und diese Aufgabe, ständig den Ausgleich zu finden, ist umso anspruchsvoller, je mehr wir uns äußeren Zwängen ausgesetzt fühlen – je mehr wir eben nicht „auskommen".

Ich behaupte, dass wir *alle* uns intuitiv dieser Notwendigkeit zur Fortentwicklung bewusst sind und auch sehr gerne Schritt halten würden. Gleichzeitig spüren wir aber, dass es manchmal nicht mehr so einfach geht wie früher, als wir jünger waren, und noch nicht so viele Gelegenheiten gehabt hatten, weit vom Weg abzukommen und mühsam wieder zurückfinden zu müssen. Wir gelangen in unserem Leben an Scheidewege, an denen wir bemerken, dass wir irgendwann einen falschen Pfad betreten haben, weil wir den Überblick verloren hatten. Jetzt müssen wir feststellen, dass uns die „alten Kleider" einfach nicht mehr passen wollen, und es liegt an uns, wieder einmal wichtige Entscheidungen zu treffen. Auch Du bist jetzt an einer solchen Wegkreuzung angelangt, und die Frage ist: Welchen Pfad willst Du ab sofort bewusst betreten, und was kannst Du tun, damit Du ihn in Zukunft bewusst gehen kannst, Dich nicht wieder verirrst und stattdessen in einem gesunden Lebensfluss bleibst?

Ich gehe davon aus, dass Du bereits damit begonnen hast, Dein Leben nach den Ratschlägen dieses Buches zu gestalten. Du hast bereits wichtige Entscheidungen getroffen und bist inmitten eines Entwicklungsprozesses – und damit schon „mitten auf dem Weg", der Dich zu Deinem Lebensglück führen soll. Jetzt gilt es einfach nur, konsequent zu bleiben und dem Lebensfluss zu vertrauen. Irgendwann haben wir im Laufe der Erziehung unsere Vorstellungen aus der frühen Kindheit verloren. Wir haben vergessen, dass wir ganz früher als kleine Kinder einmal ein unerschütterliches Vertrauen hatten und unbändige Freude dabei empfanden, wenn wir lernen und uns weiterentwickeln durften. Damals waren wir uns der Notwendigkeit zwar noch nicht bewusst, taten aber intuitiv das Richtige. Wir müssen jetzt aufs Neue „Stellung beziehen", und jeder muss für sich selbst klären, welche Bedeutung er seinem Leben und seiner Zukunft beimessen will. Natürlich stellt uns das vor Herausforderungen, denn wir müssen alte Gewohnheiten ablegen und vielleicht auch die eine oder andere unbequeme Entscheidung treffen. Aber das Leben besteht schlicht und einfach aus diesen Herausforderungen. Sich wieder auf den Weg zu machen und wieder im Fluss zu sein ist kein lästiges Übel, sondern der Beginn eines erfüllten Lebens. Das Leben wird sich nämlich nicht von selbst erfüllen, wenn wir nicht alles Notwendige selbst unternehmen. In jedem Neuanfang liegen unglaubliche Chancen, und immer bringt er uns in jeglicher Hinsicht einen Aufschwung. Es geht um *Dein* Leben, um *Deine* Zukunft und um *Dein* Lebensglück! Ich kann nur wiederholen: Das Glück ist immer ein *Glück des Schaffenden*! Nimm Dir den Fluss als Lehrmeister zum Vorbild.

Wenn Du nach Jahren einen alten Bekannten wiedertriffst und er sagt: „Du hast Dich ja überhaupt nicht verändert", solltest Du Dir Gedanken darüber machen, ob Du das wirklich als Kompliment auffassen solltest. Derjenige, dem so etwas gesagt wird, ist meistens festgefahren und hat verlernt, innerlich lebendig und offen für das Leben zu bleiben, sonst hätte er viele Anreize für Veränderungen und Fortentwicklungen in seinem Leben erkannt und wahrgenommen. Er sollte schleunigst alles daran setzen, die Sehnsucht nach Fortschritt und nach Neuem in sich wiederzuentdecken. Achte darauf, dass Du nicht durch Dein Leben „irrst", ohne zu wissen, was Du willst. Geh voller Vertrauen auf die Wanderschaft, verfolge Deine Ziele und Visionen, und bilde Dich ständig weiter. Aktualisiere ständig Dein „Betriebssystem", um von der Entwicklung der Dinge nicht überholt zu werden. Wir müssen auf unserem Lebensweg auch manche „Umwege" als wichtige Bestandteile und Wegmarken akzeptieren, denn sie sind es im Endeffekt, die uns am meisten lehren können. Selbst wenn Du in einer Situation in eine Sackgasse gerätst: sie hat immer einen Sinn und einen Lerneffekt. Sie korrigiert Dich und zeigt Dir, dass Du auf dem „Holzweg" bist. Letztlich ist ein Abweichen vom richtigen Weg nichts anderes als die Folge von Ursachen, die Du irgendwann einmal falsch gesetzt hast.

Finde in der Meditation zu Selbsterkenntnis und Selbstvertrauen

Auf dem Weg zu sein, also im Leben niemals stehen zu bleiben, erfordert selbstverständlich Energie. Wir spüren auch relativ schnell, dass wir immer wieder Unterstützung und Begleitung brauchen, wenn wir mit unseren Kräften und Fähigkeiten an die Grenzen stoßen. Verfalle nie in Panik, dass Du vielleicht nicht Schritt halten könntest. Gönne Dir ganz bewusst notwendige Ruhephasen, damit Du immer wieder frisch und erholt ans Werk gehen kannst. Sag manchmal auch ganz bewusst „NEIN!" oder „STOP!", wenn Du merkst, dass Du dringend zur Ruhe kommen musst. Wir benötigen, um nicht „auszubrennen", Auszeiten und verlässliche Rastplätze, an denen wir Energie tanken können. Die Meditation, das innere „zur Ruhe kommen", ist eine solche Energiequelle, an die wir jederzeit, Tag für Tag und unabhängig davon, wie gut oder schlecht es uns geht, zurückkehren können. Sie ist unsere ureigene Kraftoase. Wir dürfen nur nicht den Fehler machen, uns in der Meditation in Scheinwelten zu flüchten, denn sie ist uns vor allem dazu gegeben, dass wir uns stärken und auf unserem Weg orientieren können.

Die Meditation und das Autogene Training haben sich fest im westlichen Kulturkreis verankert. Täglich erkennen mehr Menschen die wundersame Kraft, die wir uns dadurch zunutze machen können. Durch das Praktizieren von Entspannungstechniken fangen wir an, unseren Geist zu öffnen und jene Kraft wiederzuentdecken, die wir mit dem Begriff „Intuition" bezeichnen. Unsere Intuition ist aber viel mehr als eine spontane Eingebung – sie ist die Verbindung zwischen uns und unserem Unterbewusstsein und unserem eigenen „Wesenskern". Die intuitiven Eingebungen – die wir in der „Stille" erhalten, das sichere Spüren, ob etwas richtig oder falsch und gut oder schlecht für uns ist, sind die Antworten auf unsere Gebete und Affirmationen. Eine richtig ausgeführte Meditation ist vergleichbar mit dem Öffnen unserer eigenen geistigen Haustür, denn hier sind wir vor unserer eigenen, seelischen Wohnung angekommen. Meditation ist eine Rückkehr in die Stille, in der wir uns selbst wieder wahrnehmen und in der uns alles wirklich Lebensnotwendige offenbar wird.

Wenn Du meditieren willst, musst Du zunächst einmal vergeben lernen. Warum? In einen schmutzigen Behälter gießt man kein reines Wasser, weil man das Wasser dadurch verunreinigen würde. Wenn Dein Bewusstsein voller Hass und Feindseligkeit ist, dann ist auch Dein Unterbewusstsein „verschmutzt". Die wohltuende Kraft der Meditation kann aber nicht durch ein verschmutztes Bewusstsein fließen. Du bekommst außer Frustration keine Resultate. Wenn Du mit einem Schlauch den Garten sprengst und auf den Schlauch trittst, blockierst Du den Fluss des Wassers. Genauso blockieren negative Emotionen den Fluss des Geistes. Wenn Du meditierst, muss Dein Geist rein sein, vollkommen „sauber".

Die meisten Menschen, die mich kontaktieren, klagen in unseren Gesprächen darüber, dass sie unter einem zu geringen Selbstbewusstsein und Selbstwertgefühl leiden. Meine Aufgabe besteht nicht darin, den Menschen mit einem Satz Selbstbewusstsein und Selbstwert beizubringen – das wäre ja auch vollkommen vermessen und schlichtweg unmöglich –, sondern ich zeige ihnen, was sie tun können, um diese Gefühle wie ein „Feuerwerk" in sich entfachen zu lernen. Jeder, der mit der Meditation und mit anderen Tiefenentspannungsübungen beginnt, wird nach einiger Zeit den „verstopften Intuitionskanal" freimachen können. Erst dann macht es auch Sinn, mit der eigentlichen Affirmationsarbeit zu beginnen. Geht man dann konsequent vor, ist es nur eine Frage der Zeit, bis sich die positiven innerlichen Veränderungen auch im äußeren Leben manifestieren werden.

Viele Menschen versuchen mit allen möglichen Methoden vergeblich, ihr Selbstbewusstsein zu stärken: durch beruflichen Erfolg, sexuelle Befriedigung oder durch teure Luxusartikel. Doch betrachten wir das Wort „Selbstbewusstsein" einmal genauer. Selbstbewusst zu sein bedeutet in letzter Konsequenz nichts anderes, als sich *seiner Selbst* bewusst zu sein, sich also zu spüren und erst durch dieses Spüren zu wissen, wer man *wirklich* ist und welche tief verborgenen Kräfte und Fähigkeiten in einem stecken. Der bedeutendste Gegenspieler dieser allmählichen geistigen Bewusstwerdung ist unser Ego, das Behauptungen und Erkenntnisse, die seinem landläufigen Erfahrungsschatz widersprechen, als irreal empfindet. Deswegen ist es unabdingbar, dass wir lernen, unser Ego herunterzufahren und zu kontrollieren, damit wir eine direkte

Verbindung zu unserer „Inneren Führung", unserer Intuition, herstellen können. Diese Verbindung bringt uns schließlich zu uns selbst, und wir lernen, unser „Ich" in Liebe anzunehmen.

Sein Selbstbewusstsein aufzubauen hat also etwas mit geistiger Selbsterkenntnis zu tun – der Erkenntnis nämlich, dass Du kein Zufallsprodukt bist, das der Laune der Natur entsprungen ist, sondern dass Du ein „gedachter" Mensch bist. Ja, Du bist von unserer Schöpfung gewollt, und Du erfüllst einen bedeutenden Sinn und Zweck in diesem Leben. Dir dieser Tatsache bewusst zu werden, ist der erste Schritt zu einem erfüllten Dasein und einem wirklichen „Selbst-Bewusstsein". Um ein hohes Maß an Selbstbewusstsein zu erlangen, bedarf es eines uneingeschränkten Glaubens daran, dass Du etwas unvergleichlich Bedeutsames bist und dass Du der Welt etwas geben kannst, das sich *nur* durch Dich ausdrücken will. Dieses Wissen um Dich selbst findest Du aber nicht in der Eckkneipe oder vor dem Fernseher, ebenso wenig vor dem Computer, im Kino oder auf einem Konzert. Nein, dieses Wissen ist tief in Dir verborgen und nur im Zustand der absoluten Ruhe zugänglich.

Wege zur Entspannung und Körperübungen

Prinzipiell ist es völlig egal, ob Du meditierst oder andere Übungen machst, um in die Stille zu gehen. Du kannst Dich durch eine ganz einfache Art und Weise innerhalb weniger Minuten in die völlige Entspannung bringen. Lege Dich auf eine bequeme Unterlage oder setze Dich in einen gemütlichen Liegestuhl. Versuche, Dich völlig zu entspannen, und atme einige Male tief ein und aus. Konzentriere Dich auf Deinen Atem und höre ihm zu. Beginne nach ein bis zwei Minuten, tief durchzuatmen und dabei bis vier zu zählen, ganz langsam. Halte Deinen Atem kurz an, und atme langsam wieder aus. Atme nun wieder ein und zähle wiederum bis vier. Den Atem wieder kurz anhalten, ausatmen und das ganze immer wieder von vorne. Versuche, Dich ausschließlich auf Deinen Atem zu konzentrieren und lass alle anderen Gedanken los. Wenn Dir immerzu andere Gedanken in den Kopf kommen, atme weiter und konzentriere Dich nur auf Deinen Atem. Nach einer gewissen Zeit und mit etwas Übung wirst Du nicht mehr zu zählen brauchen, denn Du wirst ganz automatisch und ohne viel Mühe in einen ganz normalen Atemrhythmus kommen. Zusätzlich kannst Du Dir vorstellen, dass Du mit jedem Einatmen Entspannung aufnimmst und mit jedem Ausatmen Anspannung loslässt. Das ist einer der schnellsten Wege, seinen Körper zu entspannen. Jegliche Anspannung wird Deinen Körper verlassen, und Dein Unterbewusstsein ist dann in einem Zustand, in dem es sich öffnet und besonders dafür empfänglich ist, dass Du es mit Affirmationen „fütterst". Mit jedem Einatmen kannst Du Deinem Unterbewusstsein jetzt etwas einprägen. Wenn Dein Körper entspannt ist, meldet Dir Dein Unterbewusstsein, dass es ansprechbar ist, und jetzt beginnt für Dich eine wunderbare Zeit, denn Du kannst endlich damit beginnen, Dein Leben selbst in die Hand zu nehmen. Mit jedem Einatmen könntest du zum Beispiel affirmieren:

Ich bin eine starke Persönlichkeit!

Du kannst auch Deine eigenen Affirmationen entwerfen. Alles, was Du mit den Worten „ICH BIN" einleitest und mit Emotionen belädst, muss sich manifestieren.
Wenn Du jeden Tag eine halbe Stunde über diese Wahrheiten meditierst, und das in dem Bewusstsein, dass die allmächtige Schöpfung und Kraft der Liebe voll und ganz hinter Dir steht, dann wird dieses Bewusstsein Dein ganzes Leben verändern.

Schon nach kurzer Zeit wird Folgendes passieren: Freunde werden Dich ansprechen und fragen, was mit Dir geschehen ist, weil Du in letzter Zeit so selbstbewusst wirkst. Du wirst Dich über die ersten Resultate freuen und Dich unheimlich wohl in Deiner Haut fühlen. Weil Du Deine Schöpferkraft nun entdeckt hast, wirst Du in Deinem Bewusstwerdungsprozess natürlich weitermachen wollen. Je konsequenter Du Tag für Tag diese geistige Arbeit an Dir fortführst, desto schneller wird im Zuge Deiner „Selbst-Bewusstwerdung" auch Dein Selbstwertgefühl Funken schlagen. Ja, denn von Mal zu Mal wirst Du Dein ureigenstes Potential immer weiter entfalten, und mit zunehmender Konsequenz und Erfahrung wirst Du schon bald die ersten positiven Veränderungen in Deinem Leben beobachten können.

Dieser Selbsterfahrungsprozess ist das Wichtigste, das wir Menschen erleben können, denn Du wirst selbst erfahren, wer Du wirklich bist! Handle diszipliniert wie ein Sportler, sei geduldig und voller Freude und Zuversicht! Denk immer daran: große Veränderungen geschehen nicht von heute auf morgen. Gehe Deinen Weg konsequent, und werde nicht wie tausende andere Menschen, die einmal motiviert damit angefangen und schnell wieder aufgegeben haben, weil sie nicht die nötige Geduld aufbringen konnten oder weil es ihnen schlichtweg zu mühsam und lästig wurde. Von ihnen gibt es leider viel zu viele. Je fortgeschrittener Du auf Deinem Weg sein wirst, desto mehr Rückenwind wirst Du verspüren. Das schwierigste ist immer der Anfang. Du wirst aber nach und nach eine nie zuvor gekannte Anerkennung und Bestätigung erfahren und immer mehr zu Selbstvertrauen und Glauben finden, je mehr Deiner ersten kleineren und größeren Ziele Du verwirklicht haben wirst.

Körperliche Fitness stärkt den Geist
Wie außen, so innen (Teil 3)

Es erscheint dir vielleicht seltsam, dass ich in einem solchen Ratgeber über Sport schreibe, und ehrlich gesagt liegt es mir auch fern, an dieser Stelle als Fitnesscoach auftreten zu wollen. Das können andere besser. Zum Erreichen vollkommener Zufriedenheit und Erfüllung sind aber Sport und Bewegung äußerst bedeutsam. An anderer Stelle habe ich über den Zusammenhang zwischen dem Innen und Außen gesprochen und betont, wie wichtig unser Körper als Bindeglied zwischen diesen beiden Sphären ist. Du solltest ein großes Interesse daran haben, Dich fit zu halten und darauf zu achten, wie Du Dich ernährst, denn:

> *Man soll dem Leib etwas Gutes bieten,*
> *damit die Seele Lust hat, in ihm zu wohnen.*
> *(Winston Churchill)*

Vergiss nicht: Dein Körper ist Ausdruck und Tempel Deines Geistes! Natürlich ist ein kleiner „Wohlstandsbauch" kein Weltuntergang, Du solltest aber darauf achten, dass es dabei bleibt und dass Du nicht zu sehr unter Übergewicht leidest. Wenn Du einige Kilos zu viel auf den Rippen hast, nimm auch hier die Macht des Unterbewusstseins zu Hilfe und sei bestrebt, das Gewicht zu erreichen, dass Deinem Ideal und Deinen Wunschvorstellungen entspricht. Auf sein Äußeres zu achten hat, richtig verstanden, vor allem mit Selbstliebe zu tun. Gibt sich jemand einen zu geringen Selbstwert, ist er andererseits dafür anfällig, völlig unkontrolliert zu essen und die tägliche Bewegung lieber anderen zu überlassen, weil es ja „sowieso nichts bringt".

Der erste Schritt zum Traumgewicht ist nicht der, sich für Sport und eine gesunde Ernährung zu entscheiden, sondern einen *geistigen* Wandel einzuleiten. Dicke sind und bleiben dick, weil sie sich sagen, dass sie dick sind. Jemand, der sich in seiner Haut nicht wohl fühlt, schaut in den Spiegel und sagt sich: „Ich bin zu dick". Durch jeden Gedanken an das Übergewicht festigt er diesen Zustand aber nur noch mehr. *Wie innen, so außen,* wie Du denkst, so bist Du, und nach Deinem Glauben wird Dir geschehen. Bist Du mit Deinem Äußeren unzufrieden, musst Du aufhören, Dich selbst zu bemitleiden und Dir ein innerliches Bild erschaffen, auf dem Du schlank bist. Egal, ob es nur ein paar Gramm zum Sixpack sind oder 40 Kilo zum Idealgewicht, Du musst Deinen Wunsch und Dein Zielbild ganz klar vor Augen haben. Wenn Du daran zweifelst, kannst Du es von vorneherein bleiben lassen. Wie immer gilt: Sieh Dich in Deinem Traumzustand! Such Dir ein Bild mit einem tollen Körper, lass Dir von einem Grafiker Deinen Kopf darauf setzen und hänge Dir dieses Bild an Deinen Kühlschrank. Wichtig ist vor allem, dass Du Deinen eigenen Selbstwert erkennst und eine klare Entscheidung für Dich selbst triffst. Lass einfach einen Schrei los: „Ich bin schlank, ich ziehe das jetzt konsequent durch! Fertig, aus, basta!"

Wie immer im Geistigen wird auch hier Konsequenz von Dir gefordert. Fühle Dich in Deinen neuen Traumkörper hinein und drehe Deinen geistigen Kurzfilm darüber, wie Du wirklich aussehen möchtest. Schließe die Augen und sieh die Leute vor Dir, die Dir zu Deinem neuen blendenden Aussehen gratulieren. Fühl die Blicke der Menschen auf Dir, wie sie Dich bewundern und Deine Leistung anerkennen. Sieh Dich am Strand in der Sonne, völlig frei und gelöst, genieße die Aufmerksamkeit all Deiner neuen Verehrer! Auch hier gilt: Geh nicht gleich von null auf hundert, fang mit Spaziergängen oder leichtem Jogging an, und verbinde das Laufen mit Deinen Affirmationen. Gerade beim langsamen Joggen kann man sich wunderbar in einen tranceähnlichen Zustand laufen und dem Unterbewusstsein Wünsche und Ziele mitteilen. Mache es Dir zur Gewohnheit, quäle Dich aber nicht! Sei nur konsequent, und achte auf Deine Ernährung. Dein Wohlbefinden wird von Tag zu Tag steigen, und Du wirst zu einer noch selbstbewussteren und stärkeren Persönlichkeit heranwachsen. Außerdem wirst Du auch in allen anderen Lebensbereichen davon profitieren. Denke bei jedem Gang zum Sport, der Dir schwer fällt, daran, wie wunderbar das Gefühl sein wird, wenn Du Dein Idealgewicht erreicht hast. Durch die Pflege eines gesunden Lebensstils wirst Du auch Deine Leistungsfähigkeit im Geistigen steigern können. Viele ehemalige Profisportler sind heute in führenden Positionen, weil sie die Erkenntnisse, die sie im Sport gewinnen konnten, mit ins „normale" Berufsleben genommen haben. Viele Menschen konnten auch ihre chronischen Stresszustände durch einen bewussten Umgang mit ihrem Körper abbauen. Wer sich mehrmals in der Woche an die frische Luft begibt und während des Sports affirmiert, wird mit Erstaunen feststellen, wie effektiv diese Art der Suggestion ist.

Wie allseits bekannt, ist auch unsere Ernährung ein zentraler Faktor unseres Wohlbefindens und ein wichtiger Baustein bei der Gewichtsreduktion. Die Fettzellen von morgen bestehen eben einfach aus dem, was wir heute essen. Auch im Bereich der Ernährung geht es aber darum, ganz klare „geistige" Entscheidungen zu treffen und seine Ernährung seinen Zielen anzupassen. Dafür sind die meisten Menschen aber zu faul und leben lieber mit ihrem Unwohlsein, weil es ihnen erträglicher erscheint, als sich konsequent ihrer Vitalität und der körperlichen Fitness zu widmen. Ich bin mir im Klaren darüber, wie stark der „innere Schweinehund" sein kann, weil dieses festgefahrene Programm erst einmal wieder von Deiner Festplatte gelöscht werden muss. Du wirst aber auch in diesem Fall Deine Ziele durch klare und gezielte Affirmationen bewältigen können, und mit Deinem Körper wird sich Dein Leben auf eine Art und Weise verändern, dass es Dir schwerfallen wird, Deine neue Lebensqualität in Worte zu fassen. Mach ab sofort nie wieder ein negatives Statement über Dich selbst. Dein Unterbewusstsein hört Dir immer zu und bringt, wenn Du nicht damit aufhörst, das zum

Vorschein, was Du über Dich selbst gesagt und gedacht hast. Denk an Deine Wunschbilder, und sei Dir immer darüber im Klaren, dass sich nur dann etwas ändert, wenn *Du* etwas änderst!

Nachwort: Positives Denken macht Spaß

Menschen, die nach den geistigen Gesetzen leben und die Inhalte dieses Buches wahrhaftig verinnerlicht haben, verspüren ein Gefühl der Lebensfreude, das von Dauer ist. Sie sehen nicht nur endlich einen *Sinn* in ihrem Leben, sondern eine *Berufung*. Ich wollte Dir aufzeigen, wie viel Spaß das Leben macht, wenn man im Bewusstsein der geistigen Gesetze lebt. Positiv zu denken und Sehnsüchte in Erfüllung gehen zu lassen macht extrem viel Freude! Ist es nicht atemberaubend, zu wissen, dass man sein ganzes Leben von heute auf morgen verändern und sich mit Hilfe seines Unterbewusstseins selbst sein Lebensglück schaffen kann?

Weil ich an mir selbst und an unzähligen anderen Menschen erfahren durfte, welch unglaubliche Wunder durch die Arbeit mit dem Unterbewusstsein geschehen können, war es mir eine Herzensangelegenheit, möglichst vielen Mitmenschen dieses unschätzbare Wissen an die Hand zu geben.

Wenn Du ernsthaft begonnen hast, an Dir zu arbeiten und meine Ratschläge umzusetzen, wirst Du schon bald die ersten Erfolge ernten. Du wirst Dir nach und nach Dein eigenes Lebensglück schaffen, und ich bitte Dich, Deine Mitmenschen daran teilhaben zu lassen. Erzähle ihnen, warum Du so gut drauf bist, und kläre die Menschen über Dein „Geheimnis" auf. Je mehr Menschen nach den universellen Gesetzen leben und ein glücklicheres Leben führen, desto zufriedener wird die Welt als Ganzes sein. Lass Dich niemals von den Zweifeln anderer Leute beeindrucken, und gehe konsequent Deinen Erfolgsweg. Das Denken der Menschen muss sich wandeln, und inmitten von Leid, Raffgier und Betrug müssen wieder die Fahnen der menschlichen Werte gehisst werden. Diejenigen, die bereit zu einem Wandel sind, werden ihn begrüßen. Glaub an Dich und schreite zu großen Taten! Traue Dir zu, dass Du Deine Träume in die Tat umsetzen kannst! Denke ab sofort *groß*, plane *groß*, und bleibe Deinem Weg treu. Indem Du selbst Deine Ziele erreichst, wirst Du zusätzlich auch vielen anderen Menschen zu mehr Freude verhelfen und ihnen zahlreiche Vorteile verschaffen können. In

Dir steckt ein unglaubliches Potential, mit dem Du *echte* Lebensqualität erreichen kannst. Nutze es, und lebe Dein Leben endlich nach Deinen Wünschen und Vorstellungen!

Es ist viel Arbeit, aber letzten Endes so einfach. Lass Dir Deine Träume von niemandem nehmen! Steh jeden Tag mit dem Bewusstsein auf: „Ich bin endlich in der Lage, mir selbst das Paradies auf Erden zu schaffen." Du musst Deine Träume und Visionen so intensiv spüren, als seien sie schon Realität! Versenke dieses Gefühl tief in Deinem Herzen, und Deine Lebensqualität wird unausweichlich von Tag zu Tag zunehmen. Empfinde bei allem, was Du tust, unbändige Freude, und empfinde die Arbeit an Dir selbst, ebenso wie alle Rückschläge, niemals als Last oder lästige Pflicht. Auf dem Weg zu Selbsterkenntnis und Selbstverwirklichung bist Du vergleichbar mit einem begeisterten Ingenieur, der sich seine eigene Luxuslimousine baut. Um das kleinteilige Zusammenfügen der Einzelteile und den sorgfältigen Einbau des Motors kommst Du nicht herum, doch Dir bleibt überlassen, ob Du die notwendigen Arbeitsschritte mit Genuss und Vorfreude ausführst, oder ob sie Dir ein notwendiges Übel sind. Hab wie der Ingenieur Spaß daran, an den „Schrauben des Lebens" zu drehen, damit Du dann eines Tages in Deinem Traumwagen statt auf dem Moped durch die Lande fahren kannst. Engagement, aktives Tun, Begeisterung und Glaube sind die Brennstoffe, mit denen Du Dein Unterbewusstsein füttern musst. Ich wünsche Dir dabei viel Erfolg!

Herzlichst

Dein Christian Huber

Kontaktieren Sie mich für einen persönlichen Termin, Suggestionscoaching oder Seminare per Telefon (+41 71 690 02 49) oder Email (info@huber-mentalcoaching.com).
Weitere Informationen unter www.huber-mentalcoaching.com